혹시, 내 부모님
얘기해도 될까요?

혹시, 내 부모님 얘기해도 될까요?

60년 된 시골 구멍가게 둘째 딸의 효사랑 일기

초 판 1쇄 2025년 07월 11일

지은이 이혜성
펴낸이 류종렬

펴낸곳 미다스북스
본부장 임종익
편집장 이다경, 김가영
디자인 임인영, 윤가희
책임진행 이예나, 김요섭, 안채원, 김은진

등록 2001년 3월 21일 제2001-000040호
주소 서울시 마포구 양화로 133 서교타워 711호
전화 02) 322-7802~3
팩스 02) 6007-1845
블로그 http://blog.naver.com/midasbooks
전자주소 midasbooks@hanmail.net
페이스북 https://www.facebook.com/midasbooks425
인스타그램 https://www.instagram.com/midasbooks

© 이혜성, 미다스북스 2025, *Printed in Korea*.

ISBN 979-11-7355-307-3 03810

값 19,000원

※ 파본은 구입하신 서점에서 교환해드립니다.
※ 이 책에 실린 모든 콘텐츠는 미다스북스가 저작권자와의 계약에 따라 발행한 것이므로 인용하시거나 참고하실 경우 반드시 본사의 허락을 받으셔야 합니다.

미다스북스는 다음세대에게 필요한 지혜와 교양을 생각합니다.

혹시, 내 부모님 얘기해도 될까요?

이혜성 지음

60년 된 시골 구멍가게 둘째 딸의 효사랑 일기

가족 전문 작가가 전하는 친정 노부모 돌봄 이야기
"부모가 아플 때 비로소
우리는 내리사랑 은혜를 알게 된다."

미다스북스

서문

부모님의 손을 놓을 수 없는 우리들의 이야기　　　7

제1장

황혼기 부모님과 달라진 나

1 어머니가 여자라는 걸 왜 몰랐을까?　　　15
2 가출하는 아버지와 쫓겨나는 어머니　　　21
3 궁합이 좋다고 해서 참고 살았단다　　　27
4 라면 좀 드실래요라고 물을걸　　　33
5 늙은 오이 국 맛을 알다　　　39
6 냉장고 냉동고가 식구보다 많은 집　　　45
7 시골 구멍가게, 꼭 간판이 필요할까?　　　51
8 담배 가게 딸로 다시 태어난 날　　　57

제2장

아버지와 함께한 마지막 추억들

1 베짱이 노신사의 아모르 파티　　　67
2 용띠 어린 왕자님과 병원 문진 놀이　　　73
3 장기요양등급을 신청한 사위의 진심은　　　79
4 밀짚모자와 골프 모자가 만난 날　　　85
5 새해 첫날 종중 재실부터 교회 카페까지　　　92
6 왜 노치원이 재미없다고 말했을까?　　　98
7 두 남자에게 미안한 꽃구경 길　　　104
8 백만 원이 넘는 아버지 생신 밥상 희비　　　110

제3장

사랑과 불안 사이에 흔들리는 어머니

1 어머니의 노욕과 외로움을 어찌할꼬?   **119**
2 코로나보다 더 큰 재난, 아버지의 치매   **125**
3 풋대추가 저절로 붉어질 리는 없다   **131**
4 돌아온 아버지와 잃어버린 조끼   **137**
5 지붕 위에 걸린 어머니 마음   **143**
6 어머니에게 스마트폰은 약일까 독일까?   **150**
7 파 농사가 잘되어 슬픈 어머니 구하기   **157**
8 깨진 달걀이 모녀 관계를 깰 순 없지   **163**

제4장

작별 뒤에 사무치는 아버지 사랑

1 자꾸만 금전 사고 치는 아버지   **171**
2 치매 노인 네 번째 머리 수술 괜찮을까?   **177**
3 흔들릴지언정 꺾이지 않는 가족 사랑   **183**
4 치매보다 더 무서운 세균 감염   **189**
5 병자를 지키는 늙은 충견   **195**
6 2000년도 60세 일기를 남겨주신 아버지   **201**
7 아버지 49재 날 스님의 제망형가   **207**
8 하나님 마음을 닮아 가는 아버지들   **213**

제5장
어머니와 함께 여는 새날들

1 꿈 너머 꿈, 살아 있는 구멍가게 박물관 **221**

2 서리 맞은 국화가 빨간 장미를 들다 **228**

3 영화 <3일의 휴가>에 비친 내 어머니 마음 **234**

4 상처의 계절은 가고 사랑의 계절 시작 **240**

5 수박 들기가 버거운 노인들 **246**

6 한옥에는 어머니의 시간이 흐른다 **252**

7 어머니 마음을 표현하는 글공부 **258**

8 한때 새어머니 같았던 친엄마랑 친구처럼 **264**

후기

엄마를 사랑할 줄 몰랐던 딸의 고백 **270**

서문

부모님의 손을 놓을 수 없는
우리들의 이야기

"나무는 고요히 있고 싶어도 바람이 그치지 않고, 자식은 봉양하려 해도 부모는 기다려 주지 않는다.(樹欲靜而風不止, 子欲養而親不待)"

중국 한나라 시기의 학자 한영이 쓴 『한시외전(韓詩外傳)』 속 이 구절은, 부모와 자식 간 사랑의 본질을 정확히 짚어내고 있다. 부모님이 살아계실 때 잘해드려야 진정한 효도이건만, 우리는 대부분 부모가 떠난 뒤에야 비로소 철이 들고 부모님의 크고 깊은 사랑을 되새기게 된다. 나 역시 아버지가 살아계실 때는 이 말을 그저 세상의 이치로, 머리로만 이해했을 뿐이었다. 아버지가 돌아가시고 나서야 그 뜻이 가슴 깊이 와 닿았다.

2023년 2월, 아버지가 세상을 떠나셨다. 그리고 아버지의 평생 일터였던 구멍가게도 55년의 세월을 뒤로한 채 문을 닫았다. 나는 자상하고 든든한 아버지를 잃었고, 일가친척은 집안의 큰 어른을, 지역사회는 마을공동체의 구심점을 잃었다. 고향을 떠난 이들에겐 어린 시절 시골 구멍가게의 아련한 추억이 더욱 그리움으로 남았다. 오랜 세월 부모님과 친정 구멍가게를 아껴주신 일가친척과 고향 분들께 마음 깊이 감사드리며, 두 분을 향한 아름다운 기억이 오래도록 마음속에 따뜻하게 남아 있기를 바란다.

아버지는 식구 많은 빈농의 장손이었는데, 1960년대 후반 처가의 도움으로 면 소재지 목 좋은 곳에 버스 정류소를 겸한 점포를 열었다. 전국 곳곳에 〈새마을노래〉와 〈잘 살아보세〉가 울려 퍼지던 시절, 가게는 크게 번창했다. 차표, 담배, 문구류, 식료품, 잡화, 농자재 등 취급 품목이 점점 많아지면서 만물상회 같은 역할을 하게 되었다.

아침부터 저녁까지 가게에는 남녀노소 손님들의 발길이 끊이지 않았다. 아버지는 근면하고 성실하셨으며, 농사도 워낙 잘 지으셔서 동네엔 '새 부자가 났다.'라는 소문까지 돌았다.

나는 부모님 허락 없이 과자를 실컷 먹을 수 있었고, 새 학용품도 마음껏 쓸 수 있었다. 도로에 인접한 구멍가게 집이라 마당은 없었지만 가게 문만 열고 나가면 학교 운동장이 펼쳐졌고, 가게 뒤편의 면사무소, 우체국, 지서, 농민상담소, 보건소 등 관공서의 잘 가꿔진 정원은 내 놀이터였다. 어린 시절, '면청(面廳)'이라 불리던 면사무소가 늘 친근하게 느껴졌던 기억 덕분일까. 훗날 나는 자연스럽게 지방 공직자의 길을 걷게 되었다.

부모님은 오랫동안 은퇴 없는 농사와 가게 일을 함께 하셨기에, 내게 언제나 풍요롭고 든든한 버팀목이자 울타리였다. 아버지는 80세가 되어서도 타고난 외모와 흑발로 연세보다 젊어 보여 재킷만 입으면 멋진 신사였다. 어머니도 복스럽고 뽀얀 얼굴을 가져 70대 중반까지 시골에서 보기 드문 미인이라는 칭송을 받았다. 그런데 2021년 봄날 찾아뵌 부모님의 모습은 충격적이었다. 손님 없는 썰렁한 가게 안에 만사가 피곤해 보이는 할아버지와 얼굴에 수심이 가득한 할머니만 있었다. 두 분 사이는 아주 서먹해졌고 황혼이혼이라도 할 것만 같았다. 그 누구 잘못도 아닌, 부모님이 세월 따라 노부모가 되었을 뿐이었다. 노인 3고라 불리는 외로움, 질환, 가난이 예외 없이 우리 부모님에게도 찾아왔다. 어머니는 심장병 수술을 받았고, 아버지는 치매 환자로 진단받았다. 게다가 농촌 소멸의 위기는 곧 구멍가게의 위기로 이어졌고, 결국 부모님의 건강과 생계가 함께 흔들리기 시작했다.

이렇게 부모님이 크게 아프시게 되자 오 남매의 삶에 큰 지각변동이 왔다. 한창 자녀를 뒷바라지하거나 직장에서 허리 역할을 하고 있을 때였는데, 이후 모두 1인 3역을 하며 부모님을 챙겼다. 나는 2021년 4월부터 주말마다 친정을 오가며 부모님에 관한 안타까운 마음을 한 번씩 블로그에 털어놨다. 쓰다 보면 마음이 다소 안정되었다. 망가져 가고 있는 아버지를 있는 그대로 받아들이고, 그간 여러 가지 이유로 심리적 거리를 두고 살았던 어머니와는 점점 가까워졌다.

'간판 없는 구멍가게 딸'이라는 별도의 방을 만들어 블로그 일기를 쓰다 보니 어느새 100편이 넘었다. 부모님의 늙어가는 모습에 대한 나의 솔직한 고백이자, 돌봄의 순간순간에서 얻은 깨달음의 기록들이다. 나의 어설픈 부모님 돌봄 경험이지만, 누군가에게는 작은 도움이 될 것 같아 책 쓸 용기를 냈다.

'황혼기 부모님과 달라진 나', '아버지와 함께한 마지막 추억들', '사랑과 불안 사이에 흔들리는 어머니', '작별 뒤에 사무치는 아버지 사랑', '어머니와 함께 여는 새날들'이라는 다섯 주제 아래 40편을 골라 다듬었다. 따뜻한 댓글이 많은 글 위주로 선별했다. 내가 힘들어할 때 같이 밤잠을 안 주무시고 효심을 북돋아 주신 나의 사랑하는 블로그 이웃 '겨울사랑', 'leey243', '밥순덕'님께 진심으로 감사드린다.

무엇보다 이 책은 언니와 남동생의 말보다 행동이 앞선 지극한 효심의 본이 있었기에 가능했다. 두 사람의 헌신적인 돌봄을 보며 나는 늘 감탄했다. 나는 정말로 부족한 딸이었다. 내가 관찰자처럼 지켜보며 글을 썼다면, 그들은 묵묵히 손발로 사랑을 실천했다. 지금도 홀로 남은 어머니를 위해 최선을 다하고 있다. 만일 나 혼자였더라면 부모님 돌보는 일에 경제적으로나 정신적으로 훨씬 더 힘들고 지쳤을 것이다. 가정마다 처한 상황은 다르겠지만, 부모님과 관련해서 우리 오 남매가 함께 고민하고 울고 웃으며 나눈 이야기들이 노부모 돌봄 앞에 선 중년 자녀들에게 작은 위안과 따뜻한 공감으로 닿길 바란다.

'효도란 무엇일까? 부모와 자녀 사이의 사랑은 어떻게 이어질 수 있을까?'

솔직히 지금도 나는 이 물음 앞에 괴롭다. 겪어 보니, 치매나 우울증이 있는 부모님을 돌보는 일은 내 아이를 돌보는 것보다 훨씬 힘겹고 고단했다. 내리사랑과 치사랑의 차이를 양심에 찔릴 만큼 절실히 느꼈다. 노인복지시설 문도 두드려 보았다. 효심만으로는 감당하기 어려운 부분들을 국가와 지역센터가 어느 정도 감당해 주어 도움이 되었다. 아버지가 조부모님께 해드렸던 효도에는 미치지 못했지만, 아버지의 시간이 얼마 남지 않았음을 알게 된 뒤로는 자주 찾아뵙고 함께 식사하고 여행하며 아버지에 대한 사랑을 이어 나갔다. 아버지는 작은 관심과 사랑만 받아도 얼굴이 금세 환해지고 목소리도 고와졌다. 안타깝게도 아버지는 치매가 아닌, 네 번째 머리 수술 후 회복 중에 다제내성균에 감염되어 돌아가셨다. 하필이면 코로나가 창궐하던 시기였고, 감염병 환자로 분류되어 가족은 물론 한 동네에서 함께 살아온 일가친척과도 충분한 이별의 정을 나누지 못한 채 허망하게 떠나셨다.

어느덧 우리 사회는 65세 이상 인구가 전체의 20퍼센트를 넘는 초고령사회에 접어들었다. 도시와 농촌을 막론하고 문만 열면 우리 어머니, 아버지 같은 어르신들을 쉽게 만날 수 있는 시대다. 노인복지 전문가들은 이제 노인 돌봄이 가정을 넘어서 국가가 적극적으로 나서야 할 때라고 말한다. 또 단순히 시설에 의존하기보다는 지역사회를 중심으로 한 통합 돌봄이 필요하다고 강조한다. 내 경험상, 이 말은 현실적으로 맞는 이야기다.

내 어머니를 비롯한 시골 어르신들의 소원은 고급 실버타운이 아니다. 평생 살아온 익숙한 동네에서 지인들과 어울리며 소일거리를 하고, 자유롭고 편안하게 노년을 보내는 것이다. 어머니는 지금 밤이면 도시의 자녀 집에서 주무시고, 아침이면 버스를 타고 시골에 와서 노인 일자리 사업에 참여하고 농사일도 하신다. 시골은 노인 일자리 덕분에 용돈도 벌고 외로움도 달래니 인기를 넘어 서로 놓지 않으려고 경쟁이 치열하다. 몸이 불편한 독거노인들은 방문요양서비스를 받고 있다. 이 두 제도는 노인뿐 아니라 멀리 떨어진 자녀들에게도 큰 힘이 되고 있다. 다만, 시골 노인을 위한 교육과 문화 서비스는 여전히 아쉬운 부분으로 남아 있다.

도시 노인들의 삶에 대해서는 잘 모르지만, 내가 살고 있는 아파트 주민들을 보면 교육과 문화, 복지, 일자리 측면에서 확실히 농촌보다 낫다. 특히 노인복지시설 접근성이 좋다. 따라서 어르신들이 주간보호센터 등 다양한 프로그램을 적극적으로 이용하고 있다. 그럼에도 내가 내린 결론은 하나다. 국가와 지역사회가 도시와 농촌 특색에 맞게 아무리 좋은 돌봄서비스를 제공한다고 해도, 내 부모님과 우리 어르신들이 가장 큰 행복을 느끼는 순간은 자녀와 함께하는 순간이다. 자녀와 함께하는 따뜻한 밥 한 끼와 살가운 대화면 충분했다. 참 쉬운 답을 알기까지 나는 무려 지난 4년을 방황했다. 아니 알아도 실천이 부족했다. 생각날 때 바로 전화하고 실행에 옮기면 될 것을. 다행히도 내게는 아직 어머니가 살아계신다. 마음만 먹으면 어머니와 함께 식사하고 대화할 수 있어 참으로 감사하다.

끝으로, 이 책이 어느 날 문득 늙어버린 부모님의 모습을 마주하고 당황하거나 고민에 빠진 분들께 작은 길잡이가 되고, 이미 부모님을 떠나보낸 분들께는 마음을 어루만지는 따뜻한 위로가 되었으면 한다. 그리고 본문 중 부부 사랑과 부모 공경심을 위해 인용된 성경 말씀은 '개정개역판(대한성서공회)'을 따랐음을 밝힌다.

황혼기 부모님과 달라진 나

제 1 장

1

어머니가 여자라는 걸 왜 몰랐을까?

구멍가게 노부부의 작은 틈

2021년 봄날, 막내인 작은아들이 대학 진학과 동시에 기숙사에 들어갔다. 평일 저녁과 주말이 오롯이 내 시간이 되었다. 드디어 나도 중년의 봄날이 시작된 것이다. 운동하는 시간이 많아졌고 주말에는 미용실을 여유롭게 다녔다. 단골미용실 K 원장님은 나와 고향이 같고 나이도 비슷하여 손님이 없을 땐 서로의 고민을 털어놓는 자매 같은 사이다. 40대까지는 애들과 남편 중심 이야기를 하다가 50대가 되어서는 친정어머니 걱정과 우리들의 건강 이야기를 많이 나눴다.

한번은 미용실 원장님이 순천 할머니들의 공저 『우리가 글을 몰랐지 인생을 몰랐나』를 내밀었다. 부제는 '여든 앞에 글과 그림을 배운 순천 할머니들의 그림일기'인데 염색하는 동안 몰입해서 읽었다. 어렸을 적부터 봐 온 할머니, 어머니들의 삶이 그대로 담겨 있어 구수하면서도 가슴이 찡했다. 원장님은 TV에서 순천 할머니들의 이야기를 보다가 눈물을 엄청나게 쏟았단다. 원장님 어머니와 내 어머니는 남존여비 등 유교문화 폐해가 깊었던 농촌에서 기구한 삶을 살아오신 분들이다. 늙어서도 가슴속에 한이 많아 자녀들과 관계가 원만하지 않다. 두 어머니의 삶을 책으로 쓰자면 족히 열 권은 넘을 것이라며, 두 딸은 어머니에 대한 애증의 감정을 솔직하게 나눴다. 그러면서도 끝내는, 어머니의 삶을 이해하고 보듬으며, 어머니 세대보다 나은 삶을 살아보자고 서로를 다독이고 다짐했다.

원장님은 코로나로 손님이 뜸한 기간을 이용하여 미용실을 리모델링했다. 2021년 4월 24일 주말, 새 미용실 구경도 할 겸 금방금방 자라나는 흰머리를 염색하러 갔다. 손님들에게 더 편안하고 청결한 공간을 제공하려는 원장님의 감각이 돋보였다. 나오는 길에 원장님은 봄맞이 꽃단장한 기념이라며 수건과 과일을 예쁜 가방에 싸주셨다. 귀한 과일을 보니 갑자기 시골 부모님 생각이 났다. 곧장 전주에서 한 시간 거리인 친정 구멍가게를 찾아갔다. 부모님이 반가워할 것이라 기대하고 기쁜 마음으로 갔는데, 분위기가 서로 다툰 직후인 듯 냉기가 흐르고 있었다. 두 분은 지역사회에서 신망이 두터운 분으로 부부싸움도 안 하고 살 것이라고 소문난 잉꼬부부였었다. 설령 조금 다투었더라도 손님이 오면 금방 화색을 띠며 손님을 맞았고 그러다 보면 두 분 사이는 금세 평온해졌다.

그날 오후 부모님은 서로 눈도 한 번 맞추지 않았다. 허공만 바라보고 계셨다. 이 정도 분위기라면 손님이 주인 부부의 얼굴을 보고서 다시는 찾아오지 않을 것만 같았다. 내가 어색해서 대화거리를 찾았다. 때마침 벽에 걸린 액자가 눈에 보였다. 경찰서에서 지정한 '아동안전지킴이집' 위촉장이었다.

"지금 초등학생이 몇 명이나 되죠? 아동안전 지킴이 위촉장이 있네요."
"11명인가?"

아버지는 침묵 깨기를 기다렸다는 듯이 반색하며 대답했다. 너무도 적은 숫자에 놀랐다. 친정 가게가 최고로 번창할 때는 1970~1980년대로 등하교 때는 하루 1천여 명의 학생이 줄을 서서 과자를 사 먹었고 버스 회수권을 샀다. 어린 나도 방과 후엔 가게를 돌봤었다. 여전히 아이들이 좋아하는 과자류가 많이 진열되어 있었다. 요즘 현금을 지니지 않는 젊은 손님들을 놓치지 않기 위해서 카드 결제기도 설치했고, 가게 유리문에 '신용카드 결제 가능'이라는 표시도 해두었다. 농촌 토박이 손님이 줄었음에도 부모님은 가게 냉장고에 막걸리, 맥주, 소주, 음료수를 가득 채워놓았다. 손님이 뭔가를 찾았을 때 없으면 발걸음을 뚝 끊으니 항상 유비무환의 자세로 다양한 물건을 쟁여 놓은 듯했다. '아, 그러다 유통기한 지나면 어쩌려고…' 속으로 걱정이 되었다. 한참 동안 가게 안에 있었는데도 손님 한 명이 오지 않았다.

부모님 건강과 가게 근황을 살피며 몇 가지를 더 물었다. 어색한 분위기를 살리는 여러 가지 말을 해도, 먹음직한 예쁜 과일을 내밀어도 어머니 얼굴의 먹구름은 쉽게 사라지지 않았다. 잠시 후 2018년도 봄날 내가 아버지께 제공해 드린 간병 서비스가 아직도 어머니에게 화근으로 작용하고 있음을 눈치챌 수 있었다. 참 오래갔다. 어제 일처럼 어머니는 지금도 잊지 않고 있었다.

외면된 어머니의 아픔

　2018년 새해 벽두였다. 아버지는 연초에 있는 세 번의 집안 제사와 설 명절까지 다 마치고 난 뒤 내게 말씀하시길 "전주에서 다리 수술을 받고 싶다."라고 도움을 청했다. 아버지가 50대에 머리 수술을 세 번이나 하시고도 70대 후반까지 아버지 자리를 지켜주신 것이 너무너무 감사해서 이참에 크게 효도하리라 하고 마음을 먹었다. 아버지를 1인실에 입원시켜드리고 간병인을 구해 특별히 잘 보살펴 주시기를 부탁했다. 내가 일과 자녀 양육을 겸하고 있어서 아버지에게 많은 시간을 낼 수 없었다. 어머니는 한 푼이라도 더 벌기 위해서 가게 문을 닫지 않았다. 삼일절 휴일에 잠깐, 어머니가 남동생 내외와 함께 병원에 오셨다. 그런데 아버지와 간병인이 다정하게 있는 걸 보시고 그만 배신감과 질투심을 느끼고 말았다. 더구나 아버지는 어찌 된 까닭인지 어머니를 반가워하지 않으셨다. "나 걱정 말고, 가게 오래 비우지 말고 어서 내려가 봐! 빨리 나가!" 아버지가 그렇게 소리를 지르셨다고 한다.

　내가 삼일절 기념행사에 참석하는 동안 벌어진 일이라 자세한 상황은 모른다. 목격자인 동생은 별말이 없었고, 올케는 어머니가 조금 서운하셨을 거란 말만 했다. 내가 간병인께 잘 살펴주시길 특별히 부탁드린 거라고 아무리 어머니께 해명해도, 어머니가 느낀 서운함과 상처는 쉽게 아물지 않았다. 지금 생각하면 내가 세밀하지 못했다. 어머니가 질투심 있는 여자라는 걸 깜박 놓친 것이다. 처음엔 어머니가 지나치게 민감하다고 생각했다. 낯선 여자와 며느리 앞에서 모욕을 느낀 어머니 심정을 아버지도 자녀들도 아무도 헤아리지 못했다. 일이 점점 더 커지고 말았다.

그날 저녁 우리 집에서 주무시고 가시라고 청했는데도 어머니는 부랴부랴 시골에 내려가셨다. 이튿날 가게 문을 닫고서 짐을 싸서 전주에 오셨다. 어머니는 나를 협박하여 간병인을 내쫓았다. 또 아버지 병실을 6인실로 옮겼다. 아무도 어머니를 말릴 수 없었다. 어머니는 아버지를 간병한 것이 아니라 공포의 분위기 속에서 아버지를 감시했다. 어느 날, 다급한 목소리로 어머니 전화가 왔다. 아버지가 식사하시다가 갑자기 머리를 떨구며 쓰러졌고, 한참 지나서야 간신히 깨어났다는 것이다. '엄마의 험한 바가지에 스트레스를 많이 받아서 쓰러진 것은 아닐까?' 하는 의심이 들 정도로 나는 어머니가 미웠다. 병원에서는 아버지에게 빈혈이 있고 이런 일이 자주 일어나면 치매일 확률이 높다고 예고했다. 그 당시 우리 가족은 아버지 다리 회복이 우선 중요했고 치매에 대해서는 모두 설마라고 생각했다. 퇴원 후에도 아버지는 남원에서 전주까지 통원 치료를 혼자서 잘 다녀가시곤 해서 크게 걱정하지 않았다. 나는 흡수 효과가 좋은 액상 빈혈약만 자주 사드렸다.

어머니의 바가지가 계속되자 아버지는 나에게 민망해했다. "병원에 있을 때 엄마에게 어떤 실수를 했는지 기억이 하나도 나질 않는다."라며 억울해하셨고, "엄마가 너무나도 서운해하길래 기억 여부를 떠나 몇 차례 사과했는데도 소용이 없다."라고 하소연했다. 어머니는 어머니대로 "오래전에 있었던 시집살이가 자꾸만 떠오르고, 병원에서 보았던 아버지의 행동과 말이 정말 분하다."라며 자녀들에게 수시로 전화했다. 어머니의 전화 폭탄을 감당하느라 모두가 힘들어했다. 게다가 나는 서울에서 살고 있는 여동생과 남원에서 살고 있는 남동생으로부터 항의성 전화도 감당해야 했다.

"언니가 아빠 병간호를 해줬다면 이런 일은 일어나지 않았을 텐데."
"누나! 엄마 전화 좀 받아줘."

아버지는 2020년 가을에 오토바이 사고로 또다시 입원하게 되었다. 이번엔 언니가 근무하는 남원의료원에 입원하셔서 간병인을 따로 부르지 않았다. 하지만 어머니의 우울증과 피해망상은 더 심해졌다. 아버지는 사고든 노환이든 아프시면 병원에 입원하여 자녀는 물론 친척들의 극진한 문병을 받는데, 어머니 당신은 평생을 가게에 묶여 사는 신세였다. 아파도 병원에 가지 않았다. 어머니께 병원에 가보시길 권했으나 "내 나이 산속에 누워 있을 나이다. 병원에 누워 있거나 집 안에 누워 있거나 누워 있는 건 마찬가지다."라며 정작 사양하셨다. 평생 아버지 건강을 먼저 챙겼고 자신의 아픔에 대해서는 뒷전이고 결국은 화병까지 키운 가련한 여인이 내 어머니였다.

부모님의 건강이 급격히 나빠지고, 부부 사이와 가게 사정까지 한꺼번에 무너졌다는 사실을 그간 나는 미처 알지 못했었다. 최근 몇 년 동안 아들의 예체능 교육과 직장생활을 병행하며, 눈코 뜰 새 없이 바쁜 나날을 보내고 있었기 때문이었다. 더구나 2020년은 남편이 공직에서 명예퇴직한 뒤 법무사 사무소를 막 시작한 시점이어서 내조가 절실히 필요했다. 2021년, 작은아들이 대학에 진학하고 나서야 비로소 주말에 숨 돌릴 수 있었다. 그제야 친정 부모님의 달라진 모습을 마주하게 되었다. 아버지에겐 치매의 징후가, 어머니에겐 깊은 우울감이 느껴졌다. 그 순간 깨달았다. 부모님은 이미 황혼의 강을 건너고 있었고, 나도 이제 노부모의 딸이 된 것이다. 앞날이 어떻게 전개되어 갈지는 오직 하나님과 시간만이 알 수 있었다.

2

가출하는 아버지와
쫓겨나는 어머니

아버지와 밥상머리 대화

"아버지를 지금 8시 차로 전주행 직행버스에 태워 보내드릴 테니까, 오늘 밤 편안히 주무시게 좀 돌봐줘."

부처님 오신 날을 하루 앞둔 2021년 5월 18일 저녁에 친정 언니가 급박하게 전화를 걸어왔다. 언니는 아버지에게도, 나에게도 미안했는지 아버지를 태운 버스 편에 싱싱한 바지락과 소고기를 함께 보낸다고 덧붙였다. 솔직히 예상치 못한 방문에 당황했다. 아버지가 가출하면 언니가 달래서 집으로 보내거나 언니네 집에서 하룻밤 재워드렸는데 그날은 밤 근무로 모실 수 없는 형편이었다.

나는 집에서 미리 저녁 식사 준비를 하기로 마음먹었다. 남원에서 전주까지는 버스로 한 시간 거리다. 또 터미널에서 우리 집까지는 20분인데, 가져오신 반찬거리로 요리하면 30분 정도 시간이 더 소요된다. 이렇게 되면 아버지는 저녁 식사를 밤 10시 넘어 드실 수밖에 없기에 먼저 냉동실을 열었다. 얼린 다슬기와 마늘 조각이 보였다. 주방에는 조선간장과 미역이 상비되어 있었다. 우선 이 네 가지로 다슬기 미역국을 끓였고 유정란 네 개를 꺼내 계란말이까지 뚝딱 요리해서 오시자마자 밥상을 차려드렸다.

오랜만에 아버지와 식사하는 동안 '왜 집을 나오셨어요?'라는 핵심 질문은 피하고 이런저런 이야기를 나눴다. 아버지도 답답한 심정을 토로하고 싶은데 딸이 어려웠는지 "지는 것이 이기는 것이다."라는 말만 되풀이했다. 이 말은 아마도 지난 50년 동안 천 번을 아니 만 번을 넘게 들어왔다. 어렸을 적에 들었을 때는 패배주의자의 말 같았는데 이제는 조금 이해가 되었다. 아버지는 성향이 서로 맞지 않는 어머니와 다투기보다는 인내로 살아왔다. 어머니도 아버지에게 힘들다고 수없이 하소연은 했지만 서로 참고 가정을 지켜왔다. 그런데 아버지가 치매를 앓으면서 평정심을 잃게 되었고 화가 나면 참지 못하고 습관처럼 집을 나오게 됐다. 저녁 대화 분위기가 너무 무거워지지 않도록 화제를 돌렸다. 70대 후반인데도 아버지의 머리는 검었다. 타고난 흑발이 돋보였다.

"난 아버지의 검은 머리가 참 부러워요. 그래서 그런지 우리 ○○(내 아들)이가 외할아버지는 지금도 어렸을 적 뵙던 그대로 안 늙으셨대요."

아버지의 얼굴에 미소가 일면서 대화가 이어졌다.

"정말 세월이 빠르다. 내 마음은 50대 같은데…."

"맞아요. 저도 마음은 지금도 학생 같고 20대 같아요. 할머니와 외증조부께서 90대까지 사셨죠? 그러니 아버지는 충분히 110세 이상까지 사셔야지요."

아버지는 주무시고 난 뒤 다음 날 아침에 좋은 컨디션을 회복했다. 저녁에 불안해하던 아버지가 아니라 다시 인자한 아버지로 돌아왔다. 집안에 무슨 일이 생겼을 때 아버지는 언제나 큰딸에게 도움을 청했다. 나는 언니만큼 잘해드리지 못했어도 최선을 다했다. 바지락과 소고기로 아침밥을 차려드리려고 일찍 일어났는데 쉬는 날 늦잠 자라며 한사코 남원으로 향하셨다. 제정신이 돌아오자 아마 어머니가 걱정되었던 모양이다. 아쉽지만 부처님 오신 날 아버지가 부처님 마음으로 어머니를 대하실 거라 믿고 보내드렸다.

그보다 앞선 지난 4월에도 아버지가 아무 말 없이 나가서서 1박 2일 동안 집을 비운 적이 있었다. 그날 오후 내내 전화통이 불났었다. 아버지가 집을 나갔는데 집에 안 돌아온다는 어머니의 걱정 어린 성화였다. 나중에 안 일인데 아버지는 남원에서 서울 가는 고속버스를 타고 스님 삼촌 절을 찾아가셨다. 이렇게 서서히 아버지의 치매 증세는 가족들에게 알려지기 시작했다.

효녀인 언니는 어머니와 아버지가 다투실 때 아버지가 잠시라도 편히 쉴 거처를 마련해 주고 싶어 했다. 실제로 남원 시내 원룸을 알아보기도 했다. 그런데 시간이 지날수록 상황이 바뀌었다. 아버지는 타인들에게 자신의 이상함을 들키고 싶지 않았다. 이후로는 화가 나도 악착같이 집에 계셨고 어머니를 쫓아내기 시작했다. 그때부터 어머니가 한 번씩 버스를 타고 시내에 나와서 바람을 쐬었다. 평소 손님들이 찾았던 물건도 조금씩 샀다. 짐이 많을 땐 언니나 남동생을 불러 자동차로 같이 집에 들어가곤 했다. 자녀가 동행하면 다시 두 분 사이엔 평화가 찾아왔다. 어쩌면 아버지가 어머니랑 다툰 기억을 못 했을 수도….

아버지는 더 이상 부처님이 아니었다

아버지를 보내드리고 언니가 보내준 싱싱한 바지락을 삶아 나 혼자 맛있게 먹었는데, 여러 생각이 스쳤다.

'세 딸을 둔 우리 아버지와 어머니는 행복하실 것이다. 그런데 순진한 딸들이 가끔 실수한다. 아버지가 힘들어할 때는 아버지 편을 들어줘야 하고, 어머니가 힘들어할 때는 어머니 편을 들어줘야 하는데 반대로 할 때가 많다. 부모님도 이성적으로는 딸들이 하는 말이 옳다는 것은 알지만 직접 당신 편을 더 안 들어주면 마음으로는 서운해한다. 애가 되어 가고 있다.'

힘들어할 어머니에게 전화를 드렸다. "엄마, 난 이 서방과 속상할 때면 일기를 쓰는데, 마음도 정리되고, 책 쓸 때도 많은 도움이 되었어."라며 어머니께 일기 쓰기를 권했다. 어머니가 의외로 순하게 대답하셨다.

"나도 옛날부터 쓰고 싶었어. 지금이라도 써볼까?"
"그래요. 귀한 엄마 인생 자료야."

어머니와 전화를 마치고 곧바로 『대디북과 마미북』 세트를 주문해 드렸다. 일기를 쓰면서 어머니 인생을 잘 돌보길 바랐다. 어머니와 통화하는 동안 아버지가 귀가한 사실을 확인했고, 곧바로 오 남매가 보는 단톡방에 '안심하라.'는 간단한 메시지를 보냈다. 언니는 "부모님 행동이 바라보기만 할 단계는 아닌 것 같아 고민하고 있다."라며 좀 진지한 의견을 줬다. 나는 "오늘은 일단 아버지가 무사히 귀가한 걸로 감사하게 생각하고, 우리도 휴일이니 좀 쉬자." 하며 마침표를 찍었다. 그런데 언니가 그간 준비해 온 생각을 계속해서 쏟아냈다. 언니에게 고맙고도 미안한 생각이 들어서 나도 바로바로 답장을 이어 나갔다.

"더 이상 감사하게 생각할 수 없어. 아버지 폭력은 반복될 것이고 대책을 고민하고 있다."

"폭언과 폭력 해결책 우선은 격리이긴 한데."

"핵심은 엄마의 선택. 어떻게 엄마를 설득할 것인가를 고민 중. 아버지도 기분 나쁘지 않게 말해야겠고."

"아버지가 지난번에 스님 삼촌 절에 자발적으로 가셨으니, 스님 오빠 절은 어떨까?"

"우선 한 달간이라도 격리하면 좋겠는데…."

"내가 오빠에게 전화해 볼까요?"

"오빠는 나중에. 엄마의 의사가 첫 번째."

"엄마가 나올 수 있게 방부터 하나 구해드리고 싶음. 아파트 월세라도."

"엄마는 집 안 나가요. 55년을 참고 살아온 세월인데 명예를 고수할 수도 있어요. 아버지가 나가시는 게 더 좋지요."

"나도 제발 아버지가 나가셨으면 좋겠다. 그런데 불가능. 아버지를 서운하지도 화나지도 않게 엄마를 격리할 방법 물색 중. 두 분 다 절대로 변하지 않을 거니까."

"언니가 환자 돌보랴, 가족 챙기랴, 친정 챙기랴, 아픈 동생들까지 챙기느라 고생이 많아요."

"엄마를 입원시키는 것도 한 방법! 심장 검사차 병원으로! 내일 알아봐야겠네."

그즈음 언니가 어머니의 말을 귀담아들은 게 있었다.

"마을회관에서 맥박을 쟀는데, 다른 이보다 맥박이 반절밖에 안 뛴단다."

스님 오빠를 제외한 네 명의 형제가 보는 단톡방인데 여동생과 남동생은 침묵했다. 아버지의 폭력을 공식적으로 인정한 글에 다들 놀랐을 것이다. 나는 항상 친정에서 난리가 난 뒤에야 부모님 소식을 듣기에 부모님을 약간 낭만적으로 바라봤다. 언니는 환자를 돌보는 의료인이었고, 육아로 10년 이상을 친정집에서 살아본 적이 있어서 부모님 실상을 정확히 알고 있었다. 내가 어머니 심리만 잘 읽는다면, 언니는 어머니 심리는 물론 육신 건강까지 정확히 간파했다.

3

궁합이 좋다고 해서
참고 살았단다

바늘 가는 데 실 간다

사이좋은 부부를 '부창부수(夫唱婦隨)' 혹은 '바늘 가는 데 실 간다.'라고 말한다. 누가 뭐래도 부부 관계는 숙명처럼 둘이 떨어져서는 아니 되는 긴밀하고도 친밀한 관계다. 그러나 마냥 좋을 수는 없다. 결혼해서 50년 넘게 살다 보면 남편은 때로 아내의 마음을 찌르는 바늘이 될 수도 있고, 아내는 남편을 끈질기게 간섭하는 고래 심줄 같은 마누라가 될 것도 같다.

결혼 대선배님들에 비하면 나는 아직도 갈 길이 먼데, 2020년에 용기를 내서 20년간의 내 결혼생활을 회상하며 『완벽한 결혼생활 매뉴얼』이란 책을 펴냈다. 2021년 봄날 2쇄를 찍었고, 5월 21일 부부의 날을 맞아서는 '꽃길만 걸어요.'라는 교보문고 추천 도서 이벤트에 선정되어 정말 기뻤다. 한동안 들떠 있었는데 친정어머니께서 긴박하게 인공심장박동기 수술을 받게 됐다. 어머니의 맥박이 평균치의 반절밖에 안 뛰는 걸 심각하게 여긴 언니가 대학병원에 모시고 가서 정밀 검진을 받았는데 수술이 최선의 답이었다. 어머니는 처음엔 수술을 극구 사양했다. 옥신각신 언니는 계속해서 어머니를 설득했다.

"이러다가 또 괜찮아질 거야."
"화장실을 홀로 갈 수 있을 때 수술받는 것이 서로에게 축복입니다."

언니는 누워서 천정만 바라보는 딱한 중증 환자들을 너무 많이 봐왔다. 병실에서 화장실을 홀로 걸어갈 수 있다는 것만으로도 얼마나 큰 축복인지를 미리 아는 사람은 드물다. 누워 있는 사람과 병간호하는 사람만이 안다고 한다. 경험에서 우러나온 효심 어린 간곡한 호소에 어머니 마음이 움직였다. 처음엔 심장 수술을 받아야 한다는 것 자체가 어머니에게 공포였다. 아버지도 놀랐는지 치매증이 가세하여 온 가족이 사흘간 지옥과 천국을 다녀온 듯 정신이 없었다.

어머니가 수술받는 동안 나는 많은 시간을 아버지랑 보냈다. 코로나로 보호자 면회가 어려웠지만 큰 수술을 앞둔 어머니와 아버지의 불안한 마음을 누구보다도 잘 헤아린 언니는 부부를 상봉시켜 드렸다. 어머니를 대하는 아버지 모습이 마치 석고대죄하는 모습이었다. 아버지에게 기운을 내시라며 나는 보신탕을 사드렸고 언니는 다슬기탕을 사드렸다. 아버지는 어머니를 걱정해서 그런지 맛있게 못 드시고 음식 앞에서 시무룩했다. 아니 어머니가 차린 소박한 밥상을 그리워했는지도 모른다. 이렇게 아버지가 어머니를 걱정할 때면 지극히 정상적인 아버지로 보였다. 그러니까 잠깐씩 아버지를 보는 사람들은 아버지가 정상인 줄 아신다. 한데 조금만 같이 오래 있어 보면 아버지와 대화가 어렵다는 것을 알 수 있다. 일정한 주제도 논리도 없이 횡설수설 중언부언이다.

처음엔 어머니 수술 걱정을 하다가 갑자기 당신이 받았던 다섯 번의 수술 이야기를 꺼내며 하신 말씀을 하고 또 하셨다. 그러다가 물과 기름인 두 분의 성격 마찰 이야기까지 하셨다. 늘 들어온 말이라 지루하기도 했다. 분위기 전환을 위해 내가 한 번씩 훅 끼어들었다.

"그럼에도 오 남매를 잘 키우셨잖아요."

내 말뜻은 두 분이 어려운 가운데서도 50년 넘게 잘 살아오셨고, 특히 어머니를 포용하는 아버지의 넉넉한 인품에 감사드린다는 칭찬의 말이었다. 예전 같았으면 아버지는 흐뭇해하셨을 텐데, 치매로 철이 없어진 아버지는 솔직한 속내를 드러내고 말았다.

"할아버지가 궁합이 좋다고 해서 참고 살았어."

웃음이 '빵' 터졌다. 감당하기 어려울 만큼 어머니가 힘든 아내였다는 아버지의 고백으로 들렸다. 순간 나도 모르게 어머니와 나를 동일시했다. 어머니도 아버지를 참고 살았다고 나를 빗대어 대변했다.

"아버지! 저도 이 서방과 같이 살면서 하루에도 몇 번씩이나 '참을 인(忍)' 자를 새기면서, 참고 살았는지 몰라요."

피차 용서하고 서로 사랑하길

나도 옛 어른들처럼 '궁합이 좋다'는 말에 양가 부모님이 서둘러서 중매결혼을 했다. 충분히 사귀지 않은 채 결혼했기에 서로에 대해 아는 게 너무 없었다. 특히 가정과 직장을 바라보는 시각이 너무 달랐다. 맞벌이 부부인데도 육아와 가사에 남편이 비협조적이어서 내가 불만이 많아 오랫동안 티격태격했다. 쉰이 되어서야 우리 부부도 서로를 존중하게 되었고 이제는 없어서는 안 될 서로 돕는 배필이 되었다. 나보다 훨씬 오랜 결혼생활을 해오신 아버지에게 '내가 참고 살았다.'라는 발언은 '번데기 앞에 주름 잡는 격'이었을 것이다. 어머니와 아버지의 젊은 날을 추억해 봤다.

어머니는 열아홉 살에 가난한 집 큰며느리로 시집을 왔다. 시할머니가 계셨고 같은 동네에 시작은아버지 세 분이 살고 있었다. 어머니는 시집살이하랴, 구멍가게 보랴, 2남 3녀 키우랴 너무 힘드셨는지 30대 초반에 수술을 두 차례나 받았다. 당시 초등학생이었던 나는 어머니가 아픈 줄도 몰랐는데, 어느 날 어머니가 나를 떼 놓고 언니와 남동생만 데리고 버스를 타고 부랴부랴 어디론가 떠나는 걸 보고 놀라서 한참을 울고불고했었다. 언니는 어머니가 수술받는 동안 남동생을 돌보기 위해서 따라갔다. 나중에 안 일이지만 어머니는 출산해도 몸이 아파도 돌봐 줄 친정어머니도 친자매도 없었다. 그래서 그 당시 여자라면 누구나 겪었을 시집살이라도 더 서러웠을 것이다.

어머니는 퇴원 후에도 자주 아팠다. 초등학교 2학년인 내가 불을 지펴서 밥을 하거나 국수를 끓이는 날이 많았다. 밥하라고 나를 깨우는 아버지는 진심으로 내게 미안해하셨다. 그 표정을 봤기에 나는 아버지를 더 따르고 좋아했다. 어머니 회복이 늦어지자 결국에는 당시 겨우 초등학교 6학년이었던 아버지의 사촌 여동생이 우리 집에 와서 한동안 밥을 해주셨다. 그 당 고모는 약 45년 후 아버지 장례식장에 오셔서 얼마나 많이 울었는지 모른다. 그 시대는 모두 가난했어도 집안에 어려운 일이 있으면 큰집 작은집이 서로 돕고 살았었다. 다만 큰집 며느리, 질부, 올케의 입장인 어머니는 달랐다. 빚진 자의 마음으로 큰 부담이 되었다. 내 어머니는 본인이 건강하지 못해서 시댁에 폐를 끼친 죄인이라고 생각했다.

반면에 큰집 장손, 조카, 오빠라 불렸던 아버지는 어머니에 비해 건강하게 30~40대를 보냈다. 그러나 아버지도 50대가 되어서는 두통에 시달렸다. 지금에 와서 생각해 보니, 아버지가 오토바이로 논밭과 가게를 바빠 오가며 자주 넘어졌다. 또 좁은 구식가게를 몇 차례 대대적으로 수선하면서 낮은 문틀에 머리를 많이 부딪쳤다. 게다가 오빠가 느닷없이 스님이 되어 출가하자 심적 충격이 컸던 것 같았다. 쉰세 살부터 머리 수술을 세 번 하셨고, 70대 후반에 다리 수술을 두 번 하셨다. 그래도 아버지는 언니가 간호사로 직장을 다닐 때 아프셔서 언니의 각별한 보살핌은 물론 종중 일가친척 병문안까지 최상급으로 받으셨다. 수술을 받고 낫고자 하는 의지도 분명해서 병원에서도 이쁨을 받았다.

어머니가 심장 수술하는 날 이렇게 나는 보호자 대기실에서 부모님의 과거와 현재를 오갔다. 마치 내가 치매 노인이 되어 타임머신을 탄 느낌이 들었다. 아버지랑 같이 졸다가 횡설수설도 했다가 또 스마트폰을 쳐다보는 등 빨리 흐르지 않는 시간에 몸부림을 쳤다. 날씨 또한 호랑이 장가가는 날인 듯 해가 떴다가 천둥을 동반한 비가 오락가락했다. 변화무쌍한 날씨가 희로애락의 연속인 우리의 인생사를 대변하는 것 같았다. 어느 보호자는 대기실에서 수술받는 가족을 위해 간절히 기도했다. 나도 기도하면서 평정심을 되찾았다. 인간은 질병 앞에 참 겸손해진다는 걸 느꼈다. 때마침 S 장로님이 복음 메시지 두 개를 카톡으로 보내줬다. 황혼기를 살고 있는 우리 부모님에게 꼭 필요한 말씀이었다. 바로 '용서와 사랑'이었다.

"누가 누구에게 불만이 있거든 서로 용납하여 피차 용서하되 주께서 너희를 용서하신 것 같이 너희도 그리하고"(골로새서 3장 13절)
"서로 사랑하라. 내가 너희를 사랑한 것 같이 너희도 서로 사랑하라."(요한복음 13장 34절)

다행히도 어머니 심장 수술은 잘되었다. 어머니가 힘차게 뛰는 새 심장을 가졌으니 하루빨리 냉전을 끝내고 두 분이 사랑의 전깃줄에 꽁꽁 묶여 뜨겁게 살기를 간절히 기도했다. 어머니는 자녀들이 찾아와 참새처럼 떠들고 재롱을 피워 수술 직후 몸은 아파도 마음은 훈훈해 하셨다. 나는 어머니가 병원이 아닌 호텔에 투숙한 기분을 느끼도록 예쁜 속옷가지를 사서 빨간 캐리어에 담아 병실 한쪽에 놓아드렸다. 그리고 아버지가 곁에서 정성스레 간호하시는 모습을 지켜보며, 서먹하던 두 분 사이에 다시 온기가 스며드는 걸 느꼈다. 바라보는 내 마음은 마치 내가 견우와 직녀를 이어준 오작교라도 된 듯 뿌듯하고 기뻤다.

4

라면 좀
드실래요라고 물을걸

일 나간 어머니의 빈자리

어머니 퇴원 이후부터 내 전화기 발신자명에 '어머니'와 '아버지'가 뜨면 긴장되었다. 혹시 아버지가 얼마 전에 어머니가 심장병 수술한 걸 잊고서 어머니를 함부로 대하신 것은 아닐까? 서로 다투신 걸까? 힘에 부치니 농사일 좀 도와달라는 걸까? 별의별 생각이 다 들었다.

2021년 6월에는 직장에서 3주 이상 가는 정례 회의가 계속되고 있었다. 결산심사 지원 업무가 내 담당이어서 시골집에 자주 갈 수 없었다. 월말쯤에 가보려고 했는데 6월 19일 토요일 저녁에 두 분과 교대로 통화하고 나니 내 마음이 편치 않았다. 결국 나를 위해 다녀오기로 마음먹었다.

주일예배 직후 바로 내려갔다. 늦은 점심으로 친정에서 상추에 된장 쌈을 먹을 생각이었다. 아버지만 가게에 계시고 어머니는 뙤약볕에 밭 매러 가셨는지 안 계셨다. 부엌과 우물가에 갔는데 내가 먹고 싶었던 상추가 없었다. 냉장고 문을 열어도 먹을 만한 반찬거리가 없었다. 갑자기 점방에서 팔고 있는 라면이 생각났다. 순한 맛 너구리 라면을 골랐다. 평소에 아버지는 손님이 많지 않더라도 가게 안에 있는 의자에서 항상 대기하고 계셨는데 그날따라 아버지께서 방에 들어오셨다. 얼른 끓여서 남편과 단둘이서 후루룩 먹고 있는데 아버지가 나를 물끄러미 바라봤다. 아버지가 점심을 안 드셨으리라고는 조금도 생각하지 않았다. 어느 정도 내 배가 부르자 너구리 라면 포장지 일화가 생각이 났다. 아버지가 영어를 제대로 배운 세대는 아니지만 알파벳은 아신다.

"우리나라에 살면서 너구리 라면을 먹어본 서양 사람이 '너구리' 글자를 거꾸로 보고 'RTA' 라면 달라고 했대요."
"…."

아무 반응이 없으셨다. '너구리' 라면 봉지를 거꾸로 들어 'RTA'처럼 보이게 했다. 필기체로 써져서 이해를 못 하신 것 같았다. 아무튼 나는 서양 선교사도 반했다는 너구리 라면이 맛있어서 밥까지 말아 배불리 먹었다. 드디어 옆에서 보시던 아버지께서 조용히 말씀하셨다.

"나도 이젠 국수보다 라면이 맛있더라."

나는 그 말에 무심하게 반응했다. '라면이 맛있더라.'에 더 귀 기울여야 했는데, '국수'와 '라면'을 단순히 비교하고 말았다.

"멸치로 국물을 잘 우려내면 국수가 라면보다 맛있어요."

눈치 없는 나는 국수 잘 끓이는 비법까지 이야기하면서도 아버지께 점심을 드셨냐고 그 쉬운 말을 묻지 않았다. 설령 드셨다고 하더라도 "아버지, 너구리 라면 좀 드실래요?"라고 물어야 했는데 깜박 잊어버렸다. 치매 노인의 허기를 깨닫지 못한 것이다. 라면 끓이는 철학적 행위를 읊은 시가 불현듯 떠올랐다.

정구찬 시인은 「라면을 끓이면서」라는 시에서 "허기진 오후, 외출 중인 아내의 빈자리가 공복처럼 쓰리다."라고 아내가 없는 배고픈 남자 심정을 노래했다. 정말 누구나 고개가 끄덕여지는 시다. 또 시 말미엔 "정말 산다는 것은 허기를 다스리는 일"이라며 서민들의 민생고를 아프게 공감해 주었다. 만일 아버지가 이 시를 안다면, 딸보다 시와 시인이 낫다고 생각하셨을 것이다. 어쨌든 그날 나는 치매 아버지의 배고픔을 헤아리지 못한 부족한 딸이었다. 아버지는 직접적으로 표현은 안 했지만 단순한 배고픔을 넘어 마음까지도 참 허전했을 것이다.

생각할수록 반성하게 되었다. "아버지, 라면 좀 드실래요?"라는 그 말 한마디를 묻지 못한 딸이었다. 자식이 외로운 부모에게 건네야 할 따뜻한 위로는 거창한 것이 아니라 허기를 묻는 말, 작은 관심, 함께 나누는 한 끼 식사 그것이면 되는데…. 더구나 아버지는 "어르신, 진지 잡수셨어요?"가 인사였던 시대를 사셨던 분인데 말이다.

자꾸만 까먹는 아버지

어머니는 오래도록 오시지 않았다. 무작정 기다릴 수는 없어서 다음에 뵙기로 하고 집을 나섰다. 이 더위에 일이 많아서 그런지, 아니면 아버지하고 같이 있기 싫어서 일부러 오래 집을 비운 것인지, 나는 확인하고 싶지 않았다. 아무튼 왔다 갔다는 표시만 하고 일어섰다.

아버지는 딸이 라면을 좋아하는 것 같다고 생각하시고 너구리 라면 여러 봉지를 챙겨주셨다. 또 어머니를 대신하여 머위나물 껍질 벗겨서 삶아놓은 것도 챙겨주셨다. 아버지가 옛 안집 담장 아래에서 손수 낫으로 베어온 것인데 밤새 껍질 벗겨 놓은 걸 거저 가져가다니 죄송한 생각이 들었다. 나는 들기름을 넣어 볶아 먹는 머윗대 반찬을 좋아해서 주신 대로 다 챙겼다. 이것이 아버지가 주신 마지막 머윗대가 될 줄은 몰랐다. 점점 아버지는 농사일을 할 수가 없었다. 밭에 겨우 가시더라도 무슨 일로 밭에 온 것인지를 잊을 때가 많았다.

아버지는 뭘 더 주고 싶은지 가게 냉장고를 열었다. "운전할 때 마셔라." 하며 박카스를 건네주셨다. 마지막으로 인사하고 가게 문을 빠져나와 자동차 문을 열고 타려는 순간 아버지가 따라 나오셨다. 손에 박카스와 너구리 라면을 또 챙겨 들고 나왔다.

방금 했던 일을 잊으니 확실히 아버지는 치매였다. 정말 하늘이 무너지는 것 같았다. 내가 걱정하고 슬퍼하면 아버지가 본능적으로 더 불안해할 것 같아 내색을 안 했다. 진즉부터 아버지께서 약을 한 끼에 두 번 이상 드실까 봐 약 달력 상자에 날짜별로 약을 넣어 둔 언니가 이해됐다.

치매 예방약과 위장약을 아침에 드신 줄 모르고 점심 전에 또 먹는다면 생각만 해도 정말 위험하다. 약 달력이 유용하다 싶어서 사진을 찍어서 블로그에 글을 올린 적이 있다. 그 사연을 읽은 J라는 분이 댓글로 사진 속 약

통은 얼마며 어디서 구매할 수 있는지를 물어왔다. 언니에게 물어 인터넷 상에서 구매할 수 있고 비용은 3만 원 선이라고 답했다. J는 "감사합니다. 저희 할머니께서 치매를 앓고 계신 데 약 드신 것을 자꾸만 까먹으셔서 이 것저것 알아보다가 블로그에 들르게 되었습니다. 좋은 하루 보내십시오." 라며 예의 바른 답글을 주었다. 내 경험이 누군가에게 도움이 된다는 사실이 기뻤고, 같은 처지의 치매 가족들 심정을 헤아리니 참 슬펐다.

한편으론 아버지가 홀로 가게를 볼 때 물건을 제대로 팔지가 걱정이 되었다. 하지만 걱정을 곧 털어냈다. 내 스스로 주문을 외고 위로했다.

'우리 아버지는 평생 주판과 암산으로 50년 넘게 가게를 봐오셨어. 반복된 셈은 잘하실 거야. 물건을 건네주고 또 주는 것은 괜찮아. 돈을 받으시고 안 받았다고 손님과 싸우지만 않으면 돼.'

어머니도 없고 손님도 없는 가게를 내가 떠나면 아버지는 무기력한 상태로 방치될 것만 같았다. 차마 그대로 아버지를 홀로 두고 나올 수 없어서 아버지와 더 놀기로 마음먹고 가게 안에 다시 들어갔다. 여기저기에 눈길을 주었다. 골동품 상인도 사고 싶어 했던 나무로 만든 아주 오래된 담배 진열장을 겸한 금고에 눈길이 갔다.

"아버지! 이 담배 진열장 50년 넘게 사용했지? 100년까지 꼭 잘 써야 해."
"이거 이북 출신 공고 나온 농방집(가구점방언) 아저씨가 직접 만들어 준 거야."
"와~ 저도 기억나요. 우리 공부 책상도, 책꽂이도 다 만들어줬지요."(이하

생략)

　예전엔 가게 손님이 많아 아버지와 이야기 나눌 시간조차 없었는데, 이제는 아버지 시간이 정말로 많아져 내가 끊지 않으면 이야기가 계속될 것 같았다. 남편은 고맙게도 재롱 섞인 부녀지간의 살가운 대화를 말없이 들어 주다가 홀로 조용히 가게 문을 열고 나갔다. 남편은 12년 전 시모님까지 돌아가시자 고아가 됐다며 슬퍼서 한 달간 눈이 빨갛게 충혈됐었다. 부모님이 돌아가시면 말하고 싶어도 말할 수 없다는 걸 경험한 남편은 차 안에서 긴긴 시간을 진득하게 기다려 줬다. 내 발걸음을 재촉하지 않는 남편이 고마웠다.

5
―

늙은 오이 국
맛을 알다

뜨거운 여름날 밭 매는 어머니

어머니가 심장 수술한 지 두 달이 되었을 때다. 아버지의 치매는 더 심해졌고 어머니는 당신 몸도 성치 않은데 아버지를 돌보면서 가게 일과 농사 일까지 도맡았다. 어머니가 오 남매에게 자주 비상을 걸었다. 어머니에게 "힘들면 가게 문 닫고 택시 타고 전주에 오셔요."라고 청하곤 했는데, 어머니는 "그냥 놔둬."라는 말만 되풀이했다. 그래서 주말마다 내가 거의 찾아뵙게 되었다. 여름철이 되니 두 분 모두 입맛도 없고, 깊은 잠을 못 주무시고, 서로에게 짜증만 내고 있었다.

2021년 7월 17일 곧 중복과 대서를 앞둔 주말이었다. 뜨거운 여름날에 어머니는 밭에 가셨고, 아버지는 모기향을 피워놓고 구멍가게를 보고 계셨다. 살림집엔 에어컨이 있지만 가게 안에는 없었다. 손님이 거의 없으니 살림집 거실에서 시원하게 계셔도 되는데, 머리 위에서 돌아가는 선풍기 하나만 의지해서 가게에 계셨다. 전에는 아버지에게 반찬거리와 과일만 놓고 바로 돌아오곤 했지만, 외로운 아버지를 위해 일부러 머무는 시간을 길게 가졌다. 어머니가 밭에 가시면 언제 돌아올지도 모르고, 아버지가 스스로 점심을 챙길 줄 몰라 점심을 굶었을 수도 있었다. 외로운 아버지를 위해 얼굴도 보고, 대화라도 더 하려고 점심 드셨냐고 묻지도 않고 너구리 라면을 끓여 같이 먹었다. 어머니가 반찬거리가 없어서 아버지에게 라면을 끓여주면 서운했겠지만, 딸이 끓여주어서 그런지 맛있게 드셨다.

늦은 오후에 점심 겸 저녁을 먹고 설거지할 때쯤 어머니가 집에 돌아오셨다. 깜깜한 저녁에 나타난 어머니 행색이 너무 초라했다. 머리엔 수건을 쓰고 있었고 위아래 헐렁한 옷차림이었다. 예전에 중년 부인 시절, 가게만 봤던 우아한 어머니 자태는 없었다. 정말 〈칠갑산〉 노래 속 콩 밭 매고 돌아온 늙은 아낙네 모습이었다. 나에게 설거지를 못 하게 했다. 운전할 때 피곤해서 졸면 안 된다고 걱정하시며 어머니가 한사코 나를 말렸다. 안부를 묻다가 얼마 전에 주문해서 보내드렸던 순천 할머니들의 그림책인『우리가 글을 몰랐지 인생을 몰랐나』를 읽어봤냐고 물었다. 밭 매느라 읽을 시간이 없단다. 정말 고생을 사서 하시는 분이란 짠한 생각이 들었다. 손님도 없는 가게에서 하루 종일 아버지랑 같이 있으면 답답하니까 일부러 밭일하러 가는가 싶었다. 어머니가 전주에서 사신다면 '도립여성중고등학교'를 다니며 친구도 사귀고 만학도의 즐거움을 느끼면 참 좋을 텐데 아쉬웠다.

돌아오는 내 차 안에 어머니가 포동포동하게 살이 찐 중년 오이랑, 누렇게 늙은 오이랑 커다란 가지까지 푸짐하게 넣어주셨다. 시골에서 채소를 많이 가져온 날은 직장에 가져가 나누곤 했다. 일부 동료들은 시골에 계셨던 어머니가 돌아가시거나 요양원에 들어가셔서 아무도 싱싱한 채소를 챙겨주는 사람이 없다며, 노모랑 주고받을 때가 행복한 때라고 그리워했다. 이 말을 새겨들은 나는 과연 내년에도 또 받을 수 있을까 하며 매번 주시는 대로 다 받아 왔다. 내가 요리에 취미를 붙인 이유이기도 하다. 저녁마다 하루는 가지볶음을, 다음 날은 오이 국을 끓이는 등 싱싱한 채소를 부지런히 요리해서 먹었다. 요리하는 동안 나는 추억에 젖어 들며 어머니 생각을 많이 했다. 늙은 오이 생김새는 꼭 어머니의 갈라진 발뒤꿈치 같았다. 가지는 열을 가하면 예쁜 보라색이 갈색으로 변한다. 탄탄한 가지 살은 흐물거려지는데 이 또한 탄력 없는 어머니 다리 같았다. 보기는 밉상이지만 오이와 가지 요리는 뜨거운 여름을 이겨낸 특별한 맛이 있어 내가 무척 좋아한다. 요리하는 동안 다음과 같이 자문자답하곤 했다.

'왜 어머니들은 오이를 싱싱할 때 안 따먹고 뱃살이 갈라 터지도록 늙은 오이로 방치했을까? 혹시라도 갑자기 찾아올 손님용 반찬거리로 비축했을까? 또 객지의 자녀들이 오면 따서 먹이려고 했는데, 오지 않아 이렇게 쇠어 버렸을까? 아니면 내년 파종용으로 종자 씨를 받기 위해서?'

아무튼 나는 어렸을 적에 할머니와 어머니가 요리했던 방식으로 늙은 오이를 세로로 길게 반토막 내서 딱딱한 씨와 속을 숟가락으로 파내고 국을 끓였다. 오이 국에 마늘과 빨간 고추를 다져 넣고 맛소금으로 맛을 냈다. 처음엔 할머니와 어머니가 도저히 이해가 안 되었다. 싱싱한 오이를 따서 고추장에 찍어 아삭아삭 먹으면 될 것을 더 놔뒀다가 뜨겁게 국을 끓이시다니…. 국으로 끓이면 온 가족이 나눠 먹을 수 있고, 여름날 차가운 것 잘 못 먹으면 배탈이 나기에 몸을 보하려는 깊은 뜻도 있었을 게다. 삶아진 오이 조각은 물러져서 치아가 좋지 않은 노인들이 먹기에도 좋았을 것 같았다. 내 나이 쉰이 넘어서 옛 기억을 살려 오이 국을 끓이다니 입가에 절로 미소가 지어졌다. 거품과 김이 펄펄 나는 오이 국 사진을 찍어 블로그에 게시하면서 "내 입맛이 점점 할머니와 어머니를 닮아 간다."라고 소감을 썼는데, 많은 이웃이 공감해 주었다.

밥상 차리는 수고 덜어주기

지금 생각해 보니 어머니와 나는 반찬거리를 서로 물물교환했다. 시골은 점점 인구가 줄어서 이제는 면 소재지라도 정육점이 없다. 그래서 부드러운 소고기 국거리와 냉동 다슬기를 자주 사다 드렸다. 산골 농촌 마을이라 당연히 생선가게도 없다. 시골집 반찬거리로는 우리 집 구멍가게에서 파는 달걀과 소일거리로 가꾸는 채소가 전부였다. 부모님은 몸보신을 위해 어쩌다 한 번씩 남원 장날에 사골을 푸짐하게 사 오셔서 찜통에 고아 오래오래 드셨다.

이렇게 시골을 다니면서 어머니가 손수 농사지은 먹거리를 가져오는 일은 지금도 계속되고 있다. 제법 요리 솜씨도 늘어서 2024년 가을에 전북농협에서 주관한 아침밥 먹기 수기 공모전에 '일요 아침엔 현미 가지 덮밥으로 사랑을 전한다'라는 글을 제출하여 우수상을 받은 적이 있다. 시상금으로 농협 상품권 50만 원을 받아 그간 나에게 농산물을 수시로 주셨던 어머니, 언니, 시누님, 시댁 작은어머니께 상품권으로 은혜를 보답할 수 있어서 정말 기뻤다.

그해 겨울 당선작은 한 권의 책『오아밥 밥상머리 미학』으로 출간되었다. 나는 그 책을 어머니께 드렸다. 어머니는 내가 쓴 이야기를 텅 빈 구멍가게 안에서 낭랑한 목소리로 읽기 시작했는데, 책 읽는 어머니 목소리는 아주 고왔다. 빈 가게라 소리가 울렸고 잔잔한 행복과 허전함을 동시에 몰고 왔다. 마침, 면장님 어머니가 가게 앞을 지나가다 들어오셨다. 공교롭게 두 분 모두 2023년도에 남편을 잃은 외기러기 어머님들이었다. 어떻게 위로해야 할지 나도 모르게 마음이 아렸다. 때로는 늙어서까지도 밥상을 차려 드려야 하는 귀찮은 영감들이었지만 떠나시니까 모두 그리워하셨다.

아무튼 아버지 살아계실 적에 매주 시골을 다녀오면서 매번 어머니와 아버지의 밥상이 너무 부실하다고 생각했다. 없는 반찬에 아버지의 세 끼니를 다 챙겨야 하는 어머니의 수고는 더 안쓰러웠다. 젊은 날 아버지는 대외 활동을 많이 하셔서 점심은 거의 밖에서 드셨다. 늙고 병든 후에는 모두 어머니가 차려야 했다. 나는 한 번씩 가게 문을 잠그고 식당에 나가서 사드리는 방법을 시도했다. 시골집에서 차로 한 15분 거리에 아버지가 무척 좋아하는 다슬기 수제비 식당이 있었다. 내가 바쁠 때는 수제비를 포장해서 가져가거나 냉동된 깐 다슬기를 수시로 사다 드렸다. 많을 땐 어머니가 이웃집에 인심 쓰기도 했다. 동네 아주머니들도 남편분 밥상 차리는 게 늘 신경 쓰이는 건 마찬가지였으니까.

가끔 어머니가 이해 안 될 때가 있었다. 아버지만 모시고 외식을 다녀오란 것이다. 두세 번 같이 가자고 권했다가 아버지만 모시고 다녀온 경우가 많았다. 어머니는 주말에는 인근 농협 하나로 마트가 문을 닫아 가게 손님이 제법 온다는 이유였다. 즉 한 푼이라도 더 벌기 위해서였다. 내가 어머니 속마음을 추측해 봤다. 자녀들이 부모 외식을 위해 돈 많이 쓰는 걸 아까워하고 미안해하셨다. 아버지가 미워서 잠깐이라도 보고 싶지 않은 면도 있었을 것이다. 그래도 아버지가 제정신이 있을 땐 어머니를 달래서 같이 가자고 챙기셨다. 어머니가 기필코 안 가신다고 할 땐 혼자서 따라 나오시고 외식하고 돌아오는 길에는 꼭 어머니 드실 것을 포장해 가자고 먼저 챙겼다. 그러나 아버지의 치매가 심해질수록 어머니를 배려하는 면이 점점 없어졌다. 이러한 아버지의 이기적인 모습을, 아니 변해 버린 아버지 모습을 보면서 어머니는 머릿속으론 이해하면서도 마음속은 점점 상실감에 빠졌다.

한편으로는 어머니가 크게 아프시거나 딸들까지 무심하면 정말 우리 아버지는 뭘 드실 수 있을까 걱정되었다. 이 와중에 농담이 떠올랐다. 구멍가게 사장님이시니까 아침엔 인디언밥 과자, 점심엔 사또밥 과자, 저녁엔 고래밥 과자 드시면 될 것이라고. 그야말로 우스갯소리일 뿐이다. 아버지에겐 딸 말고도 가까이 사는 막내아들과 며느리가 있다. 출가한 스님 오빠도 한 번씩 부모님께 안부 전화를 주셨다. 어느 날 오빠는 내 블로그를 읽으시고 효녀라고 칭찬했다. 효녀라니 부끄러웠다. 나는 시골에 다녀온 것을 글로 꼭 남겼을 뿐이다. 그간 나 살기 바빠서 외면한 부모님을, 아주 작은 방이라도 내 마음의 방에 모셔서 얼마나 다행인지 모른다.

6

냉장고 냉동고가
식구보다 많은 집

친정에 갈까? 아들에게 갈까?

2021년 7월 말 코로나와 무더위가 기승을 부리는 가운데, 나는 무척 힘든 시간을 보내고 있었다. 그해 여름 형부가 폐암 수술을 하게 되어 친정 식구들의 걱정은 이만저만이 아니었다. 또 대전에 있는 내 큰아들은 코로나 환자 접촉자로 통지되어, 운동선수인데도 운동을 못 하고 숙소에서 자가격리 중이었다. 게다가 나는 무더위 속에 만성 빈혈이 심해져 두통과 어지러움으로 끙끙 앓고 있었다.

7월 31일 주말 아침에 좀 쉬려고 누워있는데, 어머니로부터 전화가 왔다. 내가 얼마 전에 사드렸던 중고 냉동고가 고장 났다고 한다. 두 노인이 더운 날에 녹아내린 음식물 쓰레기를 치우려면 얼마나 힘이 드실까? 어머니가 냉동고를 사달라며 나를 졸랐던 때가 떠올랐다. "동네 형님들이 전용 냉동고를 사용하니까 삼겹살 쌀 때, 많이 사서 냉동고에 보관했다가 먹고 싶을 때 먹으니까 너무 좋다고 말하더라." 내 어머니도 갖고 싶어 했다. 비싸니까 중고를 사달라셨다. 중고 시장에 가서 골라 보내드렸는데, 그게 3개월도 못 쓰고 고장 나 버리다니 참 속상했다. 고치는 비용이 더 비쌌다. 일단 녹아내린 것부터 치워야 하는 수고를 생각하니까 슬슬 화가 났다. 정말 노인들이 얼마나 냉동 삼겹살을 구워 드신다고 사서 고생인지 모르겠다. 그때그때 사 먹는 신선한 고기가 제맛인데….

전화를 받고서 남원에 내려갈까 대전에 올라갈까 갈팡질팡했다. 아니면 내 몸이 아프니까 더 누워 있어야 할지. 마음은 코로나 격리가 막 끝난 아들에게 몸보신해 주러 가고 싶었다. 하지만 무더위 속 악취에 시달리며 냉동고를 치울 부모님 상황이 더 딱했다. 시골 부모님 댁으로 향했다. 평소보다 반찬거리 두세 개를 더 챙겼다. 냉동 다슬기, 소고기 양지머리, 우리 밀 감자라면, 냉동 사골국, 쑥가래떡, 자두 등등….

도착해 보니까 고장 난 냉동고 속 오물 정리는 부모님이 다 치웠다. 뒤늦게 도착한 나는 할 일이 없었다. 부모님은 애초에 내게 일을 시킬 생각이 없었다. 힘들고 외로운 상황이니 한번 다녀가라는 뜻에서 전화를 주신 것 같았다. 상황이 종료되었기에 나는 내 몸부터 챙겼다. 어머니에게 양해를 구했다. "에어컨도 선풍기도 꺼라. 전기장판은 켜라. 이불을 달라."고 말한 뒤 한숨 푹 잤다. 자고 나니 좀 나아지는 것 같았다. 아니 두런거리는 어머니의 넋두리에 잠이 깼다.

"내가 너무 오래 살았는갑다.(살았는가 보다.) 자식들이 아파서 걱정이다. 우리가 빨리 가야 하는데 우리가 짐이 되는 것 같다."

"…"

할머니 살아계실 적에 내가 제일 듣기 싫었던 소리인데, 이제는 어머니가 하다니 그만큼 어머니도 늙어버린 것이다. '무슨 섭섭한 소리냐?'라며 화를 내려다가 꾹 참았다. 화제를 바꾸었다. 아버지에 관한 본격적인 모녀지간 대화가 시작됐다.

"엄마는 요새 아버지가 자꾸 뭘 잘 잊는다고 말하는데, 한 가지씩만 요구해야지. 냉동고에서 녹은 음식물을 '밭에다 버리고 오라'고 말하면 될 것을, 아버지에게 '대추나무 아래에 부어주라. 또 어디에다 부어주라.' 그렇게 하니까 아버지가 그것을 다 기억할 수 없잖아."

아버지가 밭에 왜 왔는지 모르겠다며 어머니에게 두 번이나 전화를 걸었다고 한다. 나는 속으로 이 뙤약볕에 아버지를 밭에 보낸 어머니를 이해할 수가 없었다. 물론 오 단짜리 냉동고에서 녹아내린 무시래기, 마늘, 돼지고기 등등이 모두 거름하기 좋은 것이었다. 그냥 버리기엔 너무나 아까운 것이니 이해는 됐다. 몇 날 며칠 동안 많은 마늘을 아버지가 맨손으로 깐 수고를 생각하니 더 속상했다. 애초에 쉽게 고장이 날 중고 냉동고를 사준 내가 잘못했단 후회도 밀려왔다. 어쨌든 아버지가 빈 페인트통에 음식물 쓰레기를 가득 담아 거름 주러 가시는 동안에 어머니가 다섯 칸을 구석구석 씻어냈다고 한다. 청소한 냉동고는 수납공간으로 사용하겠다며 버리지 말라 했다.

냉동고보다 전문의 진단이 필요한 때

냉동고 소식을 듣고 오 남매가 앞다퉈 새 걸로 사준다고 제안했는데 사양했다. 어머니는 청소하시면서 두 식구 사는 살림집에 냉장고가 두 대, 김치냉장고가 한 대, 냉동고가 한 대, 이렇게 총 네 대나 되니 좀 과하다고 생각하신 모양이었다. 사실 영업용인 가게 냉장고 세 대, 냉동고 한 대까지 합치면 총 일곱 대나 된다. 전기요금을 감당할 만큼 가게 손님이 많지 않다는 걸 어머니는 진즉부터 알고 있었다. 또 얼마 전 그 많던 제사를 스님 오빠가 모두 절로 모시고 간 뒤에서 살림집에 음식을 많이 저장할 필요가 없어졌다.

전주로 돌아오는 내 차 안에 어머니는 여느 때와 다름없이 많은 것을 실어주셨다. 마늘 두 봉지와 빨간 무 비트즙을 주셨다. 비트는 어머니가 손수 심고 약 한 번 안치고 가꾼 것인데, 빈혈에 좋다는 말을 듣고서 마시기 좋게 사과랑 함께 즙을 내렸단다. 빈혈이 있는 아버지를 위해서 준비한 것인데 딸인 나도 만성 빈혈로 고생하고 있어서 내게 반절을 준 것이다. 나는 액체로 된 빈혈약을 먹고 있다고 사양하려다가 주고 싶어 하는 어머니의 마음을 받기로 했다. 또 아픈 딸을 대신해서 운전하고 와준 사위가 고마웠는지 어머니가 저녁 밥상을 차려준다고 몇 번을 말했지만 운전하는데 졸린다는 이유로 일어났다. 내가 사드린 반찬을 사위 밥상에 다 올리면 안 되니까 말이다.

아버지도 뭔가로 정을 표하고 싶어 했다. 구멍가게 냉동실에서 붕어빵 아이스크림을 사위에게 내밀었다. 남편은 말없이 맛있게 먹었다. 처가에 와서 제대로 된 밥상 대신 아이스크림 하나로 만족하는 남편이 내심 고마웠다. 그런데 아버지의 이후 행동으로 금세 슬퍼졌다. 가게 출입문을 통해 신작로로 나가는 사위에게 붕어빵을 또 권했다. 방금 준 것을 잊고 마는 아버지를 나는 매주 경험했다. 무안한 어머니가 갑자기 아버지를 칭찬하기 시작했다. 아버지가 담배를 팔 때 손님들에게 맥심커피를 꼭 끓여주신다는 것이다. 아버지의 커피 인심으로 손님이 많이 오니까 좋다는 어머니 말씀이다. 원래 어머니는 모든 손님에게 인심이 후했고 예전의 아버지는 좀 실리적이었다. 일단 어머니가 아버지를 천덕꾸러기 취급 안 하는 게 좋았다. 나는 아버지의 인심을 어머니에게 돌렸다.

"아버지가 엄마 인심을 점점 닮아 가니 참 좋아요."

사실 나는 아버지가 동화 속 스크루지 영감이 되는 게 싫었다. 손님에게 베푼다니 좋았다.
구멍가게를 열어서 할아버지 빚을 다 갚았고 오 남매를 다 가르쳤으면 충분했다. 이제 노년에 이르러 손님에게 물건 준 것을 또 주고 또 준들 어떠하리. 어머니가 이를 아까워하실 분은 아니었다.

그날 저녁 나는 아버지를 모시고 치매 전문병원에 한번 다녀오리라고 마음먹었다. 친정 동네에서는 광주에 소재한 조선대학병원 치매센터가 용하다고 소문이 나 있었다. 어머니는 어떻게든 아버지가 낫기를 원했다. 시골에서는 효험을 봤다는 이웃 노인 정보가 최고였다. 대학병원 예약도 어렵겠지만 내가 전주에서 남원을 들러 광주까지 잘 모시고 갈지 내 체력도 은근히 걱정되었다. 처음엔 언니가 남원에서 신경정신과 처방을 지원하고 있었던 터라, 우리나라 노인 정신건강 지원시스템이 전국 어디나 다 잘되어 있다고 말하며 어머니 요청을 거절했었다. 하지만 어머니는 사람이 많이 몰려든 곳이라면 그만큼 실력이 있는 거라고 미련을 버리지 않았다. 갑자기 아버지와 내 아들을 바꾸어 생각해 보았다. 뜨끔했다.

'만일 내 아들이 정신건강에 이상이 있다면, 나는 진즉에 서울에라도 데리고 갔을 것이다.'

이렇게 내 아버지 아픈 것과 내 아들 아픈 것의 온도 차는 달랐다. 늦었지만 나는 아버지 건강도 챙기고 어머니 소원을 들어주기 위해 마음을 바꿨다. 어쨌든 한번 결심했으니, 치매 전문병원에 간다고 생각하지 않고 아버지랑 도 경계를 넘어 바람을 쐬러 간다고 생각하고 큰 부담을 갖지 않기로 했다. 모든 게 마음먹기에 달렸다더니 소풍을 기다리는 설레는 심정이 되었다.

7

시골 구멍가게,
꼭 간판이 필요할까?

간판 없는 구멍가게 딸의 고민 시작

2021년 8월 10일 말복 날 퇴근 무렵 어머니로부터 전화가 왔다. 24절기를 지키는 시골인데 안부 전화를 안 드려서 뜨끔했다. 나는 직장에서 점심으로 삼계탕을 먹었고, 객지의 두 아들에겐 스마트폰으로 치킨과 커피 쿠폰을 보냈다. 그런데 부모님 챙기는 건 깜박 잊었다. 어머니의 첫마디가 "너 오늘 보양식 먹었냐?"라며 복날 인사말을 할 줄 알았는데, 뜻밖에도 "가게에 간판을 달고 싶다."라는 뚱딴지같은 말씀을 하셨다. 전혀 예상치 못한 어머니 간청을 어떻게 말려야 할지 고민되었다. 대화가 시작되었다.

"엄마! 내가 쓴 책 프로필에 나를 '간판 없는 구멍가게 둘째 딸'이라고 소개했잖아요. 그리고 인터넷 블로그에도 '간판 없는 구멍가게 딸'이라며 시골 추억 일기를 쓰는 중인데, 엄마가 간판 달면 내가 거짓말한 것이 되잖아."

"그러냐?"

약간은 단념한 듯한 목소리로 전화를 끊었다. 얼마 후 다시 두 번째 전화가 왔다.

"야! 그래도 간판을 달아야 손님들 눈에 띄어서 장사가 된다. 옆집 우유 아저씨도 간판을 다는 게 좋겠다고 말한다. 그리고 네 책은 2021년부터 간판 달았다고 또 책 쓰면 되잖아."
"엄마! 이제는 가게 멋지다고 손님 오는 시대 아냐. 인터넷으로 주문하는 세상이야."
"…."
"엄마, 나 아직 근무 중이야."

더 이상 설득할 말이 부족했다. 어머니는 장사할 때만큼은 본인이 늙었다는 걸 인정하지 않았다. 이웃 마트와의 경쟁에서 살아남겠다는 생존 의지를 밝힌 것을 감사하게 생각해야 할지 정말 나도 혼란스러웠다. 그 마음을 블로그에 올렸다. 이웃들은 댓글로 어머니를 응원해 주셨다.

"하고자 하는 사람은 방법을 찾고, 하기 싫은 사람은 구실을 찾는다. 못할 일도 안 될 일도 없다. 지금 시작하라."(lbsilver)

"'간판 없는 가게'라고 달면 되지 않을까요.
엄마의 소원인데 들어주시는 것도 좋을 것 같아요."(밥순덕)

"'간판 없는 가게'에 한표~"(꼭수)

"어머니의 열의에 박수를 보냅니다. 아직도 장사를 잘해보고 싶어 하시는 열의! 그게 귀한 거지요."(leey243)

(이하 생략)

우리 집 가게가 곧 60년을 바라보는데 지금까지 간판을 단 적은 한 번도 없었다. 우리 가족은 물론 지역 면민은 간판 없는 구멍가게 그 모습 그대로에 익숙해서 아무도 불편한 적이 없었다. 그런데 어머니는 최근에 신축한 대형마트로 인해 우리 집 가게가 너무 초라하고 눈에 안 띄어서 손님이 안 오니까 간판이라도 달아야겠단다. 아버지가 치매에 걸린 뒤로는 가게 운영을 어머니가 좌지우지하고 있었다. 아버지가 정상이었다면 헛돈 쓰는 것이라고 당연히 반대했을 것이다. 내가 아는 아버지는 평생을 정말로 실용적으로 살아오신 분이었다.

1991년도 여름날이었다. 내가 고향 면사무소에 취직하여 시골 구멍가게 집에서 출퇴근할 때였다. 언니와 내가 모두 취업하자 조금 여유가 생긴 아버지는 가게도 확장하고 자녀 결혼을 대비하여 번듯한 살림집을 별도로 지을 생각이었다. 많은 사람이 권하길 구멍가게를 허물고 슬라브식 네모난 3층을 지어서, 지상 1층은 주차장으로, 2층은 가게로, 3층은 살림집으로 사용하면 좋겠다고 말했다. 그러나 아버지는 신축하는 동안 영업을 안 하면 손실이 발생하고, 3층에 살림집을 올리자면 비용 부담이 크게 들것이라고 단념했다.

형제 우애도 모녀 관계도 틀어질 뻔

양쪽 상가는 우리와 같은 접도구역 내 건물이었어도 과감히 허물고 도로에서 조금 들어가 건물을 신축했다. 아버지의 최종 선택은 구멍가게 골조는 그대로 놔두고 가게 뒤에 있는 높은 텃밭을 파내고 살림집을 1층으로 앉혔다. 앞은 구멍가게에 가려지고 뒤는 옹벽에 막히고 좌우에는 양쪽 상가가 있어서 사방팔방 막힌 살림집이 되고 말았다. 기존 구멍가게는 거의 변하지 않았다. 가게 안에 딸려 있던 방 두 칸과 부엌을 비워서 가게 물건 놓는 공간을 추가로 확보한 것에 그쳤다. 내부 방 벽지도 그대로 놔둔 채로 구들장만 헐어 기존 가게 바닥과 수평을 맞췄다. 외형상 변한 것이라고는 빨간 슬레이트 지붕이 방수를 위해 모조 검정 기와지붕으로 바뀌었고, 나무틀로 짜진 가게 출입문이 강화유리문으로 교체되었다.

   간판을 달려면 30년 전 가게를 리모델링할 때 달아야 했다. 이제야 와서 어머니가 간판을 달아봤자 무슨 소용이 있을까 싶었다. 뭐니 뭐니 해도 아버지가 간판을 굳이 달지 않은 가장 큰 이유는 우리 집이 버스가 서는 정류소여서 자연스럽게 손님이 모여들었기 때문이었다.

   하지만 2020년대 상황은 많이 달라져 있었다. 농가마다 트럭과 자가용이 있어서 버스노선은 적자가 되었고 어린아이 출생은 거의 없었다. 전에 우리 집 가게에 구름 떼 같이 몰려왔던 학생들은 이미 다 성장하여 객지로 떠났고, 시골에 계신 노부모에겐 객지의 자녀들이 택배로 필요한 생필품을 주문해 드린다. 그나마 남아 있는 아주 적은 손님은 인근 신축 마트로 향하고 있었다. 어머니로서는 당연히 조바심이 날 법도 했다. 이래저래 어머니가 간판이라도 달고 싶어 하는 마음을 이해 못 하는 바는 아니나 설치할 방법이 쉽지 않았다. 자칫하면 간판이 어설픈 누더기 한복에 허울만 좋은 갓 쓴 격이 되고 말 것이었다. 오래된 건물이라 신식 LED 간판은 안 어울리겠고, 구식 간판은 더 촌스러울 것 같았다. 게다가 공부상 상호가 '신흥상회'인데 2020년대에 맞지 않은 촌스러운 상호여서 젊은 사람들이 더 안 올 것만 같았다.

주말을 맞아 시골을 찾아갔다. 방문 목적은 두 가지였다. 늦었지만 지난 말복 날 못 챙긴 보양식 사드리기와 오 남매 대상으로 간판 의견 수렴하기였다. 막내 남동생은 간판 설치에 필사적으로 반대했다. 이유를 듣고 보니 맞는 말이었다. 효자 남동생은 "이 시점엔 어머니 일을 줄여 드리는 게 중요하다. 용돈이 필요하면 더 드리겠다."라고 의견을 피력했다. 딸들은 "어머니가 생활력 강하신 분이니, 손님들 눈에 띄게 작게라도 만들어 드리자."로 의견을 모았다. 사위들도 설치하는 방향으로 의견을 줬다. 간판을 세 개씩이나 달고 영업하는 내 남편은 "이왕이면 간판을 크게 부착해야 한다."라며 시각적인 효과를 강조했다. 형부도 처가인 우리 집에 처음 인사 올 때 "차에서 내린 순간 간판이 없는 길가의 저 집은 도대체 뭘까 궁금했었다."라고 거들었다. 간판 설치 의견이 압도적으로 많다고 생각한 나는 남동생에게 8월 말까지 설치하라고 닦달하기 시작했다. 동생은 꿈쩍도 하지 않았다. 내가 동생에게 화를 내고 말았다. 이 상황을 안타깝게 여긴 언니가 한마디 따끔한 충고를 했다.

"효도한다고 부모님 앞에서 자녀들이 다투면 안 된다."

솔로몬의 잠언에 이런 말씀이 있다.

"지혜로운 아들은 아비를 기쁘게 하거니와 미련한 아들은 어미의 근심이니라."(잠언 10장 1절)

'어머니 일을 줄여 드리는 게 중요하다. 용돈을 더 드리겠다.'라고 말한 남동생은 지혜로운 아들이고, '어머니가 생활력이 강하니까, 간판이라도 달아서 장사 잘되게 하자.'고 말한 나는 미련한 딸일까?

아무튼 언니의 무게감과 남동생의 신중함이 느껴졌다. 반면에 나는 한번 꽂히면 실행력과 추진력이 뛰어났다. 남동생 의견을 묵살하고 내 방식대로 속도를 냈다. 그런데 어머니와 나는 한 달도 못 돼서 크게 싸우고 말았다. 나는 작고 아담한 것을 원했는데 어머니는 멀리서도 눈에 확 띄는 대형 간판을 원했다. 커피숍이나 북카페씩 분위기를 내려는 내 취향은 그야말로 어머니에게 처참하게 무시당했다. 어머니가 내 급한 성질과 얇은 효심을 이용하여 간판 세울 명분만 세우고, 내 아이디어는 헌신짝처럼 버린 것 같아서 한 달간 친정집엘 가지 않았다. 오랜 시일이 지나 생각해 보니 부모를 대함에 있어서 남동생은 시종일관 이성적이었고, 나는 확실히 감성적이었다.

8

담배 가게 딸로
다시 태어난 날

떨어진 담배 간판, 다시 붙이는 마음

2021년 여름 광복절 이후 태풍이 시골 구멍가게를 한번 휩쓸고 갔다. 어찌나 바람이 셌던지 가게 처마에 붙여놓은 '담배'라는 작고 얇은 철판이 비바람에 떨어져 나갔다. 당시 우리 집에서 담배를 판다는 유일한 표시였다. 어머니는 날아간 간판을 되찾았고 다시 빨리 달기 위해 안달이었다. 폐암 수술을 받고 회복 중인 형부에게 부탁했다고 한다. 언니가 그 소리를 듣고 얼마나 화가 났을지 짐작이 갔다. 단골 담배 손님들은 간판이 있고 없고를 떠나 오랫동안 애용한 가게를 이용하기 마련이다. 어머니가 왜 그리도 조바심을 냈는지 어머니의 입장이 되어 생각해 봤다. 여름 휴가철 객지에서 온 새 손님을 놓치고 싶지 않아서 더욱 집착한 것 같았다. 오 남매에게 대학 간판 달아주느라 그간 자신의 가게에 번듯한 간판 하나를 못 붙였으니 자식 된 도리로 죄송한 마음도 들었다. 그리고 언니에게도 미안했다. 큰사위를 머슴 부리듯 하는 어머니가 지나쳤다. 결국 어머니 성화에 형부가 부착해 주었다고 한다.

아버지는 치매 환자 판정만 안 받았을 뿐 손님들에겐 바보 영감님에 가까웠고 어머니에게는 심술쟁이 영감이었다. 어머니는 위기의식을 느꼈고 집안 대소사를 남동생과 언니 부부에게 많이 의지했다. 남동생은 아버지를 대신하여 종중 일과 일가친척 경조사를 챙겼고, 언니는 병원과 약 심부름을 했고, 형부는 가게 전기 시설과 살림집 잔고장 난 것을 수시로 수리해줬다. 실제로 형부는 처가에 올 때마다 자동차 안에서 공구 가방을 들고 나와 구석구석을 살피며 수리해 주셨다. 이렇게 장남 역할을 톡톡히 했던 형부가 2021년도 7월에 두 번째 폐암 수술을 하게 되었고, 언니는 코로나 환자 생활치료센터 근무가 많아져 형부와 언니가 모두 친정 부모님께 신경을 쓸 겨를이 없었다. 나라도 부모님을 적극적으로 돌봐야 했다. 그런데 나는 고작 주말에 가는 것이 전부였다.

내가 해드릴 일은 무엇일까를 고민했다. 예전처럼 아버지를 다시 정상인으로 회복시킬 수는 없어도, 아버지 분신과 다름없는 구멍가게를 되살리고 싶어졌다. 어머니 한이라도 풀어주기 위해 밤에 조명이 켜지는 작고 아담한 입간판 하나를 구상하기 시작했다. 오래된 전통이 있는 가게라는 걸 증빙하기 위해 요즘 상가들은 상호 앞에 개업 연도를 표시하는 추세다. '신흥상회' 건축물대장을 열람했다. 1967년이란 숫자가 보였다. 어머니 기억에 따르면 점포를 짓기 전에 아버지가 이발소 한쪽에서 표부터 파셨다고 한다. 그러니까 정류소 역사는 그보다 더 빠른 셈이다. 한편, 우리 집에 보관된 1960년대 후반쯤 찍은 가게 전경 사진을 살펴봤다. 사진 속 가게는 활기차고 매우 역동적이었다. 버스를 타기 위해 길가에 서 있는 남자들은 양복을 입었고 부인들은 한복차림이었다. 가게 왼쪽에는 담배 보관 창고와 우체통이 있었고 처마에는 담배 가게 표지판이 달려 있었다. 석회 바른 벽에는 '신흥부락 4-H 클럽'이라는 큰 글씨도 보였다. 출입문 나무 기둥에는 세로로 길게 쓴 '전북여객버스정류소'라는 붓글씨 형태의 목판도 보였다. 어린 시절 실제로 봤던 그 현판이 어렴풋이 기억났다.

그러니까 1970~1980년대까지는 누가 보아도 우리 집은 담배 가게이자 버스 정류소로 항상 손님이 붐벼서 굳이 별도의 커다란 간판이 필요하지 않았다. 좀 과장이 있지만, 오늘날 시외버스터미널이나 고속도로휴게소와 같이 북적였던 우리 집 구멍가게의 화려한 명성은 2010년대 들어 급격히 빛을 잃었다. 면 소재지로 여전히 관공서는 존재하지만 자동차로 출퇴근하는 사람이 대다수다. 학교는 폐교 직전이 되었다. 상가들도 많이 폐업했다. 그래도 유일하게 우리 집 가게만 한자리에서 50년 넘게 명맥을 유지하고 있었다. 그 비결은 어머니의 친절과 잘 팔리는 효자 품목인 담배를 취급했기에 가능했다.

즉 우리 집 구멍가게는 버스 정류소 기능은 쇠퇴했지만, 담배 가게로는 여전히 사랑을 받았다. 혹시라도 담배 간판이 없거나 눈에 안 띄어 새 담배 손님이 안 올까 노심초사하는 어머니 마음이 백번 이해가 됐다. 게다가 생필품과 달리 담배는 외상장부에 적고 가는 손님은 거의 없었다. 바로바로 현금이 들어왔고 열 갑씩 사가는 경우도 많아 한 번에 큰돈을 만질 수 있어 어머니가 더 집착했다. 친정 식구 중에 담배 피우는 사람이 하나도 없는데도 효자상품인 담배를 사랑하는 어머니를 아무도 비난할 수 없었다. 아버지가 돌아가신 뒤 법적으로 담배를 팔 수 없게 되자 어머니는 구멍가게를 미련 없이 포기했다. 그만큼 담배는 친정 가게의 절대적인 수입원이었고, 담배 없는 구멍가게는 앙금 없는 찐빵이었다.

담배 가게 아가씨의 추억들

1980년대 유행했던 노래 중에 송창식 님이 불렀던 〈담배 가게 아가씨〉가 있다. 경쾌한 가락과 재치 있는 가사 덕에 많은 이에게 사랑받았지만, 그 노래는 나를 괴롭게 했다.

'우리 동네 담배 가게 아가씨가 예쁘다네'와 '온 동네 청년들이 너도나도 기웃기웃' 이 소절이 특히나 나를 미치게 했다. 당시 나는 감수성이 예민한 여학생 시절이었다.

내 얼굴이 예쁜 편은 아니었고, 더욱이 담배는 몸에 해로운 것이어서 나는 담배 가게 딸로 불리는 게 정말 싫었다. 게다가 담배의 주된 고객은 남성들이어서 부끄러움을 많이 탔다. 그래도 대학 졸업 후 경제적으로 독립할 때까지 방학 때면 부모님을 대신해서 정말 담배를 많이 팔았다. 이래저래 놀림감이 되지 않도록 학교 다닐 적에 나는 부모님 직업란에 상업이 아닌 농업이라고 많이 적어냈다. 농업인 부모를 둔 친구들과 가정환경이 다른 게 싫었다. 방과 후에 남자 선생님들에게도 담배를 팔곤 했는데 더 괴로웠다. 지금에 와서 생각하니 내가 참 철이 없었다. 그 다름으로 인하여 시골에서 보기 드물게 오 남매가 모두 대학을 졸업했는데도 말이다. 그러다가 나의 자존감이 확 올라가는 TV 광고를 보게 되었다.

"아무도 이 사람을 시골 구멍가게 둘째 딸로 기억하지 않습니다. 우리는 이 사람을 철의 여인 대처로 기억합니다. 여성 차별이 없는 사회, 그곳에 세계 일류가 있습니다."(1995년 삼성기업 광고 '세계 일류' 마가렛 대처 편)

그때부터 '구멍가게 둘째 딸'이라는 카피에 완전히 반해서 거의 외우다시피 했다. 내가 마치 대처가 된 듯 기뻤다. 이후부터 나는 부모님 직업을 부끄러워하지 않았다. 예전에 구닥다리로 보기 싫어했던 담배 진열장과 부모님의 손때 묻은 주판과 지폐 서랍과 동전 깡통까지 이제는 모든 게 정겨웠다. 아버지 어머니가 보물창고로 여겼던 이중 철문으로 된 담배 보관 창고에도 자주 가보았다. 1970~1980년대에 일주일에 한 번씩 우리 집은 전매청 출장소였다. 전매청 직원이 한나절 동안 우리 집에 상주하여 면 관내 소매인들에게 담배를 공급했다. 그 흔적으로 담배창고 안에 전매청 행정 역사가 고스란히 보존되어 있다. 게시판엔 누렇게 변한 8절지 크기에 담배소매인 지정에 대한 안내문이 지금까지 부착되어 있다.

'전매청에서는 담배소매인 지정을 보다 합리적이고 공정하게 처리하기 위하여 정기적으로 공개 추첨에 의하여 일제히 실시하도록 1976년부터 제도화 하였아오니 소매인 지정을 희망하시는 여러분의 적극적인 협조를 바랍니다.(이하 생략)'

돈이 되는 담배판권과 관련된 업무로 공정성을 매우 강조한 것으로 보인다. '부조리 몰아내어 명랑사회 이룩하자' 등 시대 분위기를 읽을 수 있는 전매청의 표어도 여러 장 붙어 있었다. 부모님이 지금까지 떼지 않는 이유는 뭘까? 아버지가 국가 전매 사업과 관련하여 지역을 대표하는 우수 담배

소매인으로서의 자긍심이 컸기 때문이다.

　어느새 나도 담배 가게를 구멍가게와 동일시했고, 구멍가게를 친정 부모님과 같은 급으로 여겼다. 즉 '담배 가게 = 구멍가게 = 친정집 = 부모님'이 되었다. 부모님을 돕기 위해 앞서 구상 중인 입간판 또는 간판 제작 건은 의견 수렴과 많은 시간이 필요했다. 그래서 나는 구멍가게 사랑을 제일 먼저 표현하는 방법으로 인터넷 홍보를 택했다. 의견 수렴할 필요도 없었고 10원 한 장 안 들었다. 면 관내에서는 실물의 간판이 효과를 보겠지만 젊은 새 손님 유치를 위해서는 인터넷 홍보 효과가 훨씬 높을 것으로 생각했다. 우선 네이버, 다음, 구글에 부모님 사업장 명칭과 위치를 표시했다. 정겨운 사진도 넣었다. 그렇게 공을 들였건만 아버지가 돌아가시고 가게를 폐업하자마자 네이버와 다음에서는 해당 지번의 '신흥상회'를 폐쇄하여 더 이상 검색되지 않았다. 근 2년간 친정 부모님에 관한 블로그를 쓸 때는 꼭 네이버에서 검색되는 장소로 '신흥상회'를 찍고 썼는데 지금은 그리할 수가 없어 마치 허공에다 글을 쓰는 기분이 든다.

　처음에는 얼마나 서운했는지 아버지의 역사가 사라진 듯했다. 빈 가게지만 아직 안주인인 어머니가 생활하시기에 마음이 서글펐다. 지금 유일하게 인터넷상에 남아 있는 '신흥상회'는 구글인데 가게 소개 글과 여덟 장의 사진이 등재되어 있다. 현재는 임시 휴업으로 공지된 상태다. 이마저도 곧 사라질 것 같아 아쉽다. 그래서 나는 지금 '간판 없는 구멍가게 딸' 코너에 썼던 그 수많은 블로그 일기를 한 권의 책으로 남기는 중이다. 나는 구멍가게와 함께한 부모님과의 추억을 잊을 수 없다.

"여기 적힌 먹빛이 희미해질수록 그대를 향한 마음이 희미해진다면 이 먹빛이 하얗게 마르는 날 나는 그대를 잊을 수 있겠습니다."라는 윌리엄 워즈워스의 「초원의 빛」 시구처럼.

아버지와 함께한 마지막 추억들

제 2 장

1

베짱이 노신사의
아모르 파티

아버지와 전주한옥마을 데이트

내 직장에서는 해마다 봄이면 효도 여행을 지원해 주고 있다. 코로나가 창궐하기 이전까지는 고령 부모님 순으로 선발하여 제주도로 단체관광을 떠나는 일정이었다. 그간 내 아이들은 어렸고 농도 특성상 고령의 부모를 모신 동료들이 많아서 마음은 있어도 도전할 수 없었다. 나도 언젠가는 꼭 신청해야지 마음먹었는데 어느새 시부모님은 돌아가셨고 항상 젊게만 보였던 친정 부모님도 어느덧 노인이 되었다. 늦게나마 친정 부모님을 챙기려 했는데 코로나가 창궐했다. 직장에서는 감염병 예방 차원에서 단체로 떠나던 효도 여행을 개별여행으로 바꾸었다. 신청자가 뜸할 줄 알았는데 개별 맞춤형으로 갈 수 있어서 예전보다 오히려 경쟁이 치열했다. 2021년 만큼은 꼭 가고 싶었다. 어머니가 심장 수술 직후로 회복 중이고 아버지 총기가 예전 같지 않아 지금 아니면 향후 효도 여행이 어렵다고 간청했다. 절박한 내 사정을 노조에서 인정해 준 덕분에 7월 3일 주말을 이용하여 1박 2일의 효도 여행을 잘 다녀왔다.

가까운 전주한옥마을 여행을 계획했다. 부모님이 계시는 남원과도 한 시간 거리여서 알차게 보낼 수 있었다. 여행 시작을 기념하고자 어머니와 아버지 사진을 남겼다. 승차하기 전에 신흥상회 앞 우체국과 버스 승강장을 배경으로 찍어드렸다. 유일하게 두 분이 말년에 다정다감하게 찍은 사진이다. 그러나 안타깝게도 효도 여행은 아버지만 모시게 되었다. 어머니가 계속해서 사양했다. 어머니가 동행하지 않은 이유는 첫째 심장 수술 후 회복 중이고, 둘째는 주말 구멍가게 손님을 놓치고 싶지 않기 때문이고, 셋째는 장마철 집 안 관리 때문이었다. 아버지는 이런 어머니를 홀로 놔두고 배짱 좋게 차에 올라타셨다.

여행은 맛집부터 시작되었다. 그간 전주에서 맛집을 만나면 이다음에 가족 혹은 친구들과 꼭 다시 한번 오고 싶어 했는데, 그 맛집 중 하나가 '장수버섯마을' 식당이었다. 시골 부모님은 거리가 있어서 모신 경우가 없었다. 이 불효를 직장 효도 여행 덕분에 만회하게 됐다. 동충하초 버섯전골 요리를 먹었는데 노루궁뎅이버섯, 굴 소스, 김치 칼국수, 표고버섯탕수육 등 여러 가지가 입맛을 당겼다. 점심 이후 본격적으로 전주한옥마을을 투어했다. 아버지는 관절 수술을 받았지만 빠르게 걷는 건 어려웠다. 비도 한두 방울 내려서 남천교(청연루)를 건너자마자 처음 만난 가게에서 전동차를 빌려 탔다. 전주한옥마을이 지금은 운치 있는 길이지만 1980년대는 곳곳엔 연탄재가 쌓여 있었고 저녁은 희미한 가로등이 전부일 정도로 조용했었다. 2002년도 전주 월드컵을 계기로 한옥마을이 관광명소가 되었다. 성심여자고등학교를 다녔던 나로서는 매번 한옥마을에 올 때마다 상전벽해 현장에 들어선 느낌이었다.

1983년 12월 나는 고입 연합고사를 보기 위해 아버지를 따라 처음으로 전주를 방문했다. 예비 소집했던 학교가 성심여자고등학교였는데 모교가 되었다. 지금은 남원에서 출발한 전주행 버스가 종점 도착 전에 전주병무청에서 한 번 쉬고 있지만, 전에는 전주 초입부 약수터에서 한 번 쉬고 두 번째로 쉬는 곳이 남천교 근처였다. 하차 후 다리를 건너면 성심여고가 나온다. 나는 학교 주변에서 약 4년간 자취했다. 매주 토요일 오후에 남원에 내려가서 하룻밤을 자고 이튿날인 일요일 오후에 버스를 타고 다시 돌아왔다. 싸주신 일주일 분량의 김치와 쌀을 무겁게 들고 다녔다. 버스 하차장엔 당시 수송용 리어커가 있었는데 비용을 아끼기 위해 거의 이용하지 않았다. 자녀들의 고생을 덜고자 아버지는 시골 구멍가게까지 잡화를 납품하는 전주의 도매상 차량을 애용했다. 물건을 많이 팔아주고 빈 차로 돌아가는 짐칸에 자녀들의 식량을 몽땅 실어 자취하는 집 앞까지 보내주셨다. 한 번은 내가 고2 때 수학여행을 제주로 가게 됐는데 아버지가 도매상 사장님 편에 편지를 보내주셨다. 당시로썬 엄청 큰돈인 만 원짜리 두 장이 동봉된 편지였다. "아주 많이 못 줘서 미안하다. 잘 다녀오너라."라는 더 주고 싶어 하는 아버지의 마음을 읽고서 정말 가슴 뭉클했었다. 가정 형편상 수학여행을 못 간 친구들도 있었는데, 주고 또 주고 싶어 하는 아버지의 마음을 평생 잊을 수 없다.

아버지는 당신 운명을 사랑했다

지난 세월을 추억하면서 한옥마을 골목을 두세 바퀴 돌고 비도 피할 겸 커피타임을 가졌다. 아버지의 나들이 복장은 어머니가 입혀주신 것으로 80

대 초반 연세보다 훨씬 젊어 보였다. 중절모는 전에 내가 사드린 것이었고 재킷과 셔츠는 며느리가 사준 것이었다. 이 복장으로 할리스 커피숍에서 빨간 잔으로 커피 마시는 모습이 중년 신사 모델처럼 보였다. 너무 멋있어서 사진을 찍어두었고 이후 아버지 생각이 날 때마다 많이 바라봤다.

아버지는 전주한옥마을의 놀라운 변모에 대해 한참을 이야기하다가 당신 사촌들을 떠올렸다. 아주 오래전인 1950~1960년대 당숙들은 전주에서 학창 시절을 보냈다. 한옥마을 인근은 전주의 원도심답게 명문 고교들이 많았다. 당숙들은 전주에서 학업을 마치고 수도권 은행에서 일하셨다. 할아버지는 6·25 한국전쟁 때 아버지가 다니던 초등학교 학업을 중단시켰다. 이후 아버지에게 한학만 가르쳤고 더 이상 신학문을 가르치지 않았다. 언젠가 아버지는 언니와 드라이브하면서 당신이 어렸을 적에 느꼈던 마음을 솔직하게 털어놓았다. 언니로부터 전해 들은 말이다.

"아버지는 친구와 사촌들이 책가방 메고 초등학교 다닐 때 별도로 제작한 소년용 작은 지게를 지고 일을 했대. 등하교 때면 친구들과 사촌들을 피해서 한참을 숨었다가 다 지나가면 나와서 가던 길을 갔대."

고교 졸업 후 당숙들은 대부분 서울에서 살게 되었고 명절과 제사 때면 시골에 오셨다. 아주 예쁘게 차려입은 당숙모와 아이들을 데리고서 말이다. 당숙모들은 도시에서 살림과 육아만 했는데, 아버지와 결혼한 어머니는 평생을 시골에서 살며 종부 역할을 톡톡히 했다. 언젠가 나는 어머니에게 서러운 심정을 살짝 건드리며 물은 적이 있다.

"엄마는 그 보수적인 시골에서 어떻게 세 딸을 여상도 아니고 여고를 보냈어? 그것도 대학까지? 셋째 딸은 파리 유학까지?"

"여고를 졸업한 당숙모들이 뾰족구두(하이힐) 신고 명절에 올 때마다 독하게 마음먹었지."

오늘의 나는 모두 아버지 어머니 덕분이란 것을 잊어서는 아니 되었다. 눈시울이 뜨거워졌다. 다시 아버지 대화에 집중하려고 노력했다. 비 오는 날 오후 커피숍에서 꾸벅꾸벅 졸면서도 아버지의 긴 이야기를 거의 다 들어줬다. 놓친 말씀도 있지만 아버지 말씀 요지는 다음과 같다.

"사람은 초년보다 중년 운과 말년 운이 좋아야 한다. 명복을 타고나야 한다. 뭔가를 이루려면 침을 꿀꺽 삼키고 '참을 인(忍)' 자를 새겨야 한다. 진 것이 이긴 것이다. 나보다 높은 데를 쳐다보지 말고 낮은 데를 바라보며 자족할 줄 알아야 한다. 머리 수술을 많이 하여 오래 못 살 것으로 생각했는데 80살이 넘으니 대견하다."

예전엔 '또 시작이네.' 하며 다소 지루해했는데 나도 점점 나이가 들어서인지 아버지 대화에 추임새를 넣어드렸다. 아버지는 할아버지에 대한 원망과 서운함은 없었다. 운명이라고 생각했다. 그렇지만 체념하지는 않았다. 세월 따라 일할 때는 일하고, 놀 때는 즐길 줄 아는 멋진 분이었다. 살아보니 당신의 중년 운, 말년 운에 만족하고 감사하는 것 같았다. 젊은 날 가게를 볼 때면 늘 라디오를 켜 놓았다. 뉴스도 놓치지 않고 유행가가 흘러나올 땐 흥얼흥얼하며 잘 따라 불렀다. 각종 계모임과 여행을 가시면 낭랑한 목소리로 노래를 잘 불러 칭찬을 많이 받았다. 어쩌면 아버지는 가수 김연자 님의 노래 〈아모르 파티〉 가사와 참 잘 어울리는 분이었다. '아모르 파티(amor fati)' '운명을 사랑하라'는 뜻처럼, 아버지는 주어진 삶을 담담히 받아들이며 오늘 하루하루를 충실히 살아오셨다.

반면에 늙어서까지 전투적으로 일만 하는 일개미, 어머니에 대해서는 측은지심이 들었다. 아버지만 모신 효도 여행이었지만 아버지와 어머니의 차이점을 분명히 이해한 계기가 되었다. 하지만 두 분은 달랐어도 오랜 세월을 함께하면서 서로 보완하는 조화를 이루었다. 두 분의 배짱과 헌신 덕분에 오늘의 내가 있음을 잊지 않으리라고 다시 한번 마음먹었다. 부모님이 걸어온 길을 있는 그대로 존중하고 감사하는 마음, 그리고 그분들의 노년을 잠깐이라도 함께하려는 마음가짐이 이번 효도 여행의 의미였다.

저녁 무렵 광풍과 장대비가 쏟아졌다. 집안에 몰려드는 빗물을 바가지로 퍼내며 어머니는 내게 전화를 수없이 했다. 내가 내려가서 도울 수도 없고, 남동생에게는 연락하지 말라고 하시니 참 난감했다. 아버지는 호텔에 들어오자마자 고단하셨는지 세상모르고 코를 골며 주무셨다. 아버지가 주무시는 동안에 나는 잠언 23장 22절 말씀을 묵상하며 블로그 일기를 마무리했다.

"너를 낳은 아비에게 청종하고 네 늙은 어미를 경히 여기지 말지니라."
(잠언 23장 22절)

2

용띠 어린 왕자님과 병원 문진 놀이

오늘을 살아가세요, 눈이 부시게

2021년 8월 5일 여름휴가 1일을 받아 아버지를 모시고 광주에 있는 조선대학교병원 신경정신과를 다녀왔다. 조선대병원은 광주광역시 광역치매센터(2021 기준)가 개소되어 있고 국내대학병원 최초로 치매 전문 병동을 운영하고 있어 그 소문이 남원까지 자자했다.

어머니의 소원인지라 나는 남편과 함께 큰마음을 먹고 전주-남원-광주-남원-전주까지 장거리 왕복 운전을 번갈아 하면서 다녀왔다. 코로나로 병원 절차가 매우 엄격했다. 많은 환자와 보호자들이 안내 동선을 따라 부지런히 움직였다. 나 혼자 왔다면 각종 검사와 서류를 작성하는 동안에 아버지를 자칫 놓칠 뻔했는데 남편하고 같이 오길 잘했다는 생각이 들었다. 1회 방문으로 치매 진단과 처방을 다 마칠 수는 없었다. 첫날은 진료 상담 외 혈액, 소변, X레이, 심전도검사까지만 하고, GDS-K(노인 우울 척도) 외 3종 설문지는 숙제로 받아 집에서 작성하기로 했다. 2차 진료는 8월 말이었다. 기억력/치매 검사와 MRI 검사까지 다 마치고 난 뒤에 담당 교수님이 전에 다니던 병원 진료 내용도 참고하여 최종 진단하고 약 처방을 해주었다.

첫날 진료를 마치고 돌아오는 날 만감이 교차했다. 그간 치매는 남의 부모님 이야기인 줄 알았었다. 2019년도 봄날에 방영된 JTBC 드라마 〈눈이 부시게〉를 볼 때만 해도 나는 배우 한지민 님이 열연한 '젊은 새댁 혜자'의 슬픈 로맨스에 집중했다. 김혜자 선생님이 열연한 '할머니 혜자'의 치매 노인 일상은 약간 귀엽고 코미디처럼 느껴졌다. 그때만 해도 내가 치매 노인을 가까이에서 본 적이 없었기 때문이었다. 게다가 후반에는 등장인물 가족관계가 바뀌어서 좀 당황했다. 끝에 가서야 '젊은 새댁 혜자'의 '러브 스토리'가 아니라 알츠하이머병에 걸린 '할머니 혜자'의 인생 전체에 걸친 '휴먼 드라마'였음을 퍼즐처럼 알게 됐다. '할머니 혜자'의 마지막 대사는 국민 배우답게 진한 여운을 남겼다. 매 순간의 소중함과 오늘의 삶이 얼마나 소중한지를 일깨워 줬다.

대사 중에 "오늘을 살아가세요. 눈이 부시게… 당신은 그럴 자격이 있습니다."라는 부분은 낙심에 빠진 치매 노인과 가족들에게 희망을 주는 말이다. 대체로 치매 진단을 받으면 인생이 끝난 것처럼 절망한다. 보통의 사람들도 불행했던 날이나 행복했던 순간 모두가 꿈처럼 지나가는 것이 삶이다. 우리가 그걸 기억하느냐 못 하느냐가 중요한 것은 아니다. 과거를 기억하지 못한다고 해서 절망하고, 간신히 떠올려도 후회만 가득하다고 절망하고, 또 다가올 미래마저 불안하다고 해서 걱정뿐이라면 결국 오늘까지 망쳐버리게 된다. 그런 삶은 정말 '이생망(이번 생은 망했다.)'이라는 말이 절로 나올 법하다.

그러니 '거창하지 않아도, 특별하지 않아도, 오늘 하루를 정성껏 살아내는 것만으로도 인생은 충분히 살아볼 만한 가치가 있고 아름답다.'라는 것이 이 드라마 제작진의 의도라고 본다.

배우 김혜자 선생님은 이 작품으로 백상예술대상을 받았다. 그녀는 수상 소감으로 〈눈이 부시게〉의 마지막 대사를 낭독하여 또 한 번 시청자들을 감화시켰다. 그리고 수상 소감 첫마디에 "나의 힘이 되신 여호와 하나님 당신을 사랑합니다."라는 고백도 큰 감동이었다. 신앙인으로서도 월드비전 활동 등 큰 사랑을 실천하시는 분으로 전 국민의 존경과 사랑을 받고 있다.

한편으로는 내 아버지가 걱정되었다. 아버지는 비기독교인이다. 아버지가 힘들 때 누가 힘이 되어 주실까? 아버지에게 눈이 부신 날은 과연 언제였을까? 병원 다녀가는 '오늘'만이라도 딸인 내가 아버지에게 위로와 힘이 되고 싶었다. 정성을 다하기로 마음먹었다. 아버지와 나는 오늘을 함께 보내며 다정다감하게 병원 나들이를 다녀오는 길이 아닌가? 그거면 됐다.

병원에서 진을 뺐기에 아버지에게 늦은 점심이라도 맛있게 대접하고 싶었다. 병원 근처에서 먹고 싶진 않았다. 광주 시내를 빠져나오니 고속도로 주변 논들이 초록빛 바다처럼 보였다. 너무너무 평화로웠다. 그 길이 여행을 마치고 돌아가는 길이라면 얼마나 좋았을까? 88고속도로에서 익숙한 순창읍으로 진입했다. 남편이 오래전에 순창등기소에 근무했기에 자주 왔던 곳이다. 또 불과 2년 전인 2019년도 여름휴가 때는 언니랑 아버지를 모시고 순창 '가인연수관'에 머물며 강천산 숲길을 산책한 적도 있었다. 그때 아버지가 치매에 걸릴 거라곤 아무도 몰랐었다. 아버지에게 강천산과 매

운탕 기억이 있으시냐고 묻지 않았다. 기억이 안 난다면 내 마음이 더 아플 것 같기에.

순창 읍내 유명한 맛집 '옥천골 한정식'에서 늦은 점심 한 상을 받았다. 순창 초고추장과 낙지 데친 것이 아버지 입맛을 돋우었다. 식사 후 자리를 인근 '어린 왕자 카페'로 옮겼다. 차를 마시며 아버지와 나는 병원 숙제를 펼쳤다. 집에서 설문지를 작성할 시간을 따로 낼 수가 없어서 시작했는데, 상당히 많은 시간이 들었다.

웃고픈 병원 문진 놀이 추억

불안, 우울, 기억력에 관한 설문지 총 14쪽의 방대한 문항을 내가 읽어드리고, 아버지가 답하면 내가 동그라미(O) 또는 브이(V) 자로 체크를 했다. 응답지가 '예/아니오' 두 개만 있는데 아버지는 확실한 오엑스(OX) 아닌 세모(△)에 가까운 중간 답을 긴 말로 했다. "이럴 땐 어떻게 표시해야 하지?" 하며 남편에게 의견을 물었는데 남편이 몇 번 판정하다가 속이 터지는지 차 안으로 피해 버렸다. 그날 오후에 카페에 오신 다른 손님께도 죄송했다. 내 목소리가 좀 컸다. 아버지가 질문을 잘 알아들을 수 있도록 크게 말할 수밖에 없었다. 마칠 때쯤 주변을 돌아보니 손님이 자리를 많이 비웠다. 내 남편처럼 보고 듣기가 딱해서 나간 듯했다. 카페 주인만 못 들은 척하고 눈치를 안 줘서 고마웠다.

한참 동안 여러 질문지 문항을 내가 의사 선생님이 된 듯 재미있게 풀었는데 갑자기 슬픔이 밀려왔다. 종합해 보니 기억력 문항 14개 중 1개만 정상이고, 13개 모두 기억력 저하에 해당하는 답을 말한 것이다. 절망적이었다. 유일하게 '아니오.'라고 아버지가 확실히 말한 것은 딱 하나 있었다.

"집 근처에서 길을 잃은 적이 있습니까?"(설문)
"내가 집을 왜 잃어?"(답변)

집을 잃지 않는 것만 해도 정말 큰 축복이다. 경찰청에서 실종자 인상착의를 알리며 사람을 찾는다는 문자메시지를 종종 발송하는데 당사자는 물론 그 가족들이 정말로 걱정되곤 했다. 아버지도 언젠가 그럴 날이 올 수도 있겠지만 당시는 아니었다.
이어서 나는 아버지께 요즘 자신을 가장 잘 나타내는 문장에 'O'표 하는 질문을 읽어드렸는데 내 마음을 살짝 울린 대답을 하셨다.

"나는 내 모습이 매력 없게 변해 버린 것 같은 느낌이 든다."(O)

내 아이들이 외할아버지가 여전히 젊다고 인정할 정도로 아버지는 훌륭한 외모인데 아버지는 이제 스스로 옛 시절 같지 않다고 인정하고 있었다. 드디어 14쪽 마지막 문항에 이르렀다. 성(Sex)에 대한 질문지였다. 얼마나 당황스러웠는지 모른다. 1940년생 용띠 할아버지에게 글자 그대로 읽어 드리면 이해 못 할 질문이었다. 기지를 발휘했다. 문항을 다음과 같이 바꿔 물었다.

"아버지! 엄마가 여자로 느껴지냐는 질문인데… 관심이 상당히 줄었어?"

관심을 완전히 잃었어?"

응답하셨다. 내용은 비밀이다. 정신건강 진단용 설문지를 공공의 장소에서 큰 소리로 묻고 답하는 것이 의료법에 저촉되는지, 아버지 프라이버시를 무시하는 것인지는 깊이 고민하지 않았다. 설문하는 동안 아버지와 친구가 되고 싶었다. 아버지도 나와 대화하는 걸 좋아하는 듯했다. 아버지는 설문을 마치고 다시 남원을 향하여 돌아가는 차 안에서 "엄마 수박을 사주고 싶다."라는 뜻밖의 말을 했다. 정말 기뻤다. 어머니를 아내로 아끼고 존중하는 마음이 보였기 때문이다. 이 정도면 내가 걱정을 안 해도 되겠다고 마음을 먹었는데 잠시 후 아버지 상태가 정확히 드러났다.

그날 오후 아버지는 내가 병원비를 카드로 계산한 것을 금세 잊고서 두 번이나 병원비를 냈냐고 물으며 준비한 현금을 꺼내 주셨다. 몇 번을 사양하다가 나에 대한 고마운 정 표시로 알고 일단 받았다. 그런데 집에 도착해서 병원비 냈냐고 또 물으며 돈을 챙겨주려고 했다. 내 머릿속이 복잡해지기 시작했다. 방금 하셨던 말이나 행동을 잊는 아버지의 미래가 정말로 걱정되었다. 만일 이대로 아버지가 세상을 허망하게 떠난다면 아버지가 너무 불쌍했다. 다음 날 용기를 내어 고향 신흥교회에 전화를 걸었다. 울먹이며 아버지 상황을 말했다. 목사님과 사모님은 아버지의 상태를 이미 알고 있었다. 지역 어르신들을 위해 기도 많이 하고 있다며 나를 안심시켜 주셨다. 그날부터 나는 아버지 마지막 가시는 길에 하나님이 함께하시길 바라며 기도하기 시작했다.

3

장기요양등급을 신청한
사위의 진심은

장기요양등급 신청을 미룬 이유

"이 문으로 들어서는 자, 모든 희망을 버려라."
– 단테 알리기에리, 『신곡: 지옥편』

    2021년 추석 긴 연휴를 마치고 9월 23일 목요일 출근하자마자 일이 산더미처럼 몰려왔다. 야근을 마치고 파김치가 되어 집에 돌아왔는데 남편 앞으로 국민건강보험공단 우편물이 왔다. 피곤함이 싹 가셨고 떨리는 손으로 우편물을 열었다. 아버지 장기요양등급 신청 결과물이었다. 내가 친정 부모님 일로 고심하자 남편이 추석 전에 노인복지센터를 운영하고 계신 교회 장로님과 상의 끝에 대신 신청해 주었다. 보호자 서명은 남편이 직접 했다. 용감한 사위였다.
    친정 오 남매는 아버지에 대한 장기요양등급 신청 행위 자체가 아버지를 요양원에 보내려는 불순한 의도로 오해받을 것 같아 아무도 서두르지 않았다. 보수적인 친정 동네 어르신들은 요양원을 들어서는 순간 살아서는 못 나오는 지옥 같은 곳으로 알고 계신다.

훗날 아버지 임종까지 일련의 과정을 다 겪고 나서 보니 노인장기요양보험은 치매 진행 속도를 늦추고 보호자를 지치지 않게 함으로써 가족 간 유대관계를 지속시켜 주는 순기능이 많은 제도였다. 뉴스에 가끔 등장하는 비보 중의 하나가 치매 환자를 홀로 감당하기 어려운 배우자 또는 손자녀가 사고를 내는 경우다. 아는 만큼 복지를 누릴 수 있는 시대로 노인장기요양보험 제도에 대한 좀 더 적극적인 홍보가 필요하겠다.

8월 31일 가정방문 조사 때 다행히 어머니와 아버지는 우리 내외의 의도를 곡해하지 않고 응해 주셨다. 언니도 짬을 내어 의사 소견서 등 필요한 서류 제출에 도움을 주었다.

요양등급은 크게 다섯 가지 등급으로 분류되는데 아버지는 3등급이었다. 3등급은 심신 기능 저하가 뚜렷하며 일상생활에서 부분적으로 타인의 도움이 필요한 상태를 말한다. 내가 보기에 아버지는 일상 활동에 큰 제약이 없어서 초기 단계인 인지 지원 등급 정도를 받을 거라고 예상하였다. 금전적으로 큰 부담 없이 주간보호센터를 다닐 정도의 등급만 바랐던 터였다. 결과가 3등급으로 치매 정도가 심했다. 원했던 것 그 이상의 서비스를 받을 수 있고 자부담도 많이 줄어들게 되었다. 그러나 좋아할 일은 아니었다. 아버지의 치매가 그만큼 가속도가 붙었다는 뜻이다. 대학병원 치매센터 진료 다닐 적에 처음으로 받았던 신경정신과 약 처방전이 떠올랐다. 질병 기호가 알츠하이머, 치매, 기억력 저하를 뜻하는 'F00.1'인 것을 보고 많이 놀랐었다. 그간 나는 아버지를 잠깐 한두 시간 정도만 보다가 떠나는 철새여서 아버지 병세 정도를 잘 몰랐던 것이다.

결과물을 받고서야 하루 24시간 동안 아버지와 생활하고 계시는 어머니가 아버지를 왜 그렇게 힘들어하시는지 이해가 갔다. 평소 나는 아버지 탓을 하기보다는 그간 어머니가 너무 예민하고 극성이라며 은근히 아버지 편을 들었었다. 아버지가 변한 것인데, 오히려 어머니가 아버지에 대한 존경심과 애정이 식었다고 슬퍼했다. 어쩌다가 우리 아버지와 어머니가 이렇게까지 서글픈 노년이 되었는지 정말로 치매가 미웠다.

먼저 대전에 살고 계신 고종사촌 언니가 떠올랐다. 외숙인 내 아버지께 영양제를 자주 보내주신 고마운 언니다. 큰고모 따님인데 젊어서는 유치원 선생님이었고 중년에는 사회복지와 노인복지 전문가가 된 분이다. 아버지 등급을 말씀드리고 긴 통화를 했다. 아버지의 치매 속도를 지연시키기 위해서는 무엇보다도 가족들의 노력이 필요하다고 조언했다. 자주 찾아뵙고, 가족여행도 다니고, 옛 사진도 많이 보여드리고, 영양제도 챙겨드리고, 노인주간보호센터 이용도 좋겠다고 권하셨다. 또 집에 계시길 바라신다면 어머니의 돌봄 수고를 덜어드리기 위해서 방문요양과 방문목욕 서비스를 받을 수 있도록 안내했다. 복지 용구 대여하는 방법도 알려주었다. 나는 언니가 너무 한꺼번에 앞서 조언한다 싶었지만 실제로 언니는 큰고모부 내외를 마지막까지 보살펴 드렸던 분으로, 곧 나에게 닥칠 일을 선행학습 시킨 것이었다.

신은 새로운 문을 열어 둔다

부모님께도 등급판정 결과를 알려야 할 것 같았다. 누구에게 먼저 말씀드릴 것인지를 고민하다가 집 전화를 걸었다. 아버지가 전화를 받았다. 그런데 큰 실수를 했다. 그간 아버지 치매를 귀찮아했던 딸처럼 이제부터는 국가가 다양한 서비스를 알아서 척척 잘해줄 것이라며 통보하는 식으로 말해 버렸다. 사실은 설명하기가 난감해서 기계처럼 감정을 억제하고 말한 것이다.

"이제 아버지는 국가가 돌볼 단계예요. 치매 등급 단계가 다섯 가지인데, 아버지는 세 번째로 생각보다 위중하세요."
"…"
"이 정도면 어머니도 힘들어요. 요양보호사가 집으로 오시거나 노치원 다니는 걸 선택해야 합니다."
"차 타고 다니라고?"(먼 거리와 차비 걱정을 하시는 듯)
"차량 운행하는 곳을 알아보고, 자녀가 부담하는데 뭘 걱정하세요."
"…"
"(한참 후 말한다.) 서운하세요?"
"(체념하신 듯하다.) 그럴 나이가 됐지."
"(자녀가 못 하는 걸) 서운타 생각 말고 국가가 도와준다고 생각하셔요."

따뜻한 위로의 말을 먼저 전해야 했는데 국가가 제공하는 서비스를 당장에 이용하시라고 등 떠미는 대화였다. 아버지 감정은 조금도 헤아리지 않았다. 더 실수할 것 같아 어머니와는 따로 통화하지 않았다.
오 남매가 보는 단톡방에도 아버지 등급 결과를 올리고 향후 대책과 의견을 물었다. 의논하는 형식의 대화지만, 부담을 같이 나누자는 내 속마음을 펼쳐 보였다. 그날 밤 나는 잠이 오지 않았다. 형제자매로부터 뭔가 좋은 묘책을 기다려도 소식이 없었다. 부모님 일에 너무 무심한 것이 아닌지 하고 오해할 정도였다. 실은 언니와 동생들도 잠 못 이루고 이래저래 고민하고 있었다. 남동생이 깊이 생각한 끝에 의견을 보내왔다.

"꽤 오래전부터 어머니를 노치원에 모시고 다니는 ○○과장님(직장 상사님)과 상의해 볼게."

그날 이후 오 남매는 해답을 같이 찾기 시작했다. 또 다양한 서비스를 이용하자고 부모님을 설득했다. 그런데 부모님 반발이 아주 심해졌다. 여러 이유를 댔다. 제일 먼저 100퍼센트 국가 부담이 아니라서 돈 걱정을 은근히 하셨다. 또 어머니는 집안일을 자녀 외에는 남에게 맡기는 분이 아니었다. 청소하지 않은 상태에서 일가친척이나 손님이 오는 걸 아주 싫어하셨다. 가사를 돕거나 아버지를 병간호할 임무로 올 사람에게도 어머니는 대접해야 할 손님으로 여길 성품이었다. 평생 남을 위해 살아오신 분으로 섬김을 받아 본 적이 없어서 그러려니 하고 거절하는 마음을 어느 정도 이해했다.

아버지는 아버지대로 자신이 치매에 걸렸다는 것을 외부에 드러내는 것을 싫어했다. 노치원을 다니거나 방문목욕 서비스는 당신보다 훨씬 중증인 환자에게나 필요한 것으로 아직 당신은 그럴 때가 아니라고 거부했다. 훗날 들은 이야기인데 나중에는 방문목욕 서비스를 이용했다. 친정 가게 근처에서 하는 목욕 서비스가 너무 창피하다며 목욕 차를 동네 안 인기척 없는 곳으로 가자고 했단다. 어머니도 1년 6개월 후 아버지가 완전히 병상에 누워서 움직일 수 없을 때가 되자 방문요양 서비스를 받았다. 아버지와 어머니가 요양보험 혜택을 적극적으로 수용하고 이용했다면 좀 수월했을 텐데 안타깝게도 노부모님은 편견과 선입견으로 안 해도 될 고생을 많이 했다.

다시 아버지가 요양등급을 받은 날 저녁으로 시간을 돌린다. 밤새도록 우편물을 보고 또 보았다. 요양보험 제도를 알리는 많은 홍보물이 들어 있었다. 내용을 찬찬히 읽어 보니까 우리나라는 역시 선진 의료국가였다. 그래도 자녀로서 죄송한 마음까지는 국가에 다 맡길 수 없어서 양심의 눈물이 자꾸만 나왔다. 먼저 한참을 자다가 일어난 남편이 말했다.

"나보다 아버지를 더 좋아하는 것 같아. 질투 난다. 나는 부모님이 다 돌아가셨는데…."

살아계실 때 조금이라도 더 안전한 방법으로 효도하라고 요양등급을 신청해 준 남편이 진심으로 고마웠다. 장기요양등급 신청은 분명히 부모님의 삶의 질이나 자녀와의 관계를 업그레이드시키는 '새로운 길, 새로운 문'이었다. 두려움과 편견으로 미루고 싶었던 그 문을 열었을 때, 우리 가족은 조금이라도 국가의 의료복지서비스를 받을 수 있었다. "신은 한쪽 문을 닫을 때 다른 쪽의 문을 열어 놓는다."라는 헬렌 켈러의 말처럼 장기요양등급 신청은 '지옥의 문'이 아닌 '새로운 문'이었다.

4

밀짚모자와
골프 모자가 만난 날

귀여운 꽃게 사진 한 장의 힘

"아무리 가까운 길이라도 가지 않으면 닿지 못하고
아무리 쉬운 일이라도 하지 않으면 이루지 못한다."
– 홍자성, 『채근담』

아버지가 장기요양등급을 높게 받아 잠을 설친 뒤 우울한 마음으로 2021년 9월 24일 금요일 아침에 출근하였다. 점심시간에 해남에서 스님 오빠가 보낸 고구마 한 상자가 왔다. 추석 연휴 때 밀린 택배가 뒤늦게 온 것이다. 반가웠다. 주말에 해남 고구마를 맛있게 삶아 먹고서 그 소소한 기쁨을 블로그에 올렸고, 고구마 농사를 직접 짓는 스님 오빠에게 카톡으로 공유했다. 월요일 오전에 오빠로부터 답장이 왔다.

"고맙네. 그제 토요일에 해남에 내려와서 또 다른 고구마를 캐고 있는데 소식을 들으니 반갑네. 매년 맛있게 드신다니 고맙네. 자연이 주는 모든 먹거리에 감사하고 서로 나누며 행복하게 살아가는 모습이 보기 좋아요."

출가하여 사가에 무심한 듯한 스님 오빠가 나이 들더니 점점 다정다감해졌다. 미소가 지어졌다. 이어서 바다에 띄워진 한 척의 배, 귀여운 꽃게 한 마리, 막 캔 고구마 사진을 차례로 보내왔다. 파란 하늘 아래 펼쳐진 해남 땅끝마을의 가을 정취가 느껴졌다. 귓전엔 '지국총 지국총 어사와~' 윤선도의 「어부사시사」 시가 들려오는 듯해서 정말 기분이 좋았다. 꽃게가 바닷가에 인접한 고구마밭까지 기어 왔다고 한다. 살생을 모르는 스님을 알아보고 겁먹지 않고 멋진 포즈를 취한 꽃게 사진이 볼수록 귀여웠다. 또 방금 캔 수염 달린 고구마들도 어찌나 색이 곱던지 고구마를 추가로 더 주문하고 싶었다. 아니 직접 가지러 가고 싶었다.

그리고 꽃게 사진이 내게 효심을 불러일으켰다. 꽃게가 느린 걸음으로 스님을 만나러 야산 고구마밭까지 올라왔는데, 나도 자동차로 세 시간이면 전주에서 남원을 들러 부모님을 모시고 스님이 계신 해남까지 충분히 갈 수 있는 거리 아니던가? 해남은 경치도 아름답고 먹거리도 많아서 가을날 일부러라도 꼭 찾아가고 싶은 곳이다. 게다가 그곳에 보고 싶은 아들이 있다면 아버지와 어머니에게는 더할 나위 없는 최고의 가을 여행이 될 것이다. 이심전심(以心傳心), 염화미소(拈華微笑)! 오빠가 직접 말하지 않았는데도 사진이 나를 해남으로 내려오라고 말하는 데 완벽하게 성공했다.

2021년 10월 3일 개천절 날 아침 안개가 가득했다. 마치 치매 아버지의 앞날을 한 치 앞도 전망할 수 없다는 걸 예고하는 날씨였다. 장기요양등급을 받은 직후 추진한 첫 여행이라 비장한 각오로 안개 속을 헤치며 남원을 향해 전주에서 출발했다.

드디어 또 한 번의 효도 여행이 시작되었다. 이번에도 어머니는 동행하지 않았다. 이제는 어머니가 이유를 안 대도 내가 다 안다. 어머니는 농협 하나로 마트가 문을 닫는 날이라며 구멍가게로 오는 손님을 놓치고 싶지 않았고, 말썽꾸러기인 아버지가 없는 동안에 잠시라도 홀가분한 시간을 갖는 것이 어머니에겐 힐링이었다. 지난 여름날 전주한옥마을 여행도 아버지만 다녀왔듯이 어머니 동행을 촉구하지 않기로 했다. 아버지만 모시고 길을 떠났다.

정오 무렵 해남에 도착하여 스님과 상봉했다. 첫걸음으로 아버지와 오빠가 송호해변 모래사장을 걷게 되었다. 나는 두 분 뒤를 천천히 따라 걸으며 사진을 찍었다. 스님은 밀짚모자를, 아버지는 내 아들이 썼던 나이키 브랜드의 골프 모자를 쓰고 있었다. 나이로 보아서는 서로 모자를 바꿔 써야 어울릴 것 같았다. 하지만 스님은 어느덧 농사꾼이 다 되어 밀짚모자를 애용했고, 아버지는 노안으로 눈이 부셔서 앞부분만 차양이 된 모자를 즐겨 썼다.

스님 시선은 멀리 수평선을 바라보았고, 아버지는 코앞 부드러운 모래를 바라보며 걸었다. 두 분은 서로 무슨 말을 나눴을까? 아버지의 치매로 정상적인 대화는 안 되었을 것이다. 그래도 스님 출가 후 부자지간에 이렇게 오랜 시간 함께한 산책은 처음이라 의미가 있었다. 출가한 지가 약 30년이 넘었고 이후 다시는 함께 할 수 없는 여행이란 걸 나는 직감했다. 내 마음은 참 애달팠는데 눈앞의 바다 풍경은 참 아름다웠다. 지난 여름날 송호해변 축제를 기념하기 위해 모래로 쌓은 아름다운 성이 가을까지 잘 보존되어 있었다. 파도가 아름다운 모래성을 오래도록 무너뜨리지 않아서 고마웠다. 치매가 멈출 수 없는 파도라면 제발 잔잔하게 다가와 아버지의 인지능력이 급속히 떨어지지 않기를 소원했다.

과연 다음에 또 올 수 있을까?

두 번째 여행지 보길도에 들어가려고 자동차랑 같이 장보고 배를 탔다. 315명이 정원인데 코로나 속이라 열 명 정도만 타서 배를 전세 낸 기분이었다. 점심을 먹기 위해 노화도 전통 수산물 시장에 자리한 '수정식당'에 들어갔다. 액자에 걸린 배우 사미자 선생님 글이 눈에 띄었다. 반가웠다.

"인심 좋고 살기 좋은 노화도에 왔노라. 그 인정에 또 오고 싶어라."(2016. 3. 20. 사미자)

사 선생님은 아버지와 동갑이다. 그녀도 60대에는 심근경색, 70대에는 뇌경색으로 건강상 산전수전을 다 겪었다. 부디 더 이상 아프지 않고, 치매도 걸리지 않고, 오래오래 사랑받는 국민배우로 건강하시기를 바랐다.

보길도 예송리 해변을 걸었다. 그곳은 둥글둥글한 조약돌 밭이었다. 아버지와 오빠의 시선은 시간이 지날수록 어색하지 않았고 점점 거리가 가까워졌다. 이제는 누가 봐도 참 보기 좋은 부자의 뒷모습이었다. 젊은 날 아버지가 시골 동네 집 근처에서 대여섯 살 된 오빠를 안고 사진을 찍었는데 그때도 모자 쓰는 것이 유행했는지 부자는 모자를 쓰고 있었다. 당시 아버지 나이는 30대 초반이었다. 그런데 어느새 50년 세월이 흘러 오빠가 노인이 된 아버지를 애 돌보듯 어깨를 감싸안고 걷고 있으니 내 심정이 아려왔다.

전망 좋은 카페에서 달콤한 커피 한 잔씩을 마시고 다시 돌아오는 카페리호를 탔다. 주민과 관광객을 배려한 목침이 있었다. 베개에 쓰인 '전복의 고장 노화도! 아름다운 섬 보길도! 오라 노화도! 보라 보길도!' 문구를 시처럼 외며 잠 한숨을 푹 잤다.

배에서 내린 후 다시 차를 타고 아슬아슬한 좁은 산길을 올라가 오빠의 수행 공간에 잠깐 들렀다. 모든 걸 자급자족하기에 밭에는 가을배추와 어린 무가 자라고 있었다. 바닷가 꽃게가 산속 밭까지 올라오는데 밤이면 사각사각 소리가 난다고 한다. 지난번 오빠의 스마트폰으로 사진 찍혔던 꽃게는 어찌 됐을까? 어부집에 오면 잡아먹혔을 텐데, 살생하지 않는 수행 공간에 오다니 꽃게의 인지능력이 정말 뛰어나다. 부디 바다로 다시 돌아가서 끝까지 살아 있기를…. 마루 아래 뜰에는 스님 농부들이 수확한 둥글둥글한 호박이 있었고, 인근 꾸지뽕밭은 분홍색 뽕 열매가 장관이었다. 내 차에 꾸지뽕즙을 실어주셨다. 나는 농사를 지으며 수행하는 오빠가 러시아의 대문호 톨스토이 같아서 정말 좋았다. 그는 귀족의 삶을 포기하고 귀향하여 농사를 지으며 농촌계몽 등 가난한 이웃을 구제하는 데 앞장선 사회적 책무를 다하는 지식인이었다.

내 오빠는 장남으로 태어나 집안에서 대우받으며 자라다가 끝까지 회계사 공부를 했으면 지금쯤은 중견 전문 경영인으로 삶에 여유를 갖고 살고 있을 것이다. 이는 부모님이 오빠에게 원했던 모습이다. 하지만 부모님은 이를 강요하지 않았다. 타고난 성향대로 길을 가려는 오빠의 길을 막지 않은 부모님이 정말 대단했다. 청년 시절에 명상을 좋아하는 오빠였으니 수행자의 길이 오빠의 길임에는 틀림이 없었다.

해가 질 무렵에는 우리나라 아름다운 절 가운데 하나인 미황사를 둘러보았다. 사찰 뒷산 감나무의 홍시가 익어가는 중이었는데 황혼기를 맞은 아버지의 혼불 같았다. 궁궐 같은 미황사 구경을 마치고 '달마산 아래' 식당에서 저녁 식사로 연잎밥을 펼쳤다. 아버지와 스님은 같은 방에서 주무셨다. 밀려오는 파도 소리와 산바람 소리에 난 잠을 설쳤다.

이튿날 새벽 아버지를 모시고 남원을 향해 출발했다. 스님은 헤어지면서 서운했는지 아버지에게 또 오시라고 청했다. 점점 기억을 잃어가는 아버지를 차에 태우고 집으로 돌아오는 내 심정은 동트기 전처럼 우울했다. '과연 다음에 또 함께 올 수 있을까?' 아버지가 출가한 아들과 함께한 해남 여행을 오래오래 기억하길 바랐다. 아니 오빠가 기억할 것이다.

한참을 달렸다. 휴게소에서 아침을 먹고 있는데 오빠가 일출을 못 보고 떠난 나에게 카톡으로 해돋이 사진과 영상을 보내주었다. 눈이 부셨다. 찬란한 태양이 솟아오를 때 파도 물결이 황금 옷을 갈아입고 육지로 차오르고 있었다. 출발 전에 가졌던 무겁고도 어두운 마음이 싹 사라졌다. 나는 절망의 시간을 살고 있는 것이 아니라 부모를 이해하고, 나의 노년을 준비하는 배움의 시간을 살고 있었다. 매 순간 의미 있는 삶을 살기 위해 노력하기로 마음먹었다. 내게 희망이 샘솟도록 일출 영상을 보내준 오빠 덕분에 효도 여행을 무사히 마칠 수 있었다. 자칫 울면서 운전할 뻔했는데 안전하게 남원에 도착하여 아버지를 내려드렸고, 나도 일상으로 복귀하여 그해 가을 하루하루를 알차게 보냈다.

5
―

새해 첫날
종중 재실부터 교회 카페까지

세모(歲暮)에 일어난 시골집 불난리

2022년 새해 아침 9시! 서울에서 살고 있는 여동생이 오 남매 단톡방에 제일 먼저 새해 인사를 했다. 내가 '고맙다.'라는 짧은 답장을 하자마자 여동생이 시골집 비보를 전하기 시작했다. 화재 사고가 있었다. 나는 금시초문이었고, 너무 놀라 아무 말도 못 했다. 어느 정도 들어서 알고 있는 여동생과 남원에서 살고 있는 언니가 10분가량 주고받은 메시지를 계속해서 읽어 내려갔다.

"어제 아버지가 가스 불 위에 주전자를 올려놓았는데 거의 다 태우셨다는 얘기 들었나요? 이제 한쪽 가스는 사용할 수 없다네요. 시간설정 돼서 자동으로 꺼지는 거 아니었나요? 노인분들 쓰시기에 안전한 가스렌지 있으면 추천요. 엄마가 집에 들어와 보니 아버지는 뒷짐을 지고 멍하게 바라보고만 계셨다네요."

"시간 설정되어 있는데."

"점점 인지력이 떨어지는 것 같아. 안전도 염려되고 엄마의 부담도 클 것 같네요. 방학했으니 조만간 내려가 볼게요."

"전기포트를 가스 불에 올렸대요."

"큰일 날 뻔했네요."

"어제도 (아버지가) 엄마와 한바탕 난리를 내셨어."

"어제 낮에 아버지 전화 온 걸 못 받아서 저녁에 전화했는데 두 분 이미 지쳐계시더군요. 아버지는 주무시다 깨서 그런지 (당신이) 전화한 걸 모르시고, 엄마는 겁나고 슬프신 듯…."

치매 노인 가정에서 볼 수 있는 화재 사건이 드디어 일어나고 말았다. 일단 살아계심에 감사했다. 원래 새해 인사 겸 친정에 가서 점심이라도 같이 먹으려고 마음먹었는데, 더 서둘러서 시골집에 일찍 도착했다. 부엌에 가 보니 사실이었다. 아버지가 전기포트를 일반 물 주전자로 착각하시고 가스 렌지 불에 올린 것이다. 밑면 플라스틱 부위가 녹아내렸고 탄 냄새가 가득했다. 가스차단기가 있어서 그나마 큰 화재로 번지진 않았다. 나는 언제나 시골집 사건이 종료된 후에 알거나 뒤늦게 현지에 도착하여 뒷북 치는 딸이었다. 화재 사건 내막을 큰딸과 셋째 딸이 충분히 들어줘서인지 어머니는 나에게 따로 전화하지 않은 것 같았다. 이제 앞날이 더 문제였다. 더 큰 일이 벌어질지도 모르고 어머니 홀로 감당하기가 정말 벅찰 것 같았다.

화재가 난 부엌에서 떡국을 끓일 순 없었다. 구멍가게 문을 잠그고 남원 시내로 나왔다. 어머니가 손님을 포기하고 순순히 따라 나오셔서 좋았다. 메뉴는 어머니가 좋아하시는 돌솥 영양 비빔밥으로 정했다. 남원 시외버스

터미널 앞인데 약국과 병의원이 밀집한 곳으로 어머니가 진료나 남원장에 나오셨다가 한 번씩 드셨던 곳이다. 매생이 굴전까지 별미로 주문해서 맛있게 먹었다.

식후 찻집에 갈까 말까 망설였는데 모두 배가 너무 불렀다. 아버지가 좋아할 장소를 떠올렸다. 아버지가 젊은 날 할아버지랑 평생을 봉사한 사매면 매안마을에 있는 종중 재실을 찾아갔다. 어머니도 시제 때마다 음식 봉사를 했던 곳이었다. 재실 위치는 오리정 휴게소 뒤편 세동길을 지나 구터 길에 있다. 친정집과는 9킬로미터 떨어진 위치다. 옛날에 아버지는 그 먼 길을 아침 일찍 걸어서 다녀오셨거나 버스를 두 번씩 갈아타고 다녀오셨다. 재실은 1960년대 증조할아버지뻘인 만석 부자 이○○ 할아버지 사랑채를 뜯어다가 복원한 것이라고 들었다. 마을에서 가장 전망이 좋은 뒷동산을 파서 재실을 지었는데 돌담이 합죽선 부채모양으로 재실을 감싸고 있었다. 고풍스러운 재실의 돌 기단과 나무원기둥은 애초에 부잣집 사랑채 건축자재였던 것을 고려하면, 어쩌면 100년이 족히 넘었을 것이다. 재실 왼쪽 뒤에는 대나무숲과 모과나무가, 우편에는 커다란 참나무와 밤나무가 있다. 재실 마당 앞 진입로에는 황토로 지은 아담한 산지기 집 한 채가 있었는데, 슬레이트 지붕만 아니라면 어떻게든 개보수해서 관리사로 활용하면 좋을 것 같았다. 하지만 환경정비 차원에서 2022년 여름에 철거했다.

오래전부터 사람이 살지 않아서 폐가에 가까운 빈집이었다. 봄부터 자라난 풀과 가시나무로 한여름이면 풀들이 사람 키만큼 자라서 마당에 들어갈 수 없을 정도다. 그나마 인근에서 표고버섯을 재배하시는 작은아버지가 봄과 가을이면 벌초를 한 번씩 해주셔서 몸채인 재실 위용이 한 번씩 드러나

곤 했다.

빈 제비 둥지와 어머니 마음

요즘 시대엔 후손들 대부분이 객지에 나가 살고 있고, 유교적 전통이나 조상숭배에 대한 가치관도 많이 달라졌다. 2021년 봄날, 친정 집안은 종중 회의를 통해 시제는 마을 중앙에 있는 재실에서 지내고, 산속에 있는 재실은 매각하기로 하고 절차를 밟았다. 남동생이 매각 공고 내용을 재실 사진과 함께 오 남매가 보는 단톡방에 알려주었다. 내가 반한 멋진 재실 사진은 바로 표고버섯 농장주이자 젊은 날 광주에서 사진관을 하셨던 작은아버지가 찍은 것이다. 소설『혼불』의 배경지인 전주이씨 집성촌인 상신 마을 인근에 자리한 재실로서 훗날 문화예술공간으로 활용할 가치가 있어서 내가 매수 의사를 밝혔다. 아이러니하게도 종중 회의 때 아버지가 유일하게 매각을 반대하셨다. 80년 넘게 고향을 지키며 종중 일을 해오신 분으로 당연히 반대할 분이었다. 그러나 종중 회의 때 치매 아버지의 발언권은 점점 작아졌다. 남동생이 보조로 조금씩 종중 일에 참여하게 되었다. 묘하게도 내가 사겠다고 아버지에게 뜻을 비치니 재실의 건축 내력과 입지 장점을 말하면서 딸이 사는 것은 지지하셨다. 그러다가도 아버지는 어느 날 저녁에 종손 대표에게 전화를 걸어 재실을 왜 파냐고 또 호통을 치셨단다. 이렇게 난감한 상황이 몇 차례 벌어졌다. 무산될 뻔했으나 계속해서 내가 전통을 살리는 목적으로 활용하겠다 하니 종중과 아버지도 더 이상 문제 삼지 않았다. 2021년 가을에 최종 소유권이 내게로 이전되었고, 2022년 새해 아침 마침내 아버지와 같이 방문하게 된 것이다.

겨울엔 풀이 더 이상 자라지 않아서 아버지와 나는 마루까지 진입할 수 있었다. 담장 아래 그늘진 곳엔 눈이 일부 남아 있으나 마당에 비치는 새해 햇살은 따스했다. 충분히 둘러볼 수 있었다. 내가 허물기로 마음먹은 산지기 집도 어머니에게는 추억이 있는 듯 그대로 놔두길 바라셨다. 또 어머니는 본채인 재실을 바라보면서 기와지붕이 오래되어 비가 샐 때 아버지가 앞장서서 방수용 강판 기와지붕을 올렸다고 말씀하셨다. 사실 강판 기와지붕 덕분에 재실이 오랜 세월 동안 누수 없이 무너지지 않고 잘 버텨왔다. 하지만 전통 한옥의 멋을 위해서는 반드시 한식 기와로 바꿔야 한다고 남동생이 강조했다. 일리가 있는 말이다. 개보수할 때 기둥 상태 등을 진단 후 전통 기와로 바꿀 생각이라고 어머니께 말씀드렸다.

내가 부모님을 재실로 모시고 온 이유는 이렇게 부모님 추억도 살려드리면서 당신의 딸이 자랑스럽게 샀노라고 보여주고 싶은 생각도 있었다. 아버지는 조상숭배를 위해 애써왔던 지난날이 엊그제 같은 데 재실을 파는 시대가 온 것이 기가 막힌 듯 아무 말이 없었다.

새해 첫날 즉흥적인 나들이를 잘 마치고 다시 구멍가게 집으로 돌아가는 길은 일부러 덕과면 우회도로 길로 들어섰다. 아버지가 젊은 날 걸어 다녔을 길이었다. 오늘날 자동차로는 금방이었다. 집에 오자 아버지는 커피 생각이 났다. 하지만 전기포트는 타버렸고, 가스렌지도 아직은 교체되지 않아서 사용할 수가 없었다. 순간 나는 '바로 이때다.' 하며 신흥교회 목사님 사모님이 운영하는 카페를 떠올렸다. 처음엔 오빠가 스님이라 말 꺼내기가 정말 어려웠는데 어머니와 아버지가 잘 따라 나오셨다. 카페 분위기가 아기자기하고 안은 따뜻했다. 카페 옆문은 교회 뒷마당과 이어지는데 금잔디

광장이다. 내가 중학교 때 토요일이면 친구들과 예배드렸던 교회라 무척 정겨웠다. 야외테이블엔 암수 한 쌍의 새들이 날아들곤 했다. 그즈음 나의 기도 제목은 어머니와 아버지가 새들처럼 평화롭게 노년을 보내는 것이었다. 따뜻한 점심 후 드라이브 한 번 하고 교회 카페에서 좀 쉬었는데 모두 기분이 좋아졌다.

늦은 오후 집에 돌아와 가게 문을 다시 열면서 처마 위를 바라봤다. 반가운 제비 둥지가 보였다. 제비가 지금도 우리 집에 오냐고 물었더니 해마다 봄이면 온다며 어머니가 핸드폰을 꺼내 예전에 찍었던 제비 새끼 사진을 보여주셨다. 어머니는 사진 찍을 줄 모르는데 제비 새끼들이 너무 예뻐서 손님에게 찍어달라고 했단다. 문득 어머니가 빈둥지 증후군을 앓고 있다는 생각이 들었다. 사진 속 제비 새끼들이 어릴 적 우리 오 남매 같았으리라. 어머니는 교회에서 본 서로 정답게 노니는 새들도 부러웠을 것이다. 문득 국어 시간에 배웠던 고구려 제2대 왕인 유리왕이 돌아오지 않는 아내를 그리워하며 부른 「황조가」가 생각났다.

"펄펄 나는 저 꾀꼬리 암수 서로 정답구나. 외로워라 이 내 몸은 뉘와 함께 돌아갈꼬."

부모님 중 누가 먼저 떠나실지는 모른다. 부디 두 분이 집에만 계시지 말고, 교회 커피숍에 가서서 차도 마시고 복음도 들으면 얼마나 좋을까? 내 기도가 하늘과 부모님 마음에 닿기를 바라며 2022년 새해 첫날 블로그 일기를 마쳤다.

6

왜 노치원이
재미없다고 말했을까?

호랑이 그림을 남긴 노치원 추억

셋째 딸 효녀 동생이 2022년 경인년 새해 인사 겸 겨울방학을 맞아 시골 집을 다녀갔다. 사랑스럽고 자랑스러운 여동생이 한 번 다녀감으로써 드디어 아버지가 노치원이라 불리는 주간보호센터를 1월부터 다니기 시작했다. 언니가 적합하다고 알아본 센터로 이웃 면에 소재하며 자동차로 15분 거리다. 동생이 부모님을 잘 설득해 줘서 오랜 숙제가 해결되어 정말 기뻤다. 2021년 가을, 아버지가 요양등급을 받은 직후부터 나는 약 4개월 동안 아버지에게 무엇이 최선일까를 계속해서 고민했었다.

'간단한 셈은 하시니까 구멍가게를 계속 보게 하는 것이 손님이라도 만나니 도움이 될까? 심장병 수술 환자이면서 감정 기복이 심한 어머니가 과연 아버지를 잘 돌볼 수 있을까? 두 아들이 나간 뒤 부부 중심으로만 살고 있는 우리 집에 아버지를 모실까?'

오 남매의 고민도 끝이 없었다. 언니네 집은 형부가 암 환자였고, 남동생은 어린 자녀를 키우고 있었다. 그나마 내 형편이 나았다. 나는 우리 집과 내 직장 근처인 효자동 지역 주간보호센터를, 언니와 남동생은 남원에 있는 주간보호센터를 백방으로 알아보았었다.

언니가 꼼꼼하게 알아본 센터는 애초에 2021년 10월부터 다니기로 했었다. 친정집과도 가깝고 차량 인솔자 선생님도 같은 마을에 사셔서 잘 다니실 줄 알았는데 부모님은 주간보호센터가 요양원 가기 직전에 밟는 코스라는 선입견이 있었다. 한사코 거절하고 말았다. 건강보험공단에서 통지된 개인별 장기 요양 이용계획서를 살펴보면 아버지에게 제일 중요한 것은 잔존기능을 활용할 수 있는 안전한 환경 조성과 따뜻한 지지와 격려였다. 그 역할을 주간보호센터가 충분히 할 수 있다고 자녀들은 믿었다.

센터는 시설 입소가 아닌 아침과 저녁으로는 가족들과 생활하면서 낮에만 등원한다. 또래 어르신들과 안전한 환경에서 놀며 자존감도 회복하고 잔존기능을 보호하는 장점이 있다. 보호자인 가족들도 부모를 안전한 곳에 맡기고 낮에는 각자의 일을 할 수 있어 참 좋은데, 시골 어르신들에겐 통하지 않았다. 다행히도 교사인 셋째 딸이 학생 가르치듯 잘 설명하니까 아버지가 새해 1월부터 다니기로 결심해서 얼마나 고마웠는지 모른다.

방학 중인 동생이 낮에 센터에서 보내준 아버지 적응 상황을 실시간으로 오 남매 단톡방에 공유해 줬다. 참여하고 있는 프로그램 사진과 영상을 받아봤는데, 낮에는 카톡방을 잠깐 잠깐씩 들여다보다가 퇴근 후에 영상을 몰아서 보았다. 보고 또 봤다. 과연 잘 적응하는지 항상 긴장하는 마음으로 보던 중 2022년 1월 13일 동생이 보내준 한 장의 사진을 보고서 박장대소 하였다.

아버지가 민화풍의 호랑이 밑그림에 색칠하고 있는 사진이었다. 호랑이도 아버지도 정말 귀여웠다. 손을 흔들고 있는 호랑이가 마치 아버지 같았다. 아버지가 자녀를 향해 '나 잘 놀고 있다. 걱정하지 마라.' 하며 손을 흔드는 장면이 연상됐다. 율동 영상도 왔다. 상영 버튼을 누르니 흥을 아시는 예전 모습 그대로였다. 발로 장단까지 맞추며 잘 따라 하셨다. 아버지는 평소에 라디오를 틀어놓거나 〈가요 무대〉 TV를 틀어놓고 가게를 보실 정도로 낙천적인 분이었다. 센터에서 보내준 사진과 영상을 보면 아버지가 정말로 즐겁게 하루를 보내는 것 같아 딸들은 마음이 놓였다. 또 목욕과 머리까지 감겨 주시니 어머니 일도 수월해진 셈이었다.

그러나 아버지는 집에 돌아오시면 센터에서 있었던 일을 하나도 기억하지 못하셨다. 어머니가 뭐하며 지냈냐고 물어보시면 "아무것도 안 하고 가만히 있다 왔다. 하루가 지루했다. 재미없다. 가지 않겠다."라고 말했다. 반신반의한 어머니는 점점 아버지의 말을 그대로 믿고서 자녀들에게 "더 이상 보내지 말아야겠다."라며 전화했다. 다시 자녀들은 불안해졌다. 부모님과 모두를 위해서 공을 들여 입학시켰는데 자녀 말을 안 듣는 아버지와 어머니가 미웠다. 한번은 내가 참다못해 어머니에게 버럭 화를 내었다.

"아버지가 기억하지 못하시니까 치매 3등급입니다. 즐겁다고 기억하면 5등급!"

"…."

치매라서 즐거움을 기억 못 했을 뿐

똑 부러진 내 말에 어머니는 당황했는지 더 이상 말을 못 했다. 아마도 어머니 속마음은 내 말을 인정하는 것 같았다. 아버지가 재미없어하는 것 말고도, 어머니는 자녀들이 아버지 노치원 비용을 부담하는 걸 미안해했다. 등급을 받았기에 대부분을 국가에서 보조해 주고, 나머지 일부 자부담액만 스님 오빠를 제외한 네 자녀가 분할하면 전혀 부담되지 않는다고 말씀드려도 소용이 없었다. 아버지가 노치원이 재미없다고 말한 이유도 곰곰 생각해 보았다.

'아버지는 사실 노치원 다니는 게 재미있는데, 어머니가 한 푼이라도 돈을 더 벌려고 애쓰는 상황에 당신만 놀러 다니는 것 같아 미안한 양심이 있어서 재미없다고 말했을까? 또 아버지 스스로가 생각할 때 당신은 정신이 멀쩡한데, 자녀들이 당신을 노망난 노인으로 취급하여 강제로 노치원에 보내는 것을 못마땅하게 여기는 걸까? 아니면 아버지는 이것저것 선생님 따라 하는 것이 귀찮아 익숙한 내 집 안에서 편안히 쉬고 싶었을까?'

아무리 생각해 봐도 결정적인 이유는 편견이었다. 보수적인 친정 동네에서는 노치원 다니는 걸 요양병원이나 요양원으로 가기 직전의 코스로 여기는 절망적인 분위기가 여전했다. 더구나 아버지가 집안 최초였으니 어머니는 주목받는 눈길이 부담스러웠을 것이다.

온 가족의 생각과 의견이 뒤죽박죽이었다. 어머니와 직접 대화한 내용, 단톡방에 올라온 언니와 동생이 전하는 부모님 심리상태 등을 보면 계속해서 아버지가 센터에 다니기는 어려울 것 같았다. 등원과 하원 때 까탈을 부리는 아버지를 모시고 출퇴근하시는 동네 요양보호사 선생님 보기에도 미안했다. 결국 아버지는 2022년 1월 이후 더 이상 노치원을 다니지 않게 되었다. 추억으로 남은 것은 센터에서 보내준 영상과 사진이 전부였다.

다시 한번 센터에서 보내준 영상과 사진을 보았다. 누가 보더라도 아버지는 행복한 모습이었다. 집에 와서도 노치원의 즐거움을 기억해 줬다면 얼마나 좋았을까? 할아버지 여럿이 소파에 앉아서 음악에 맞춰 손을 흔들고 노래를 따라 부르는 영상을 보자면 아버지의 율동이 제일 보기에 좋았다. 발가락까지 까딱까딱하며 박자도 맞추고 있었다. 또 호랑이 밑그림 위에 진지하게 색연필 색을 골라 정성을 다해 색칠하는 모습은 정말 모범생이었다. 나는 아버지가 이렇게나마 안전한 주간보호센터에서 선생님들의 보호를 받으며 마음도 신체도 즐거운 시간을 계속해서 보내길 진심으로 바랐다.

여동생이 카톡방에다 호랑이 그림 감상 소감을 정겹게 올려놨다. 동생도 밤새 잠을 못 잔 모양이었다. 서로 위로의 카톡을 주고받았다.

"호랑이 다시 보니 너무 귀엽네요. 손톱까지 색칠하시고…. 뭔가 애잔하지요."

동생 말대로 나이 드신 아버지가 아이처럼 색칠을 진지하게 하는 걸 보니 나도 마음이 아팠다. 가난했던 소년 시절에 얼마나 다니고 싶었던 학교였던가? 잠시라도 10대 소년으로 돌아가서 그 시간을 즐겼을 수도 있었겠다. 그러나 아무도 아버지 상태를 정확히 판단할 수 없었다. 센터든 집안에서든 건강하게 오래오래 사시기만을 바랐다. 그만 슬퍼하고 낙천적으로 이 상황을 잘 견디자고 내 의견을 전했다.

"아버지는 모계유전에 비추어 볼 때 장수하실 것이다. 외증조할아버지와 친할머니가 90세 이상을 사셨으니까 말이다."

아버지가 치매로 노치원에서 있었던 즐거운 일은 다 잊어버려도, 원래 영리했던 아버지였으니까 돌아가실 때까지는 가족 이름과 얼굴은 잊지 않기를 소망했다. 다행히도 아버지는 임종 전까지 가족을 알아보셨다. 다만 정을 떼고 돌아가시려는 듯 말년에는 아주 포악한 호랑이가 되어 한 번씩 으르렁거렸다. 만일 아버지께서 살아계셔서 내 글을 본다면 전라도 사투리로 "호랭이 물어가네~" 이렇게 말씀하실 것이다.

7

두 남자에게 미안한 꽃구경 길

요천 벚꽃 구경을 기대하다

"내일 꽃구경 갈 준비하세요. 아버지는 꽃구경하자마자 꽃놀이한 사실을 잊어버릴 것 같고요. 이번엔 엄마도 꼭 같이 구경 가게요."

2022년 4월 1일 금요일 점심시간에 어머니께 주말에 꽃구경 가자고 전화했다. 가기 전부터 효도하는 것 같아서 기분이 좋았다. 점심시간에 밥을 얼른 먹고 삼천 천변 '효자다리' 주변을 오가며 막 피어나기 시작한 벚꽃을 구경하면서 부모님을 생각하다니 내가 기특했다. '효자다리'는 2005년 전북도청이 신축이전하면서 개통한 교량이다. 봄이면 천변을 따라 좌우로 벚꽃이 만개하며 4월 초순까지 장관을 이룬다. 야간 조명까지 있어 밤에도 화려한 봄꽃을 구경할 수 있다. 그래도 남원의 광한루원 앞 천변 벚꽃이 위치도 남쪽이고 수령이 오래되어 더 예쁘게 피어날 것 같아서 어머니에게 전화한 것이다. 전주 '효자다리'가 나에게 '효녀 다리' 역할을 톡톡히 해준 셈이다. 기회 되면 부모님을 전주로 모시고 와서 전주 '효자다리' 벚꽃 야경도 구경시켜 주고 싶다는 작은 소망도 생겼다.

아버지와의 벚꽃 구경은 그해 연초 1월부터 맘속에 품었던 계획이었다. 언니가 추천한 부모님 돌봄에 관한 책을 보며 다짐한 것인데 드디어 그날이 온 것이다. 거창한 계획 아닌 실천하기 쉬운 소박한 일정으로 아버지와 광한루원 앞 요천 둔치를 천천히 걸으면서 벚꽃 구경하고 추어탕 한 그릇 하는 것이었다. 아버지가 치매로 꽃구경을 마치자마자 꽃놀이한 사실을 잊어버릴지라도 서운하지 않을 각오로 손꼽아 기다려 왔었다. 다음은 2022년 1월 26일 블로그 일기로 아직 봄은 멀었는데 내가 소풍을 앞둔 아이처럼 설렜었다.

> 남원 요천변은 벚꽃 필 때와 초여름 녹음이 우거질 때 무척 아름답다. 지금은 1월 말, 설 명절을 앞두고서 벌써 벚꽃을 말하다니 좀 이르지만 부모님이 꽃구경할 날이 많지 않음을 깨닫는다. 세상을 먼저 떠나신 시부모님은 말년에 자녀들과 함께한 경주 여행과 제주 여행을 가장 행복하게 추억하셨다. 친정의 경우는 구멍가게 때문에 온 가족이 여행을 가본 적이 거의 없다. 생신날에 가게 문을 잠그고 남원 시내 맛집에서 식사한 것이 전부였다. 게다가 두 분의 생신이 가을과 초겨울이어서 꽃구경은 한 번도 간 적이 없었다.
>
> 올봄에는 부모님이랑 꼭 꽃구경을 가볼까 한다. 설령 나를 위한 이벤트라 할지라도. 일본의 심리학자인 기시미 이치로 님이 쓴 책 『나이 든 부모님을 사랑할 수 있습니까?』를 읽으며 벚꽃 구경에 대한 저자의 생각에 크게 공감한 부분이 있다.

그는 자녀들이 "벚꽃 피는 계절에 벚꽃 구경을 시켜드리려고 부모님을 모시고 외출하는 것이 아니라, 자녀인 내가 벚꽃이 보고 싶어서 즐기는 것이라고 생각해야 한다"고 말했다. 처음에는 효심을 너무 깎아내리는 말 같기도 하고, 그게 무슨 뜻인지 이해를 잘 못했다. 밑줄을 그으며 여러 차례 읽었다. 저자는 그 꽃놀이를 부모님을 위해서 간 것이 아니라 부모님도 같이 가서 같이 즐긴 것이라고 생각하면, 혹여 부모님이 나중에 꽃놀이 간 사실을 잊어버렸다 하더라도 그 일로 낙담할 필요가 없어진다고 결론을 맺었다. 한참 후에야 비로소 나는 이해하게 되었다. 부모님이 기억하느냐 마느냐보다 더 중요한 것은, 내가 그 순간을 부모님과 함께 누렸다는 사실 자체라는 것을.

안타깝게도 내가 시도한 4월 2일 벚꽃 구경은 뜻밖의 방향으로 진행되었다. 아버지만 차에 태웠고, 계획했던 광한루원 앞 천변이 아닌 지리산자락 운봉읍을 다녀왔다. 어머니는 예상대로 구멍가게에 남았다. 그즈음의 어머니는 자녀들이 방문할 때 아버지만 외출시키고 홀로 구멍가게 보는 게 휴식이었다.

주말에 나 혼자 갔더라면 계획처럼 광한루원 앞 천변 벚꽃 구경을 갔을 텐데, 마침 주말에 남편이 남원에서 약속이 있다고 하여 동행한 것이 차질을 빚었다. 남원 운봉 현지에서 손님을 만나 부동산 등기 이전 관련 서류를 작성하는 일이었다. 전주에서 남편이랑 같이 출발하여 친정에서 아버지를 태우고 먼저 운봉에서 볼일을 보기로 했다. 그다음에 남원 시내에 내려오면 남편이랑 더욱 풍성한 꽃구경을 할 것 같아 기꺼이 계획을 변경했다. 차 두 대 운행은 낭비이며, 내가 장거리 운전에 쉽게 피로를 느끼는 터라 더 좋다고 생각했다.

꽃보다 가족과 함께해서 좋은 시간

그런데 서울에서 운봉읍에 내려오기로 한 손님이 약속 시간보다 두 시간이 넘어도 오지 않았다. 어쩔 수 없이 운봉에서 오랫동안 머무르게 되었다. 서울에서 내려오는 상춘객이 하행선 도로를 가득 메운 것 같았다. 속으로 화가 났다. 하지만 남편의 생업이었다. 기다리는 서울 손님은 고향 땅을 이웃 젊은이에게 팔기 위해서 내려오는 할아버지였다. 운전자인 할아버지의 아들도 당신의 부모님과 꽃구경도 하고 재산 정리도 도와드릴 겸 모시고 내려오는 길이었는데, 차가 막혀버린 것이었다. 손님에게도 남편에게도 화를 낼 수 없는 상황이었다. 오직 내 아버지에게 미안할 뿐이었다.

내 걱정과 달리 아버지 머릿속은 시간의 흐름이 없었다. 이럴 땐 차라리 다행이었다. 아버지는 차 타고 집을 나온 목적인 꽃구경 자체를 잊어버렸다. 손님을 기다리는 시골 마을 모정에서 눈앞의 커다란 나무 위 까치집을 바라보면서 말했다.

"저렇게 큰 까치집은 처음 본다. 바람이 세게 불면 떨어질 텐데 걱정이다."

아버지는 눈앞에 보이는 까치집을 걱정했고, 나는 금방 있었던 일을 까맣게 잊어버리는 아버지와 앞으로 더 많이 잊어버릴 아버지의 깜깜한 미래를 걱정했다. 아버지는 차 안에서 따스한 봄볕을 맞으며 졸기도 했다. 매 순간만을 사시는 아버지에게 짠한 마음이 들었다. 손님은 중간중간 도착

예정 시간을 알려주었다. 배가 고파서 읍내에 나와 간식거리도 사고 산책을 했다. 운봉읍은 춘향전과 조선 개국 역사에 나올 만큼 남원 지리산권 4개 읍면을 아우르는 오랜 역사와 전통문화가 있는 큰 고을이다. 또 신라시대에는 옥보고 선생이 운봉 고을 운상원에서 거문고 주법을 완성했고, 조선시대 후기에는 판소리 명창들을 배출하여 소리의 고장 '국악의 성지'라고도 불린다. 나는 2003년 운봉읍사무소에서 1년간 근무하는 동안 행정일보다 향토문화산업에 관한 추억이 많았다. 정월대보름, 바래봉 철쭉제, 현충일 추모행사, 황산대첩 축제, 국악의 성지 조성, 벚꽃길 조성, 춘향골맛김치공장, 냉해 피해, 한국경마축산고 개칭, 목공예단지, 화훼단지, 정보화마을, 솔밭 공원, 흑돼지, 연재 겨울 눈꽃, 옥보고 거문고대회, 자원봉사자의 집 등등….

아버지도 운봉읍 추억이 있었다. 아버지는 한창때의 버스정류소장과 의용소방대장 시절을 떠올리셨다. 같은 일을 하는 운봉정류소장님과 의용소방대장님과도 교류가 있었나 보다. 그분들과 잘 지내신 듯 최대한 운봉에 관한 추억을 상기하며 반복적으로 말씀하셨다. 당시 봐왔던 목장, 채 장사 등 산골 사람 생업 이야기를 하다가 눈앞의 잘 정비된 소재지 상가를 보고서는 갑자기 운봉이 이렇게나 발전했냐면서 자꾸만 놀라워했다. 정말 오늘날 운봉은 사방팔방 길이 잘 뚫려 있었다. 함양, 거창, 인월 등 지리산자락 중심지답게 전라도와 경상도 지명을 알리는 표지판이 자주 눈에 띄었다. 새롭게 정비한 상가들 간판 글씨도 예뻤다. 버스 정거장 옆에는 주민 쉼터와 무인 커피숍까지 있었다.

뒤늦게 도착한 고객과 볼일을 잘 마치고 연재 내려가는 길에 구름을 만났다. 운봉은 해발 500미터 고지로 그 이름답게 구름보다 높은 곳에 존재하고 있었다. 천상에서 하강하는 기분이 들었다. 내려오는 드라이브 길에 아버지의 기억력을 테스트했다. 아버지의 기억을 몇 가지 물었는데 기대와 달리 대부분 모른다고 하셨다. 너무 몰라 해서 마지막으로 짓궂게 어린 시절 옛 내 이름을 물었다. 알 것으로 확신했는데 아쉽게도 잊었다.

'○남(○男)'이라고 내가 정답을 말하자 아버지가 기억이 살아난 듯 진지한 말씀을 하셨다. 남동생 보라고 그렇게 지었다며 미안해했다. 내 마음이 찡했다. 치매에 걸렸어도 아버지는 눈앞의 딸을 사랑하고 있었다. 새삼 아버지에게 죄송한 마음이 들었다. 사위 일정에 맞추다 보니 아버지께 벚꽃 구경을 제대로 못 시켜드렸다. 남편에게도 미안했다. 휴일에도 고객 영업에 최선을 다할 만큼 바쁜데 한가로이 꽃구경을 가자고 청했으니 말이다. 하지만 아버지 건강도 살펴보고, 남편의 부동산 등기 업무 현장 애로사항도 이해하는 시간이 되었다. 꽃구경은 못 했지만 좋아하고 사랑하는 두 남자의 일상을 오래도록 바라본 소중한 시간이 되었다. 안치환 님의 노래 〈사람이 꽃보다 아름다워〉 가사처럼 누가 뭐래도 사람이 꽃보다 아름답지 않은가? 그날 아버지랑 남편과 같이 드라이브했던 날이 내겐 '꽃 같은 기억'이다. 마음속에서 지지 않는 오직 사람만이 피워낼 수 있는 온기가 있는 참사랑 꽃이다.

8

백만 원이 넘는
아버지 생신 밥상 희비

경축일 같은 아버지 생신날

아버지 생신은 음력 9월 4일이다. 양력으로는 9월 말 10월 초로 가을 여행하기에 딱 좋은 때이다. 하지만 가게 영업이 중요했기에 멀리 가지 않았다. 회갑, 칠순, 팔순을 제외하고는 가까운 맛집과 찻집에서 소박하게 보냈다. 대부분 생신날을 앞둔 주말 저녁에 구멍가게 문을 잠그고 온 가족이 남원 시내로 모였다. 어머니와 며느리, 딸들의 수고를 배려한 특별한 외식이기도 했다. 음식 장만 수고 없이 맛있는 음식을 먹으며 대화에만 몰입할 수 있어 좋았다. 언제나 외손주 친손주까지 3대가 모여 들썩들썩한 활기찬 분위기였다.

그런데 아버지가 치매 환자로 등급판정 받은 직후인 2021년 9월부터는 밖에서 잔치할 분위기가 아니었다. 어머니와 언니는 상의 끝에 구멍가게 집에서 상을 차리기로 마음먹었다. 걸게 음식을 준비했다. 그해는 한글날과 겹쳤고 대체휴일까지 얻게 되자 많은 가족이 아버지를 찾아왔다. 서울에서 여동생이 내려왔고, 광주에서 작은아버지 내외분도 오셨다. 언니는 언니네 세 자녀 몫으로 나온 코로나 극복을 위한 국민상생지원금을 친정에다 부었다. 한우 채끝살을 네 팩이나 사 왔다. 포장지에 쓰인 금액을 합치니 1백만 원이 넘었다. 어머니는 아버지가 좋아하는 삭힌 홍어를 준비했다. 고들빼기김치, 열무김치, 배추김치, 콩자반, 해바라기씨 졸임, 깻잎, 상추, 모시송편까지 한꺼번에 둥근 밥상에 올리니까 정말 푸짐해 보였다. 식후엔 포도까지 맛있게 먹었다. 나는 훈민정음 글씨가 새겨진 상자에 담긴 유기농 호두과자를 선물로 참석한 가정마다 하나씩 드렸다.

이렇게 온 가족과 아버지 형제까지 모여 식사하다 보니 예전보다 분위기가 더 화기애애했다. 때마침 한글날을 맞아 가게 앞에 태극기를 달아 두었는데 정말 아버지 생신날이 우리 집 경축일처럼 즐거웠다. 아버지는 가족과 같이 먹은 밥상이 보약이 되었는지 표정이 무척 밝으셨다. 늦은 밤 전주로 돌아오는 차 안에서 다음 해에도 한글날에 모여 생신상을 같이하면 좋겠다고 생각했다.

해가 바뀌었다. 2022년 아버지 생신은 양력으로 9월 말이 되었다. 한글날에 쇠자고 미룰 수 없어서 이번엔 언니가 색다른 아이디어를 냈다. 언니의 생일은 아버지와 불과 4일 앞서 있다. 9월 마지막 주말을 택해 낮에는 소박하게 언니의 생일 점심을 먹고, 저녁엔 아버지의 생신상을 차리기로 했다. 장소는 형부의 주말농장이었다. 주말농장은 구멍가게에서 약 400미터 떨어진 아버지의 생가터 인근으로 예전에 잘살았던 작은할아버지댁이었다. 오랫동안 빈집이었는데 형부가 개보수하여 과수 농사를 지으며 별장처럼 이용하고 있었다. 언니와 올케가 음식 장만하는 동안에 나는 나비처럼 마당과 텃밭을 이리저리 오가며 아름다운 시골 풍경을 사진으로 담았다. 낭만과 추억에 젖기 시작했다.

작은할아버지댁은 친정 마을에서 오래된 귀한 한옥이었다. 반면에 내 친할아버지 댁은 애초에 초가였다가 새마을 운동 때 기와를 올린 집으로 기울어지다가 화재까지 나서 없어지고 말았다. 없는 살림에 인심만 좋았던 내 할아버지는 연대 보증까지 서서 빚더미에 앉고 말았다. 따라서 내 아버지 형제와 작은할아버지댁 당숙 형제의 삶은 흙수저와 금수저 차이가 났다. 아버지는 학령기에 책가방 대신 지게를 지었고 바로 아래 삼촌은 스님으로 출가할 정도로 불우한 청년기를 보냈다. 손자녀의 삶도 마찬가지였다. 명절 때 서울에서 온 작은할아버지 손자들은 나와 육촌지간인데 잘 나가는 은행지점장님 아드님답게 귀공자였다. 아버지 딸인 나는 부엌에서 일을 도왔고 육촌은 내 할머니가 말린 곶감과 아버지가 예쁘게 깎은 밤을 안방에서 먹었다. 대화하기 싫었다. 어디 나만 그랬을까? 내 어머니가 낮에는 가게를 보고 저녁에는 안집에 와서 불을 때며 도토리묵을 쑬 때 나의 당숙모들은 자가용을 몰고 고운 모습으로 시골에 왔다.

명절과 제사 전후로 심신이 지친 어머니의 화풀이 대상은 언제나 아버지와 세 딸들이었다. 어린 시절 나는 어머니가 불쌍하기보다 위선자로 느껴졌다. 친척 앞에선 헌신적인 종부였지만 저녁마다 아버지와 딸들에겐 험하게 신세타령을 했으니까 말이다. 내 할머니는 더 지독했다. 할아버지가 무능하고 가난해서 아버지를 안 가르치고 고생만 시킨 원수라며 할아버지 제사상에 절을 올리지 않았다. 지금의 나는 어렸을 때와 달리 이해할 수 없었던 할머니와 어머니의 마음을 전적으로 이해한다. 그래서 나는 대하소설 『토지』와 『혼불』처럼 농촌에서 대가족과 함께 살아왔던 윗대 여성들의 한과 희생적인 삶을 꼭 글로 남기고 싶은 오래된 꿈을 갖고 있다. 누군가의 어머니였고 아내였을 그녀들에게 위로와 사랑을 드리고 싶었다.

아버지를 감시해야 하는 슬픈 날

저녁 무렵 남동생이 구멍가게 문을 잠그고 아버지와 어머니를 언니네 주말농장으로 모시고 왔다. 나는 깔끔한 별장 같은 한옥에서 한식으로 밥을 먹게 되어 신바람이 났는데 부모님 표정은 그리 좋아 보이지 않았다. 아무래도 부모님이 고생했던 옛 시절을 떠올린 것 같았다. 식사를 마치자마자 아버지가 가게에 내려가자며 독촉했다. 언니가 끓인 전통차 한잔을 느긋하게 마시고 싶었는데 어쩔 수 없이 나도 같이 일어났다. 치매 환자는 해 질 무렵이면 감정과 행동이 갑자기 변한다는데 아버지가 꼭 그렇게 보였다. 마루 아래 신발을 못 찾았다. 어떤 신발을 신고 온 줄을 몰라 한참 동안 특정 슬리퍼를 들었다 놨다 했다. 나도 괜히 불안해졌다. 이렇게 정신없는 아버지에게 생신 축하금을 드려야 하나 마나 망설였다. 어머니한테 드리려고 하니 어머니가 내 마음을 알아보시고 '아버지 호주머니에 넣어드려.'라며 손짓했다. 아버지 호주머니에 넣어드렸다. 예전 같으면 아버지는 자녀로부터 받은 돈을 꼭 어머니께 건네주거나 '어머니께 드려.'라며 양보했는데 이번엔 아무 말이 없으셨다. 어머니 말에 의하면 치매가 심해진 뒤로 늘 집에서 통장만 보고 계신다더니 아버지가 확실히 돈에 집착하고 계셨다.

내 차로 부모님을 가게에 모셔다드렸다. 출입문부터 가게 분위기가 평소와 좀 이상했다. 'CCTV 녹화 중'이라고 안내문이 부착되어 있었다. 가게 모퉁이 천장마다 카메라가 있었고 모니터 화면이 가게의 사방팔방을 비추고 있었다. 엊그제 형부가 달아줬다고 어머니가 말했다. 처음엔 돈 계산을 안 하고 물건만 가져가는 도둑을 예방하기 위해서 설치했다고 말씀드렸단다. 실제로 담배를 상습적으로 훔치는 사람이 있어서 CCTV를 달까 말까 몇 번을 고민한 적이 있었다. 하지만 동네 인심 잃을까 봐 안 달았었다.

그런데 그해 가을에 언니와 형부가 긴박하게 단 이유가 있었다. 바로 아버지의 폭력으로부터 어머니 신변을 보호하기 위한 다급한 조치였다. 그즈음 아버지의 치매증이 극심했다. 어머니에게 자주 도둑 누명을 씌워 어머니를 파출소로 끌고 가셨다. 예를 들어 어머니가 아버지 통장에 손을 댄다는 것이다. 언니가 파출소에 긴급 출동한 적이 한두 번이 아니었다. 또 밤이면 아버지가 어머니를 때리거나 쫓아냈다고 했다. 어머니는 한밤중에 오갈 데가 없어서 도로변 버스 승강장에서 날을 새기도 했단다. 밤중에 오갈 데 없는 어머니를 위하여 언니가 주말농장에 와서 주무시라고 작은할아버지 댁을 더 깔끔하게 관리하고 있었다. 참 기가 막히게 슬픈 소식이었다. 나는 그것도 모르고 한옥으로 된 주말농장이 별장처럼 좋다며 사진을 찍고 즐겼으니 정말로 죄송한 마음이 들었다.

어머니는 동네 사람들에게 창피하기도 하고 집에 망조가 들었다며 많이 울었다고 한다. 사실 이 정도라면 아버지는 요양원에 가셔야 했다. 차라리 2022년 아버지 생신이 집에서 쇠는 마지막 생신이길 바랐다. 지금까지 어머니는 언니 외에 아버지의 폭력을 알리지 않았다. 이유는 바로 유교문화 속에서 일평생을 살아오셨기 때문이다. 어머니는 할머니 사후 2007년도 봄날 남원향교에서 효부상을 받은 적이 있었다. 효부상까지 받은 어머니가 늘그막에 열녀상까지 받고 싶었을까? 그럴 욕심은 전혀 없었을 것이다. 다만 그간 살아온 세월에 오점을 남기고 싶지 않았던 것 같았다.

어머니는 요양원에 대한 선입견도 많아서 아버지를 불쌍히 여겨 요양원에 보낼 수도 없고, 그렇다고 체력이 약해서 잘 돌볼 수도 없는 진퇴양난의 처지였다. 게다가 친척들은 어머니에게 은근히 헌신을 기대하고 강요했다. 이러니 어머니가 뭘 판단하고 결정하셨겠는가?

언니로부터 아버지의 폭력이 일상화 가속화되고 있다는 소리를 듣고서 나는 어머니에게 아버지를 요양원에 보내자고 계속해서 설득했다. 어머니는 끝내 동의를 안 했다. 언니와 나는 CCTV라도 확인해서 아버지를 강제 입원 조치하자고 의견을 모았다. '오늘도 무사히'라는 간절한 심정으로 날마다 기도하며 2022년 가을밤을 보냈다. 그 시절, 아버지에게 꼭 들려주고 싶었던 성경 구절이 있었다.

"남편들아 아내를 사랑하며 괴롭게 하지 말라." (골로새서 3장 19절)

사랑과 불안 사이에 흔들리는 어머니

제 3 장

1

어머니의 노욕과
외로움을 어찌할꼬?

민원 전화보다 더 받기 싫은 전화

2021년 8월 여름 내내 시골에서 걸려 온 전화는 지뢰밭을 걷는 기분이었다. 어머니의 고충 전화가 끊임없이 왔다. 많은 전화를 받다 보니까 내가 어머니의 하루 일상을 다 알 정도였다. 아버지가 무기력해지고 구멍가게 운영 전반을 추스르지 못하자, 어머니가 비장한 각오로 가게 부흥을 위해 전투적으로 변해가고 있었다. 구멍가게 운영도 적자, 부모님의 건강도 무너져 가는 과정에서 어머니가 의욕을 갖고 열심히 시도하는 것들은 대체로 노욕이었다. 수십 년 동안 간판 없이 장사를 잘해오셨는데, 개업한 지 55년 만에 가게에 간판을 달고 싶어 했다. 돈을 악착같이 벌고 싶어서인지, 옆집 마트와의 경쟁에서 살아남고 싶은 것인지 자꾸만 간판에 집착했다. 어머니가 가게 손님 없는 걸 이웃 마트에 돌리고, 그 스트레스를 자녀들에게 풀었다. 나도 미워서 '심술 할멈'이란 별명을 붙여주고 싶을 정도였다.

언니에게 들은 말이 있다. 젊은 손님이 콩나물, 만두 등 즉석요리를 찾으면 급히 버스를 타고 남원 시내에 나가서 소량을 사 와서 가게 냉장고에 진열해 둔다고 한다. 돌아오는 버스 시간이 안 맞으면 직장에서 근무 중인 언니와 남동생에게 전화를 걸어서 시골집까지 태워 달라고 했단다. '앞으로 벌고 뒤로 손해 본다.'라는 말처럼 그 자체가 손해인데도, 어머니는 어렵게 한 번 온 손님이 찾는 물건이 없으면 이후 발걸음을 뚝 끊을 것을 두려워했다. 손해를 보더라도 손님을 다시 오게 만들어 이후 놓치지 않겠다는 오기가 발동했다. 가게를 그만 접는 게 좋겠다고 어머니께 이 말 저 말 돌려가며 말씀드리면 단칼에 사양했다.

"동네 E 형님이 올해 103세다. 총기가 여전히 대단하시다. 나는 110살 정도 살 것 같다. 앞으로 2~3년 더 80세까지 점방을 보련다." 정말 처절한 절규처럼 들렸다. 이야기를 듣다 보면 아버지는 요양원, 어머니는 정신병원이 답이었다. 언니에게 조심스럽게 내 속내를 말했다. 언니와 나는 어머니의 심리 안정을 위해서 그리고 남원 바닥에 소문이 나지 않도록 전주에서 유명하다는 노인 전문 심리상담소를 물색하기도 했다.

예전에는 평생을 시골에서 점방 보며 사는 게 싫다며 도시에 나가 아파트에서 조용히 살고 싶다고 소원했는데, 노년에 왜 그렇게 구멍가게에 집착하고 계시는지 참 속상했다. 자녀들이 휴일에 와서 가게를 쉬고 같이 가까운 데라도 여행 가자면 싫다고 했다. 이유는 신흥상회 옆 우측으로 400미터 떨어진 곳에 자리한 농협 하나로 마트가 공휴일엔 쉬니까 손님들이 우리 집 가게를 많이 온다는 것이다. 그렇게 휴일이라도 장사를 하고 살았는데 얼마 전 젊은 부부가 신흥상회 좌측으로 불과 78미터, 걸어서 1분 거리에 2층짜리 현대식 마트를 오픈하자 완전히 심사가 뒤틀어져 버렸다. 한 번은 어머니가 잡화와 식료품을 배달하는 유통회사 사장님에게 옆 마트가 망하길 바란다고 서슴없이 말해서 듣던 사장님과 말하는 당신도 놀랐다고 후회하기도 했다. 나는 어머니께 몇 번이고 타일렀다.

"예전에 친절과 품격 있는 말씨로 손님에게 감동을 주던 엄마였는데 왜 그러셔요? 지금까지 잘 쌓아온 공덕을 끝까지 유지해 주세요. 자꾸 이웃 가게 흉보면 전화 끊습니다."

속으로는 충분히 이해했다. 내가 살고 있는 우리 동네 아파트 상가 미용실, 편의점, 제과점 사장님들도 한 번씩 한숨을 내쉬었다. 인구는 한정돼 있는데 유사한 업종이 우후죽순으로 생기니까 말이다. 면 소재지든 도시 아파트 상가든 날로 인구가 줄어드는 상황에선 독점만이 살아남고 상생은 정말 어렵겠다는 생각이 들었다. 어느새 어머니의 불안한 심리가 내게도 전염되었다. 하지만 어머니 감정에 휘둘리면 안 되었다. 냉정하게 구멍가게 현실을 보자면, 코로나로 인해 도시의 편의점도 문 닫는 세상이다.

시골 구멍가게는 이제는 누가 봐도 잘되는 업종이 아니다. 어머니가 이웃 마트를 탓하기보다는 가게를 접고 시골에 필요한 새로운 업종으로 전환하거나 젊은 사람에게 가게를 세놓아야 할 때 아닌가 싶었다. 그러나 이를 어머니에게 강요할 수는 없었다. 55년 가까이 해온 생업은 목숨과 같은 것이었다.

길이라도 물어오는 손님이 왔으면

하루는 아침 일찍부터 어머니가 잔뜩 화가 나서 내게 전화를 줬다. 옥상에서 빨래를 널다가 왼쪽의 마트 아주머니가 자신의 가게로 손님 부르는 걸 보고 화가 머리 꼭대기까지 나셨다. 우리 집 가게는 1960년대에 지은 접도구역 상가로 손님이 접근하기가 쉽지만 새로 오픈한 가게는 찻길에서 내려 3미터 정도 안으로 걸어가야 한다. 그런데 눈앞에서 호객 행위로 손님을 마트에 뺏기니까 어머니 속이 부글부글 끓었다. 이웃 간에 불미스러운 일이 생기지 않도록 열심히 달랬다.

"우리 집은 가게 봐서 할아버지 빚도 다 갚았고, 오 남매 대학까지 다 마쳤잖아요. 이제 가게 접으셔도 되잖아요. 젊은 사람은 애들도 가르쳐야 하고 먹고살아야 하니까 어머니가 이해하셔요. 그래도 동네 사람들은 다 우리 집 오잖아요. 외지 사람 젊은이들은 아무래도 번듯한 현대식 마트를 좋아하는 건 당연하고요."
"(시끄럽다!)전화 끊어! 아침에 나 공공근로 나가야 해. 너도 어서 출근해라."

딸의 말이 틀린 말은 아니지만 속상하다는 하소연이었다. 아버지가 정상이었을 때는 시기 질투심 많은 어머니를 잘 달래셨을 것이다. 치매로 대화가 잘 안 되니까 자녀들이 어머니 대화 상대였다. 답도 없는 어머니 전화를 귀찮게 생각했는데, 다음과 같은 어머니 말씀에 나도 마음이 울컥했다. 손님이 없어서 외롭다는 것이다.

"길이라도 물어오는 손님이 왔으면 좋겠다. 마트 집 파라솔 아래에서 젊은이들이 술 마시면, 노인들이라도 우리 집에 와서 가게 맥주라도 마셨으면 좋겠다. 동네 사람들도 나 몰래 농협이나 새 마트 다니고 있는 줄 안다."

어머니는 시대의 변화를 충분히 알고 있음에도 한 번씩 찾아오는 우울증과 외로움에 괴로워했다. 어머니가 사람을 그토록 그리워하니 나는 남동생이 어머니를 위해 간판을 설치해 주길 원했다. 남동생은 과거에 옥외광고물 개선 업무도 추진했던 건축직공무원이었다. 하지만 간판을 설치할 의사가 없었다. 뒤늦게 남동생의 마음을 알게 되었다. 2021년 8월 10일 내가 어머니로부터 간판을 달고 싶다는 전화를 받고 '신흥상회, 꼭 간판이 필요할까요?'라는 블로그를 쓴 적이 있다. 그날 밤 남동생이 내 글을 읽고 댓글로 의견을 주었다. '희망'이라는 익명 아이디로 글을 올려서 처음엔 누군 줄 몰랐으나 우리 집 역사를 너무 잘 알고 있어서 나중에 동생이란 걸 알 수 있었다.

"보절면 소재지에서 가장 오랜 시간을 간직한 가게입니다. 신작로가 만들어지고, 버스가 다니면서 역사가 시작됐습니다. 차표 파는 곳! 지금 비유한다면 로또 점 내는 것만큼 복 받은 상가죠. 차부 집, 정류소 집, 대합실로 불리다가 주변에 가게가 좌우로 딱 두 군데 생기면서 '가운데 점방'이라 불렸죠. 다른 가게는 주인 성씨를 따라 여러 번 'O씨 점방'이라고 호칭이 바뀌었지만, '가운데 점방'이라 불려서 그런지 운명처럼 이름도 주인도 바뀌지 않네요. 홍보하지 않아도 간판이 없어도 면민 누구나 자연스럽게 부르기 쉽게 애칭을 잘 만들었다고 봐야죠. 이제는 앞으로 어떠한 애칭으로 불릴지요? 미래는 아무도 모릅니다. 그대로 보존해서 '보절면 기록관', 아니면 '대합실 갤러리'로? '보절면 플랫폼'으로? 앞으로의 애칭이 정말 궁금합니다."

　남동생은 자신이 태어나고 자란 구멍가게를 그 누구보다도 사랑하고 있었다. 과거 의미를 살리면서 미래를 준비하는 남동생이 기특했다. 얼핏 보면 어머니의 간판 달기 소원을 외면한 무심한 아들인데 그 동생은 3년 후 고래 등 같은 목조 한옥을 아버지 생가터에 지어 드렸다. 다음 프로젝트로 동생은 조만간 빈 구멍가게에 '보절면 기록관' 혹은 '대합실 갤러리'라는 진짜 신흥상회 역사에 제대로 어울릴 만한 명소를 만들어 간판을 올릴 것만 같다. 부디 신흥상회, 안주인 마님 살아생전에 그 꿈이 실현되길 희망한다. 물건이 아닌 추억을 사러 오는 사람이 문전성시 이룰 날을 꿈꾼다. 어머니가 구경 온 이들에게 구멍가게 옛이야기를 들려주는 구수한 할머니 해설사가 된다면, 어머니는 더 이상 외롭지 않을 것이다.

2

코로나보다 더 큰 재난, 아버지의 치매

무용지물이 된 긴급재난지원카드

광복절을 앞둔 2021년 8월 14일 목요일 오후 어머니로부터 숨넘어가는 전화가 왔다.

"면사무소에서 작년에 준 카드를 아버지가 잘 보관만 하다가 사용기한 놓쳤다! 농협에서 나온 영농카드도 받기만 했을 뿐 못 썼단다."

여름날 오후 졸음이 확 깨었다. 사용하지 못한 카드라니 생각만 해도 아까웠다. 나까지 크게 아까워한다면 내게 숙제가 떨어질 것이 분명했다. '네가 공무원이니 면사무소나 농협에 가서 사용할 수 있는 방법을 더 알아봐라.'라고 말이다. 짧은 순간에 내가 알고 있는 내용을 총동원해서 어머니를 먼저 이성적으로 위로해 드렸다.

"안 쓴 카드 돈은 없어진 게 아니라 국가 돈으로 남아 있어요. 남들은 기부도 해요. 저도 작은 돈이지만 기부에 동참했어요."

　코로나가 창궐했던 2020년과 2021년 국가와 지방자치단체는 지역경제 활성화를 위해 긴급재난지원금 또는 민생회복지원금 등 유사한 명칭의 여러 지원금을 국민과 관할 주민에게 전달했다. 가족구성원이 많은 집은 1백만 원 상당을 받았다. 소비 촉진을 위해 체크카드 방식으로 지급했는데 친정아버지처럼 카드를 사용한 경험이 없거나 받은 것을 금방 잊는 치매 어르신에게는 무용지물이었다. 아버지는 카드를 지갑 또는 서랍 속에다 넣고서 사용하지 않았다. 2020년도만 해도 아버지가 치매인 줄을 면사무소 공무원도, 아버지도, 가족 중 아무도 몰랐었다. 어머니에게 지급됐다면 유용하게 사용하셨을 텐데 주민 등록 등 각종 공부상 친정집 대표자는 아버지였다. 세대를 대표하는 아버지에게 카드가 전달된 것은 당연했다.

　국가, 광역도, 기초 시군, 농협에서 준 걸 다 합산하면 아버지 지갑이나 서랍 속에 1년간 고이 간직된 카드와 상품권 금액은 상당했을 것이다. 아버지도 순간순간 정신이 돌아와 당신의 카드가 유효기간이 넘어서 사용할 수 없다는 것을 알고서 면사무소와 농협에 찾아가서 몇 차례 소동을 피우고 돌아오신 모양이었다. "왜 현금으로 안 줬냐고? 왜 지금은 못 쓰냐?"라고 고함을 쳤으리라 상상하니까 내 얼굴이 화끈거렸다. 오래전 내 일터였던 고향 면사무소 직원님들에게 부끄러웠다. 아버지도 화났을 것 같았다. 자녀가 셋이나 공무원인데 아무도 안 챙긴 것이다.
　이미 벌어진 일이었다. 어머니의 근심을 조금이라도 해소해 드리고자 이튿날 광복절날에 찾아뵙기로 마음먹었다. 때마침 내게도 긴급재난지원금

카드가 두 장 있었다. 한 장은 푸짐한 먹거리를 사고, 한 장은 어머니가 쓰도록 드릴 생각이었다. 나랑 통화하니까 어머니가 조금 마음이 풀렸는지 말씀을 이어갔다.

"올해 것은 면사무소에서 내가 아버지 몫까지 직접 받았다. 한 장은 내가 남원 시내 나가서 옷 사 입었고, 나머지는 ○○(남동생)에게 줬다."
"잘하셨습니다!"

어머니가 노인 일자리 사업을 다니시면서 면사무소 출입이 많아져 자연스럽게 2021년도 카드부터는 어머니가 직접 받았다. 평생 경제권을 잡았던 아버지가 주도권을 어머니에게 넘겨줘야 할 때가 온 것이다. 이어서 아버지도 내게 전화했다. 일단 목소리가 침울했다. 면사무소와 농협을 다녀오신 뒤 당신이 확실히 기억력에 문제가 있다는 걸 인지한 것이다. 몇 마디 물으셨다.

"내가 좀 이상한가 보다. 지난번 나 머리 사진 찍었냐?"
"X레이 등 간단한 것만 찍었고, MRI는 열 밤 자고 찍어요. 달력에 ○○일 잘 표시하고 잘 기억해 줘요. 그리고 엄마한테는 늘 '고맙습니다. 감사합니다.'라고 말해. 알았지?"

친정집은 코로나보다 아버지 치매가 더 큰 재난이었다. 어머니가 설마 아버지에게 야단을 치진 않겠지만 아버지가 너무나 불쌍했다. 그런 아버지를 돌봐야 하는 어머니는 더 불쌍했다. 문득 내 고모부가 떠올랐다. 뇌졸중으로 쓰러져 20년 동안 고모가 돌봤는데 고모부는 항상 고모에게 어눌한 말이지만 "고맙습니다. 감사합니다."를 반복해서 말씀하셨다. 고모네 집에 갔을 때 그 모습을 보고 난 기분이 좋았다.

공짜 돈도 못 지키는 아버지, 바보 영감님이지만 어머니에게 점수 따는 말을 꼭 실천하기를 바랐다. 부부 사이엔 '고마워. 사랑해!'라는 말의 힘이 돈의 힘보다 세니까 말이다. 천 번을 들어도 기분 좋은 말 아니던가? 아버지는 '사랑해!'란 말을 모르니 '고마워!'란 말을 두 번씩 하면 어머니도 좋아할 것 같았다.

내가 준비한 선물 세 가지

부모님과 차례로 통화를 마치고 난 뒤에 '과연 내가 부모님 딸 맞는가? 공무원이 맞는가?' 한참 의문이 들었다. 나야말로 바보 공무원이자 헛똑똑이구나 싶었다. 그해 여름 나는 예산결산전문위원으로 근무 중이어서 추경예산에 편성된 긴급재난지원금 규모나 집행 방식에 대해서 아주 상세히 파악하고 있었다. 도청에서도 지급계획을 다양하게 대대적으로 홍보했었다. 평상시 부모님과 전화하면서 세상 돌아가는 일, 부모님에게 도움이 되는 지방정부 시책을 조금이라도 대화거리로 삼았더라면 돈 잃고 마음 상할 일이 없었을 텐데 하고 자책했다.

광복절날 부모님 보양식을 챙겨서 친정엘 다녀왔다. 산골 마을에서 좀처럼 구하기 어려운 싱싱한 전복과 장어구이를 넉넉히 샀다. 과일도 소포장으로 이것저것 고루 챙겼다. 딸이 사준 음식이 어머니의 허망한 마음을 다

채워줄 수는 없지만 이웃과 음식을 나누며 외로움을 위로받길 바랐다. 아버지를 위해서는 아주 현실적인 선물을 했다. 바로 금고였다. 코로나가 길어지고 추석 명절도 앞두고 있어서 계속 다양한 이름의 국민상생지원금과 온누리상품권을 또 받을 것 같았다. 다음번에도 카드가 무용지물이 되면 진짜로 아까우니까 이를 대비한 선물로 금고를 준비한 것이다. 아버지가 자주 열어보는 서랍 옆에 놔 드렸다. 금고 비밀번호는 아버지가 쉽게 기억하도록 집 전화번호로 설정했다. 투입구에 시범적으로 만 원을 넣고 또 꺼내는 방법을 몇 차례 알려드렸다. 면사무소와 농협에서 카드나 상품권을 주면 무조건 금고에 넣어서 모으는 재미와 꺼내서 확인하는 재미, 그리고 가족에게 나눠주는 재미가 있길 바랐다.

마지막으로 아버지와 어머니의 영혼을 구원할 수 있는 아주 특별한 선물을 준비했다. 윤명한 장로님의 수필집 『하나님 아버지와 함께 동행』을 드렸다. 중학교 동창 아버님이자 신흥교회 원로 장로님께서 구순 때 펴낸 책이다. 아버지와 어머니는 기독교인은 아니지만, 윤 장로님을 매우 존경했다. 장로님은 평생을 농촌에 사시면서 성실하게 교회와 지역민을 섬겨오신 분이다. 장로님은 아흔이 넘은 연세에도 새벽마다 자전거로 4킬로미터 떨어진 면 소재지 신흥교회에 오셔서 새벽예배를 드리셨다. "여러 마을 고갯길을 넘는 동안 믿음이 없는 면민들의 영혼 구원을 위해 기도하면서 자전거 페달을 밟았다."라는 대목의 페이지를 읽었을 때 나는 정말로 가슴이 뭉클했었다. 기도의 대상에 우리 부모님이 계셨다니 참으로 기쁘고 감사했다.

매번 시골집을 다녀오면서 인생이 길어질수록 돈, 건강, 자녀, 신앙이 중요하다는 생각을 많이 했다. 특히 노년에 필요한 것은 뭐니 뭐니 해도 돈이란 것은 부인할 수 없었다. 그래서 정부는 노인 일자리를 많이 만들어 내고 있으며, 자녀들도 풍족하지는 않더라도 부모님께 소액의 용돈이라도 부치고 있다. 하지만 돈과 자녀가 인간의 마음속 깊은 허기까지는 채우지 못한다. 오직 신앙이 답인데 친정 부모님은 신앙이 없다. 책만 전하고 적극적으로 전도하지 못해서 안타까울 뿐이었다. 훗날 아버지 장례 후 친구로부터 위로의 메시지가 왔다.

"한 세대는 가고 새로운 세대로 바뀐다지만 부모님을 떠나보내는 그 마음을 어떻게 위로해야 할지…. 조금이나마 위로가 되는 것은 지난번 친구의 기도 부탁을 받고 다음 날 아버님께서 복음을 말씀하시고 기도하실 때 친구 아버지께서 끄덕끄덕 반응하셨다는 것이네. 천국에서 다시 뵙길 소망하며 위로 삼을 뿐이네. 친구 힘내시고."

3

풋대추가
저절로 붉어질 리는 없다

큰 간판만 고집하는 어머니

2021년 9월 12일 주일예배를 일찍 마치고 친정 가게와 근처 시댁 어른들을 차례로 찾아뵈었다. 먼저 친정에 들러서 남편이 소개한 광고사 사장님을 만났다. 목적은 친정 가게 간판 최종안을 확정하고 설치할 장소와 시기를 상의하기 위해서였다. 사장님은 내가 보내드린 구멍가게에 관한 블로그 일기와 사진을 보시고 어느 정도 구상을 마친 상태였다. 각자의 차로 약속 시간에 맞춰 친정 가게 앞에 모였다. 사장님은 주말을 이용해 가족들과 남원에서 휴일을 즐기고 전주로 올라가는 길에 와주셨다.

어머니는 맞은편 음식점에 설치된 지주형 돌출 간판을 가리키며, 설치할 간판이 고속도로 휴게소 입구 지주형 간판처럼 우뚝 세워져 양방향에서 잘 보이길 바랐다. 그러나 우리 집은 가게 앞이 바로 도로이고 좌우에 상가가 있어서 설치할 장소가 마땅치 않았다. 어떻게든 돌출형 간판이라도 달아보려고 어머니는 장대를 들었고, 광고사 사장님은 줄자를 들고서 여기저기를 땀을 뻘뻘 흘리며 물색했다. 그날은 온도가 31도까지 오를 정도로 무지 더운 날이었다.

어머니는 최대한 잘 보이는 위치를 짚었다면 사장님은 시공에 적합한 위치를 찾는 데 중점을 두었다. 어머니가 원하는 장소와 간판 형태는 무리였다. 흙벽에 시멘트만 살짝 바른 점포여서 명패 정도는 달아도 무게가 많이 나가는 돌출 간판을 벽에다 달 순 없었다. 간판 힘을 못 이겨 벽이 무너질 게 뻔했다. 다시 땅속에 지주를 심을 만한 곳을 찾기 시작했다. 가게 주변 유일한 땅은 정화조가 이미 묻혀 있었다. 지주형 돌출 간판도 부착형 돌출 간판도 결국 포기해야 했다. 지붕 위 간판도 취약했다. 슬레이트에 방수용 강판 기와를 입힌 지붕은 누가 봐도 약했다. 설령 얇은 판으로 설치한다고 해도 촌스러움의 극치일 것 같았다.

사장님이 제시한 최적의 장소는 가게 처마 아래였다. 제비집도 있고 아주 오래된 분위기가 나는 장소다. 처마 아래 나무 간판을 횡으로 달고, 지상에는 바퀴 달린 입간판을 양쪽에 두 개 놓자고 제안했다. 목조, 흙벽, 시멘트가 혼재한 건축물 상태를 고려한 광고 전문가 의견이었다. 그림으로 구상한 걸 보여주셨다.

처마 아래 설치할 나무 간판은 가로 2미터 세로 20센티미터의 밤색 나뭇가지에 하얀색의 '신' '흥' '상' '회' 글자를 한 글자씩 띄워 앉혔다. '신' 첫 글자가 시작하는 왼쪽에는 두 줄로 작게 'SINCE 1967'를 써서 가게 역사를 부각했다. 1967년 이후부터 신흥상회가 나뭇가지처럼 계속 뻗어나가며 번영하고 있음을 상징했다. 신흥상회 네 글자가 나뭇가지에 앉은 제비 네 마리처럼 평화롭게 보였다. 밤에는 멀리서도 볼 수 있도록 여러 개의 작은 전구 조명으로 글씨를 비출 계획이었다.

그리고 지상에 놓을 입간판은 가로 60센티미터, 세로 125센티미터의 위가 둥근 아담한 크기로 두 개를 구상해 놓았는데, 어머니가 원하는 위치로 얼마든지 옮길 수 있도록 바퀴를 달겠다고 한다. 색깔도 다양하여 한 개는 노랑 바탕에 파랑 글씨를, 나머지는 하얀 바탕에 파랑 글씨를 쓴 것인데, '주류, 아이스크림, 슈퍼, 생활잡화' 글씨를 새겨놓아 무엇을 파는지도 정확히 알리고 있었다. 또한 조명을 넣어 밤에도 환하게 보이게 할 것이라고 한다. 구상안은 친정 가게 특성을 제대로 분석한 것으로 아주 내 마음에 쏙 들어왔다. 최종 설치비도 1백만 원 상당이었다. 그런데 어머니가 그림 파일을 보더니 버럭 화를 내고 말았다.

"비싸고 마음에도 안 드는 데, 뭣 하러 두세 개씩이나 할 필요가 뭐 있냐?"

화를 내고 씩씩거리며 가게 안으로 들어가셨다. 듣는 모두가 놀랐다. 아버지는 나와 광고 사장님에게 엄청나게 미안해했다. 치매 노인이지만 상식과 예절은 있었다. 나는 거의 울상이 되었다. 사장님이 사전에 구상한 것을 현장답사까지 마치고 제시한 것인데, 어머니로부터 무시당해 버렸으니 정말로 내가 난감했다. 고생은 고생대로 하고 계약을 체결하지 못하고 돌아갈 상황이었는데도, 사장님은 오랫동안 남편과 거래가 있으신 분으로 의연했다. 도로 갓길 차 안에는 더운 날 한 시간째 에어컨을 켜고서 사모님과 자녀가 기다리는 중이었다. 사장님 가족들에게 너무 미안했다. 가게 냉동실에서 아이스크림을 몇 개 꺼내 차 안에 넣어드리면서 다음에 이야기하자며 먼저 전주에 올라가시길 청했다. 그런데 출발하려는 순간 자동차가 과열로 이상이 생겨버린 것이다. 외제차인데 얼마나 내 속이 타들어 갔는지 모른다. 몇 차례 시동을 껐다 켰다 반복하며 겨우 떠났다.

어머니 독설에 풋대추가 펑펑 울다

이어서 구멍가게는 어머니와 나 사이에 폭언으로 전쟁터가 되었다. 어머니는 나에게 욕에 가까운 독설을 퍼부었다. 사위가 있어도 아랑곳하지 않았다. 어머니는 간판이 무조건 크고 눈에 띄어야 하는데 광고사가 제시한 것은 한마디로 자신의 마음을 몰라준다는 것이다. 나는 나대로 화가 나서 어머니가 건물의 안전을 무시할 뿐만 아니라 건물과 어울리는 아름답고도 실용적인 간판을 못 알아본다고 소리를 질렀다. 간판이라도 달아서 이웃 마트와의 경쟁에서 살아남겠다는 어머니를 불쌍히 여긴 내가 바보였다. 사람 성의도 몰라주는 야속한 어머니를 다시는 찾아뵙지 않으리라고 독하게 마음먹었다.

뜨거운 눈물과 콧물이 뚝뚝 흘러내렸다. 날도 뜨겁고 얼굴도 화끈거렸다. 머리도 아팠다. 건축이 전문인 남동생이 왜 그리도 구멍가게 관리에 무심했는지 이해되었다. 겪어 보니 어머니는 관공서에서 만날 수 있는 일반 건축 민원인보다 더 까다로운 분이셨다. 사리 분별도 못하고 단 하나 인근 마트와 경쟁하려는 욕심만 있는 어머니가 정말 싫었다.

남편이 장모와 처가 싸우는 걸 더 이상 볼 수가 없어 나를 차에 급히 태웠다. 가게 앞을 막 벗어났는데, 어머니와 아버지가 심하게 다투는 소리가 들렸다. 아버지는 딸을 화나게 한 어머니가 미워 소리쳤을 것이다. 나는 아버지가 언제나 내 편이란 걸 잘 알았다. 아주 고소한 마음이 들었다. 친정 동네를 빠져나오니 정신이 좀 들었다. 차를 멈추고 광고 사장님께 더 이상 작업을 진행하지 않도록 어머니 고집을 언급하며 사과 편지를 보냈다. 시골집을 다녀간 출장비로 기십만을 송금했다. 말 그대로 헛돈을 쓴 내 마음도 무척 쓰렸다.

이어서 큰시누님 댁과 시작은집을 들렀다. 시어른들은 반겨주었고 온갖 정성 어린 먹거리를 차에 가득 담아 주셨다. 작은집 거실 안마의자에 편안히 눕기도 했다. 그날따라 시댁이 안마의자처럼 편안했다. 내가 막 빠져나온 친정 동네는 시끌시끌했을 것이다. 모녀간에 싸우는 소리가 들리더니 곧이어 노부부 간에 싸우는 소리까지 들리고 이웃에서 다 듣고 흉봤을 텐데…. 정말 얼굴이 화끈거렸다. 휴일 오후 그렇게 많은 일이 일어났는데도 아직도 해가 지지 않았다. 빈집이지만 시댁도 둘러보았다. 제일 먼저 보이는 게 대문 앞 대추나무였다. 막 붉어지기 시작했다. 장석주 시인의 「대추 한 알」 시가 떠올랐다.

"저 안에 태풍 몇 개, 저 안에 천둥 몇 개, 저 안에 벼락 몇 개…."

시인은 대추가 저절로 붉어질 리 없고, 스스로 둥글어질 리 없다고 노래한다. 이는 대추가 태풍과 천둥, 땡볕과 초승달 같은 인고의 시간을 잘 견뎌낸 결과라는 뜻이다. 작은 대추 한 알도 수많은 시련을 견뎌야 하는 오랜 시간이 필요했듯이, 어머니와 내가 겪고 있는 진통 역시 나를 효심 있는 딸로 성장시키는 시련의 시간이 되었다. 이렇게 어머니와 간판 건으로 충돌하면서, 노부모와 대화하거나 요구사항을 다 들어주고 이해하기가 정말로 어렵다는 걸 알았다. 그 외에도 어머니의 예측할 수 없는 히스테리는 내게 정말로 태풍, 천둥, 벼락, 무서리, 땡볕일 때가 많았다. 그런데 그 시련이 나를 노부모님의 딸로 성숙시켜 준 것은 분명했다.

 참 묘하게도 들끓었던 내 마음이 돌아오는 길에 막 피어난 코스모스를 보자 점점 부드러워졌다. 애초에 효심에서 시작한 것이었으니, 어머니가 고집을 피우더라도 좀 더 유연하게 대처할 걸 하고 후회를 했다. 설령 어머니가 간판 설치에 대해 무지한 반응을 보이셨다 해도, 그때 내가 화나는 감정을 억누르고 공손히 설명했다면 결과는 어떻게 됐을까? 훗날 어머니 방식대로 지붕에 커다랗게 간판을 설치했다가 1년 6개월 만에 다시 철거하는 일은 없었을 것이다. 어쨌든 중년의 부모님이 아닌 노부모님께 효도하려면 붉은 대추처럼 원숙한 내공이 필요한데, 그 당시 나는 완전히 풋대추였다. 지금은? 막 붉어졌다고나 할까. 나는 언제쯤이나 붉은 대추가 될까?

4

돌아온 아버지와
잃어버린 조끼

조끼는 도대체 어디에 있을까

2022년 2월 11일 금요일, 설 연휴 때 섰던 당직 대체 휴무를 받아 고향 면사무소를 다녀왔다. 농촌에서는 음력으로 설을 쇤 직후부터 본격적으로 새해 각종 사업이 시작된다. 오전에 사매면과 보절면사무소에 들러 빈집 2동의 슬레이트 지붕 철거를 신청했다. 30년 지기 공직 선배와 친구를 만나 오랜만에 이야기꽃을 피웠다. 내가 부모님 걱정을 많이 했는데 여전히 내 부모님께 호의를 갖고 있는 동료 공무원이 많아서 고마웠다.

점심 무렵에 친정집엘 들어갔다. 가게를 통과해서 살림집 거실에 막 들어갔는데 두 분의 점심상이 정말 처량했다. 설에 쓰고 남은 긴 가래떡을 찜솥째 갖다 놓고 드시고 있었다. 떡을 너무 푹 쪘는지 완전히 흐물흐물 형체가 없었다. 냄비 솥도 오래됐고 구멍 난 쇠 채반도 어찌 그리 궁상스러운지 속상했다. 오래전 어린 시절에 익숙하게 봐왔던 시골 어머니들의 간식 드시는 모습이었다.

친정집은 겨울철에 제사가 많았고 이후에 설이 곧 닥쳤으니 우리 집 여자들 겨울 점심은 으레 떡 쪼가리를 먹고 살았다. 어쩔 땐 곰팡이 난 부분을 털어내고 먹었다. 그래도 아버지와 오빠의 밥상은 항상 번듯했다. 그런데 어머니가 아버지에게 초라한 떡으로 점심을 대체하다니 정말 화가 났다. 오래된 떡은 여자가 먹는 거고 아버지에게는 안 된다고 생각하는 걸 보면 내가 확실히 유교문화 속에서 자란 건 부인할 수 없다.

내가 간식거리로 사 들고 간 무화과 빵과 딸기로 급하게 작은 상을 차렸다. 전래동화를 보면 효자만이 겨울날 눈밭에서 딸기를 구할 수 있다. 하늘에서 내린 선물은 아니고, 내가 돈 주고 산 것이지만 겨울에 딸기를 상에 차렸으니 내가 효녀가 된 듯 기분이 금세 좋아졌다. 맛있게 드시는 아버지의 모습을 바라봤는데, 아버지가 어딘가 모르게 산뜻하게 보였다. 아버지께 예뻐 보인다고 말했더니 어머니가 대신 말씀하시길 오전에 아버지 홀로 남원 시내에 나가셔서 이발하고 오셨단다.

오랫동안 아버지는 구멍가게 옆에 있는 동네 이발소에서 정기적으로 이발했었다. 그러나 몇 해 전에 이발소 사장님이 돌아가시게 되어 면 소재지임에도 이제는 이발소가 없다. 어머니는 아버지에게 머리가 설을 쇤 뒤 많이 자랐다면서 버스 타고 남원 시내에 나가셔서 이발하고 오시라고 했단다. 나가신 김에 외상을 진 한약 대금도 갚고 오라 하셨다. 그런데 머리만 예쁘게 깎고 돌아오셨다. 딱 여기까지만 들었으면 좋았을 텐데, 어머니가 갑자기 아버지가 입고 나가셨던 조끼를 기억했다. 아버지에게 조끼를 어디에 벗어놓고 왔냐고 집요하게 묻기 시작했다. 어머니는 조끼를 너무너무 아까워했다. 듣고 보니 방한도 되고 단정해 보이는 고급 브랜드 조끼였다. 어머니의 바가지와 넋두리가 점점 심해졌다.

내가 듣기가 민망하여 아버지를 모시고 남원 시내에 나가서 찾아오겠다고 말씀드리니 그제야 어머니의 잔소리가 멈췄다. 그런데 어느 이발소를 다녀오셨는지를 기억 못 했다. 나는 아버지가 자주 가실 만한 이발소가 어디냐고 어머니에게 계속해서 전화로 물었다. 내가 찾아간 곳만 다섯 개가 넘었다. 모두 아버지가 오신 적이 없다고 대답했다. 그런데 아버지는 분명히 머리를 깎고 오셨다. 약 한 시간 동안 남원 시내버스 정거장 근처 이발소를 다 돌아다니며 물었다. 나도 지쳐버렸다. 생각보다 빨리 지친 이유는 아버지 기억력이 아주 심하게 떨어진 걸 몸소 확인하니 내 기운이 다 소진되고 말았다. 아버지는 차 안에서 내게 계속해서 물었다. 차를 탄 목적을 잊은 것이다. 뭔가 찾으러 가는 것까지는 아시는데 그 뭔가를 몰랐다. 불안스레 내게 계속 질문했다.

"내가 무얼 찾으러 가는 거지?"
"조끼요."

내 기억에 '조끼'라고 무려 50번 정도 말씀드렸다. 아버지에게 짜증을 낼 수 없었다. 서글펐다. 아버지는 내가 힘들어하는 표정을 보이자 이러는 당신도 너무 서글프다고 말씀하셨다. 100번을 답해도 계속 물을 것 같았다. 아버지에게는 슬슬 지치고, 어머니에게는 슬슬 화가 나기 시작했다. 어머니가 아버지에게 조끼 건 말고도 이것저것 얼마나 구박할지 상상이 되었다.

악처가 열 효자보다 낫다

얼마 후 자동차마저 기름이 바닥나 경고 불이 들어왔다. 전화로 어머니께 더 이상 찾을 수 없다고 말하니 어머니도 포기하셨다. 처음엔 조끼를 너무너무 아까워 한 나머지 당장에라도 어머니가 직접 찾아 나설 태세였다. 길을 잃거나 실종된 치매 노인이 정말 많은 세상에 아버지께서 버스라도 잘 타고 집에 돌아온 것이 얼마나 다행인 줄 모르는 어머니가 미웠다. 이름처럼 순하고 덕이 많은 '순덕 여사'가 아니고 이제는 '순악질 여사' 같았다. 하지만 원인은 언제나 아버지 치매였다. 정말 겪어 보니 아버지의 순간순간 단기기억은 정말 현저하게 나빠졌다. 그러니 어머니가 악처와 양처를 왔다 갔다 할 수밖에 없었다. 인간적으로 어머니를 비난할 수는 없다. 그래도 나는 아버지 편이었다. 집에 돌아와서 어머니에게 화를 내려다 꾹 참고 조용히 물었다.

"아버지가 중요해? 조끼가 중요해?"

치매 와중에도 길을 잃지 않고 집에 돌아온 아버지가 소중하다고 말하는 것이 정답이다. 정곡을 찌른 질문에 어머니는 당황하다가 대답을 빙빙 돌려 말했다. 아버지 기억이 더 이상 퇴행하지 않도록 나름 훈련을 시킨다고 한다. 요즘 아버지에게 쉬운 심부름을 자주 시키는데 아주 잘하신다는 것이다. 나와 어머니만의 우문현답이 우스웠다.

그날 오후 가만히 지켜보니 아버지께서 세 가지 일을 잘하셨다. 우체국에 가서서 당숙에게 생일축하금을 착오 없이 송금하셨고, 가게 손님에게는 담배를 잘 팔았다. 4,500원짜리 담배를 팔 때 손님으로부터 만 원을 받고 담배 두 갑을 드리면서 천 원을 거스름돈으로 드렸다. 안심되었다. 역시 역사가 있는 담배 가게 할아버지다웠다. 산수를 참 잘하신다고 칭찬해 드렸다. 마지막으로 어머니가 아버지에게 내준 숙제는 안집 텃밭에 묻어둔 고무통 속에서 무를 꺼내 가져오기였다. 아버지는 잊지 않고 나에게 무를 많이 주려고 한 자루 가득 꺼내오셨다. 다음 해에도 부모님이 심은 무를 먹을 수 있기를 소원했다. 무는 겨울 동삼이라며 아버지는 늘 내게 많이 먹기를 권했다. 그날의 무가 마치 내가 아버지와 놀아준 품삯 같았다.

늦은 오후가 되어 전주로 돌아가려 했는데 왠지 집을 나서기가 서운했다. 신흥상회 구멍가게하고 같은 이름인 신흥교회 카페에 갔다. 부모님이랑 뜨거운 차 한잔 나눴다. 목사님 사모님이 청귤 차를 맛있게 내주셨다. 사모님께 사진을 부탁했다. 행복한 순간이었다. 그날 아버지가 쓴 모자는 외손주가 썼던 골프 모자였다. 내가 사드리거나 챙겨드린 모자는 안 잃어버리니 감사할 따름이었다. 부모님께 초라한 구멍가게에서 커피믹스만 타 드시지 말고 이렇게 멋진 곳에서 두 분이 차를 마시면서 자주 데이트하길 당부했다.

당직 대체 휴무로 직장 일은 쉬었으나 사실은 오후 내내 부모님과 같이 있으면서 조금 힘들었다. 차라리 직장에서 일하는 게 더 편했다. 나는 이렇게 대체 휴무 날 또는 주말 낮에만 친정을 다녀가기에 아버지가 대체로 온순하고 어머니 말씀을 잘 듣는 걸로 알고 있었다. 훗날 아버지가 병원에 입원했을 때 저녁 무렵 아버지의 사나운 증세를 목격하고서야 그동안 얼마나 어머니가 밤마다 고생했는지를 실감했다. 어머니는 위기 상황들을 언니에게 어느 정도 공유했지만 내게는 깊은 속내를 말하지 않았었다.

그날도 어머니는 아버지를 좋아하는 나를 여러모로 배려했다. 고무통 속 무도 나에게 주려고 아버지에게 가져오라는 숙제를 내줬고, 가게 문을 잠그고 교회 커피숍에 기꺼이 따라나서서 잠시 힐링의 시간도 가졌다. 또 아버지의 추한 모습을 손님들과 자녀들에게 보이지 않으려고 목욕과 이발도 자주 해드리고, 옷도 고운 옷을 입혔다. 어쩌면 가래떡도 아버지에게 소화 잘되라고 푹 찐 것일 수도 있었다. 아버지에게 치매가 왔어도 어머니는 아내로서 정말로 최선을 다했고 자녀들에게 최대한 폐를 끼치지 않으려 했다. 그런데 나는 어머니 속마음을 미처 헤아리지 못할 때가 많았다.

"악처가 열 효자보다 낫다."라는 속담처럼, 치매 아버지에겐 나처럼 어쩌다 한번 다녀가는 딸보다는 어머니가 절대적으로 필요한 분이었다.

5

지붕 위에 걸린
어머니 마음

간판보다 더 큰 어머니 용기

2022년 2월 11일에 받은 대체 휴무 날은 정말 긴 하루였다. 아침부터 저녁까지를 남원에서 보냈기 때문이다. 그날 밤 나는 전주에 돌아와 자정 넘어서까지 '조 여사, 신흥상회 간판 달다'라는 제목 아래 세 꼭지의 긴 블로그를 썼다. 첫 번째는 어머니가 간판 설치한 이야기, 두 번째는 아버지의 잃어버린 조끼 이야기, 세 번째는 악처와 양처 경계에 선 어머니 이야기였다. 나의 최애 이웃님들도 잠을 안 자고 나를 위로해 주고 어머니를 응원해 주셔서 정말 고마웠다.

"부모님 생전이어서 부러워요. 간판도 멋지네요."(겨울사랑)

"노부모는 우리의 판단대로 옳고 그름을 선별해 드리기보다 그냥 그분들이 원하시는 대로 하시게 하는 게 답이 아닐까 하네요. 무엇보다도 자주 찾아뵙고 관심을 가지는 게 최고입니다!"(leey243)

"간판이 빛납니다. 부모님도 이제는 자식의 돌봄이 되어야 하는 시기입니다. 힘내보아요. 우리의 멋진 기억을 만들어 주신 부모님들입니다."⁽서열 1위⁾

"어머님의 마지막 못 이룬 꿈을 이루려고 하신 게 아니실까요? 상호가 없는 것도 큰 장점이었지만 어찌 보면 신흥상회라는 간판을 만듦으로써 또 하나의 상반된 장점이 생겨난 거 같아요. 가장 중요한 건 동네 주민들에게 신흥상회라는 가게 이름이 많은 도움을 주고 있다는 것이 팩트가 아닐까 합니다. 가게 이름이 정감이 가면서 너무 이쁜 듯해요. 상호 잘 정하신 듯!"
⁽꿈의숲코킹⁾

　댓글에서 알 수 있는 것처럼 이날 가장 큰 사건은 어머니가 간판을 설치한 것이었다. 나는 친정을 갈 때 대체로 전주에서 남원 시내로 직진하지 않고 오수IC로 빠져나온다. 그 후 춘향로-덕오로-덕보삼거리를 지나 친정집 구멍가게 뒤편 언덕 위에 주차하고 가게 옆 샛길로 내려오기에 지붕 앞면을 거의 볼 일이 없었다. 친정 가게 지붕에 간판이 설치된 것을 당일 오후 늦게야 발견했다. 아버지의 조끼를 찾으러 남원 시내를 다녀오고, 신흥교회 카페를 다녀오면서 가게 앞 지붕 위 정면을 두 번이나 바라볼 수 있었다.
　남원 시내 방면에서 친정 가게에 오려면 신흥교회가 자리한 약방고개를 넘어야 한다. 약방고개 넘어서 정면으로 보이는 가게가 친정집이다. 오후에 시내를 다녀오는 길에 약방고개를 막 지나는데 뭔가 시야가 이상했다. 친정집 구멍가게 지붕에 대형 간판이 있었다. 정말 눈이 뒤집히는 줄 알았다. 기어코 어머니가 간판을 설치한 것이다. '간판 없는 구멍가게 둘째 딸'에서 '간판 있는 구멍가게 둘째 딸'이 되다니 한마디로 내 호적이 바뀐 느낌이었다. 그간 고향 어르신들이 나를 '가운데 점방 집 딸', '차부 집 딸'이라고 불렀는데 앞으로는 '신흥상회 딸'이라고 제대로 부를 수 있겠단 생각도 했다. 그동안 친정 가게 정식 명칭이 '신흥상회'라는 걸 아는 사람은 영수증을 발급받는 극소수였다.

지붕 위 간판을 자세히 살펴봤다. 하얀색 넓은 바탕에 '신흥'이란 글자는 빨간색으로, '상회'라는 글자는 파란색으로 아주 크게 상호를 써 놓았다. 글자 왼쪽엔 파란 네모 상자 속에 동그란 담배 마크가 그려져 있었다. 어머니는 효자상품인 '담배 가게'라는 것을 확실히 강조해 두었다. 그리고 간판 아래는 청색 띠 바탕에 흰 글씨로 '☎063)634-4019'라고 새겨 놓았다. 1970년대 우리 집 전화번호는 19번이었는데 면 관내 열아홉 번째로 전화를 설치한 역사를 은근히 자랑하였다. 수많은 시골의 구멍가게들을 지나치며 봐 왔지만, 그렇게나 큰 간판은 처음이었다. 솔직히 말하자면, 꽤 촌스러웠다. 하지만 이미 설치해 버린 간판, 이제 와서 어찌할 방도는 없었다. 가게 유리문에도 공들인 흔적이 엿보였다. 선팅지를 활용해 '식품, 잡화, 음료, 주류, 아이스크림'이라 또렷하게 붙여두었고, 저녁노을에 눈부심을 막기 위해 해바라기 그림까지 덧붙여 놓았다.

불과 5개월 전 2021년도 가을에 어머니와 나는 간판 설치 건으로 크게 싸운 적이 있었다. 그 후 어머니는 자녀 그 누구와도 상의하지 않고 길가 쓰레기 줍기 등 공공근로 보수를 모아서 홀로 설치한 것이다. 최근에 여러 번 통화했을 때도 간판 이야기는 전혀 없었는데 나에게 조금 미안한 마음이 있었을까? 어머니가 자존심을 걸고 스스로 세운 것이니 일단 잘하셨다고 칭찬했다. 옆 마트 반응은 일부러 묻지 않았다. 우리 집 간판을 보면서 옆집도, 면민들도 다 쓰러져 가는 구멍가게 할머니의 마지막 몸부림이라고 널리 이해해 주셨을 것 같았다. 혹자는 어머니 기를 살려주는 말을 했단다. 사람들이 택시 타기가 편해졌다고 어머니에게 말한 것이다. 그것을 아주 자랑스럽게 내게 말씀하셨다.

"동네 할머니들도 콜택시 부를 때 '우체국 앞 신흥상회 가게'라고 전화하니까 좋단다."

자애로운 헌 와사등 불빛 추억

간판 사진 여러 장을 찍어서 뉴스라며 오 남매 단톡방에 올렸다. '1970~1980년대 간판이 없었어도 1천여 명의 학생이 애용했던 구멍가게! 그 화려했던 영광이 되살아날지요? 21세기에 이런 촌스럽고도 파격적인 크기의 간판을 달다니…. 그래도 상호, 취급 품목, 전화번호까지 정말로 알리고 싶은 것은 간단명료하게 다 알리는 명품 간판이죠.'라며 내 소감을 말했다. '택시 승하차 위치를 정확히 말할 수 있는 공익적인 측면도 확실히 있다.'라는 어머니 말씀도 덧붙였다. 곧바로 남동생은 누나가 어머니의 가게 운영 욕심을 부추긴다며 주의를 줬다. 동생은 여전히 부모님이 일을 벌이기보다 평안한 노후를 사시길 진심으로 원했다. 나는 속으로 말했다. '그건 우리 자식 입장 생각이야. 엄마는 늘 아프다고 하시면서도 당신 스스로는 아직도 현역이라고 생각하신다. 하고 싶은 것 못 하면 더 큰 화병이 난단다.'

언니에게서도 응답이 왔다. 밤에 간판에 불이 안 들어온다고 심술을 부렸단다. 우리 상식을 뛰어넘는 어머니다. 불이 들어오려면 전기장치를 해야 해서 간판 무게가 더 나가고 설치비용도 많이 들 수밖에 없다. 전기요금을 부담할 만큼 밤에도 손님이 많이 온다면 설치해야겠지만 그럴 리는 없었다. 불발됐지만 당초에 내가 구상한 처마 아래 간판은 조명이 있었는데 아쉬웠다. 2021년 늦여름, 내가 간판을 구상할 때 윤동주 시인의 「간판 없는 거리」 시와 김남석 교수의 『간판 없는 거리』 산문집까지 구해 읽을 정도로 애정을 쏟았던 때가 생각났다. 이제 내게 남은 것은 시뿐이었다.

정거장 플랫폼에
내렸을 때 아무도 없어,
다들 손님들뿐,
손님 같은 사람들뿐,
집집마다 간판이 없어
집 찾을 근심이 없어
빨갛게
파랗게
불붙는 문자도 없어
모퉁이마다
자애로운 헌 와사등에
불을 켜 놓고,
손목을 잡으면
다들, 어진 사람들

다들, 어진 사람들
봄, 여름, 가을, 겨울
순서로 돌아들고.
- 윤동주, 「간판 없는 거리」

김남석 교수는 그의 산문집 『간판 없는 거리』에서 "우리가 궁극적으로 만들어갈 거리는, 윤동주 시인이 말한 따뜻한 거리, 사람들이 모여들 수 있는 거리여야 한다."라며, "간판을 (바꾸어) 다는 일은 주변환경과 이웃들의 마음을 헤아리는 작업"이라고 말했다.

시를 음미하다 보니 어머니가 시인의 마음을 가졌단 생각이 들었다. 어머니에게 간판은 무엇일까? 사람들의 마음을 불러 모을 수 있는 따뜻한 마음의 등불이었다.

평생을 성실하게 살아오신 분으로 아침 여섯 시에 가게 문을 열고 밤 열두 시에 문을 닫았다. 늦은 밤엔 형광등 대신 백열등을 켜 두셨다. 한밤중에도 문을 두드리면 손님에게 필요한 물건을 팔았다. 인근 마트가 생기기 전까지는 희미한 불빛만으로도 손님이 가게인 줄 알고 찾아왔었다. 그런데 이웃 젊은 부부가 현대화된 건물에 화려한 조명과 간판을 걸고 영업하니 골리앗과 다윗의 자존심 싸움으로 번졌다. 승자는 그 누구도 아닌 몇십만 원을 번 간판광고 사장님이었다.

어쨌든 인생의 겨울을 앞둔 노년의 어머니에게 지금 가장 필요한 것은 더 이상 화려한 간판도, 더 많은 손님도 아닐 것이다. 그보다는 어머니의 영혼을 따뜻하게 감싸 줄 '복음'이 절실하다. 이제는 물건을 사러 오는 사람

보다, 사랑을 전하고 진리를 나눌 수 있는 사람들이 어머니 곁을 찾아오길 간절히 바란다. 어머니 마음에 복음이 심어진다면, 이 작은 구멍가게도 생명의 빛을 비추는 등불이 될 수 있으리라 믿는다. 복음이 우리 부모님의 마음을 밝히고, 고향 사람들의 삶을 비추는 진정한 빛이 되길 바라며….

"주의 말씀은 내 발에 등이요 내 길에 빛이니이다."(시편 119편 105절)

6
—

어머니에게 스마트폰은
약일까 독일까?

시골 쥐와 서울 쥐의 스마트폰

2022년 6월 1일 또다시 당직 대체 휴무를 받아 친정에 갔다. 언니가 뜻밖에도 점심시간에 왔다. 언니는 나를 반기며 아버지 6월분 약 달력 세팅과 어머니 새 핸드폰 개통을 내게 맡기고 쏜살같이 다시 직장으로 돌아갔다. 점심도 굶고 친정을 오가는 걸 목격하니 평소에 언니가 부모님을 잘 보살피는 것 같아 고맙고 미안했다. 그런 큰딸을 가진 어머니가 부러웠다.

어머니는 아버지가 전주에서 다리 수술로 병원에 입원하셨던 2018년도 봄부터 핸드폰을 사용하셨다. 병간호를 위해 어머니가 남원에서 직행버스를 타고 올라오실 때 내가 마중을 나가곤 했다. 서로 불편해서 급히 내 명의로 핸드폰을 하나 더 개통하여 어머니께 드렸다. 전에는 어머니가 주로 가게에만 계셨기에 가게 전화로 충분히 소통할 수 있었다. 설령 잠깐 안집 텃밭에 가시더라도 인근 친척 집 전화를 이용했기에 큰 불편함은 없었다. 하지만 어머니가 남원과 전주를 수시로 다니게 되어 서로 약속 시간을 지키기 위해서는 어머니에게 핸드폰은 꼭 필요했다. 첫 핸드폰은 버튼식 폴더폰으로 어머니는 금방 적응했다. 그렇게 5년을 사용하다가 오 남매 공통 경비에서 어머니 핸드폰 요금을 지원하기로 하여 명의와 기기도 변경하게 됐다. 그때 언니가 어머니에게 터치형 새 스마트폰을 주문해 드렸는데 마침 6월 1일 나를 만난 것이다.

우선 6월분 약 달력 세팅은 아침, 점심, 저녁 약을 날짜별 상자에 순서대로 넣는 일로 금방 끝났다. 하지만 스마트폰을 개통하고 연락처를 옮기고 사용법을 익히는 데는 많은 시간이 소요됐다. 사실 나도 내 스마트폰을 바꿀 때마다 어려워서 스마트폰 대리점 직원에게 맡기는 사람이다. 다행히도 어머니 연락처는 많지 않았다. 제일 중요한 가족은 편리하게 단축키 번호로 입력했다. 오 남매 각각의 이름을 차례로 1번○○… 5번○○까지 입력해 놓고 아버지를 6번으로 입력해 드렸다. 우선순위가 내려간 아버지에게 살짝 미안한 생각이 들어서 '6번 남편 하늘'로 이렇게 저장했다. 치매에 걸린 아버지를 돌보려면 힘드시지만 그래도 공손히 대하시라고.

이어서 전화를 걸고 받는 걸 알려드렸다. 한데 손가락으로 스마트폰 액정화면을 살짝 터치하는 걸 너무너무 힘들어했다. 점자를 하듯 손에 섬세한 감각이 필요한데 어머니 손은 너무 거칠었다. 오래전에 들었던 말이 떠올랐다. 공중전화가 다이얼식이었을 때 어느 노인이 다이얼 구멍에 손가락이 잘 안 들어가서 나무젓가락으로 돌렸다고. 혹자는 행인에게 전화번호를 보여주며 걸어 달라고 부탁도 했단다. 이처럼 어머니도 스마트폰 터치가 어려워 당분간 익숙해질 때까지는 다른 분 도움을 받아야 전화를 걸고 받을 것만 같았다.

서로 전화를 주고받는 실습과 테스트까지 겨우 마치고 늦은 오후에 전주로 돌아왔다. 이참에 어머니가 스마트폰 기기에 익숙해져서 카톡으로 자녀와 소통도 잘하고, 유튜브도 보면서 다양한 재미를 찾아가길 바랐다. 그간 어머니로부터 수시로 걸려 오는 전화를 받기가 난감할 때가 많았다. 카톡이나 문자를 어머니가 익힐 수만 있다면 시간과 장소에 구애 없이 소식을 주고받을 수 있어서 우선 나부터 좋을 것 같았다. 스마트기기는 대체로 아이들이 잘 다루니까 손주들이 방학 때라도 할머니 집을 방문하여 이것저것 가르쳐 드리면 좋겠다고 생각했다. 하지만 장성한 손주들은 객지에 있고, 어린 손주들은 학원 다니느라 주말에 더 바빴다. 도시에 사는 할머니라면 문화센터라도 다녀서 금방 배우실 텐데 안타까웠다.

내가 살고 있는 아파트 옆집 A 여사님은 내 어머니보다 네 살 정도 젊으신데, 두 분의 삶을 비교하자면 닮은 듯하면서도 많은 차이가 있었다. 어른들의 삶을 쥐로 표현해서 죄송하지만 '서울 쥐와 시골 쥐'였다. 이보다 더 적확하게 표현할 방법이 없어 사용한다.

어느 날 여사님은 생신 선물로 서울 사는 자녀로부터 스마트폰을 선물 받으셨다. 카톡의 편리한 기능을 너무너무 좋아했으며, 당시 초등학교 6학년생이었던 내 아들에게 많은 것을 물어 금방 익히게 되었다. 스마트폰이 직접적인 계기가 되었다고 단정할 수는 없지만 여사님은 점차 대외 활동을 왕성하게 하시더니 어느 날 구청에서 운영하는 문화센터를 다녔고, 70세를 앞두고서는 도립여성중고등학교에 진학하셨다. 어려서 식구 많은 가난한 집 큰딸로 태어나 중학교만 졸업한 것이 한이었는데 여고생이 된 것이다. 2021년도엔 우수한 성적으로 졸업하여 장학금을 받았고 대학까지 진학하게 됐다. 미담 사례 주인공으로 신문 기사에도 나왔다.

어머니 보물 친구 1호는?

여사님의 도전은 계속되었다. 노인복지사업에 꿈을 두고 사회복지학과에 진학했다. 첫 학기 때는 교수님께 양해를 구하고 과제를 손 글씨로 써서 제출했다. 이후에는 신세대처럼 워드 작업을 하려고 여름방학 때는 컴퓨터 학원을 수강했다. 또 당신 인생에 마지막 이사라 생각하고 젊은이들이 선호하는 혁신도시 아파트로 이사까지 갔다. 이사 후에도 가끔 통화를 하는데 시간이 흐를수록 젊어지는 여사님에게 하루는 특별한 선물을 하고 싶었다. 젊은 학생 친구들과 드시라고 스타벅스 커피 쿠폰을 보내드렸다. 그때 그녀의 카톡 프로필을 보았는데 메시지가 '내 인생의 봄날'이었다. 얼마나 멋진가? 정말 박수를 보내드리고 싶었다.

반면에 내 어머니는 아버지가 치매 판정을 받게 되자 가게 손님도 줄고, 아버지와 원활한 대화도 불가능해져 점점 우울증을 앓게 되었다. 한마디로 '어머니 인생의 암흑기'였다. 자녀들도 바쁘다며 어머니의 전화를 반기지 않았다. 그래서 어머니가 이참에 스마트폰을 잘 활용할 수만 있다면 세상과 소통 수단이 넓어져 어머니의 새 친구가 많아질 것으로 기대했다. 그런데 나로서는 최선을 다해 어머니께 사용법을 알려드렸음에도 어머닌 단 하루를 못 넘기고 새 스마트폰을 구박했다. 스마트폰이 금세 애물단지가 되어버렸다. 어머니는 새 스마트폰 사용을 포기하고 아버지 구식 전화로 내게 수십 통을 걸어왔다.

"왜 언니는 전화기를 바꾼 거냐? 당장 옛것으로 바꿔 놓아라."

어머니는 작은어머니까지 동원하여 나를 혼내켰다. 정말 황당했다. 어머니로서는 여기저기서 걸려 오는 전화 받을 곳도 많고, 걸 곳도 많은데 터치하기가 어려우니까 화가 난 것이다.

요즘은 스마트폰으로 어르신 건강도 챙기고 다양한 복지서비스를 제공하니까 잘만 배우면 유용하다고 아무리 설명해도 소용이 없었다. 6·4 지방 선거 날 내려가서 다시 알려주겠다고 겨우 달랬다. 그동안 스마트폰을 던지지 않는 한 고장 안 나니까 여기저기 만져보라고 했다. 선거 날 아침 먼저 작은아버지 농장에 들렀다. 작은아버지에겐 어머니의 새 스마트폰이 문제가 아니었다. 작은아버지께서는 조카들이 형님 내외를 방치한다고 서운해하셨다. 대책을 물으셨다. 누가 봐도 가게 처분이 답이었다. 실제로 가게 현실이 전기요금을 연체하여 자녀들이 대납할 정도면 합리적인 판단을 내려야 할 때가 되었다. 오 남매도 의견을 수렴하여 부모님께 여러 번 가게 접기를 권했으나 소용이 없었다. 어머니가 평생 해온 일이라 구멍가게에 미련을 버리지 못했기 때문이다. 지나치게 권하면 화를 내셨다. 아마 속마음으로는 자녀에게 경제적 부담을 주고 싶지 않았던 것 같았다. 모시고 살지도 않고 용돈도 넉넉히 드리지 않는 나로서는 부모님 생업에 대하여 더 이상 가타부타 말을 건넬 수 없었다.

선거 당일 낮 나는 작은아버지 농장을 나와서 친정집에 가서는 가게 운영에 관한 말은 조금도 꺼내지 않았다. 우선 급한 용무인 스마트폰 사용법만 겨우 알려드리고 집을 도망치듯 빠져나왔던 기억이 있다. 시골집에 오래 있으면 나까지 우울증에 걸려버릴 것만 같기에.

터덕거렸지만 어머니가 2025년 6월로 스마트폰을 사용하신 지가 벌써 3년이 넘었다. 어느덧 스마트폰이 어머니의 보물 친구 1호가 되었다. 능수능란하진 않으나 주로 유튜브를 시청하신다. 아버지 사후 법륜스님과 황창연 신부님의 강연을 들으며 마음에 평화도 찾아가고 있다. 트로트 가수 노래도 즐기신다. 영상통화도 하면서 당신이 갖고 싶은 물건이 있으면 포장지를 보여준다.

최근엔 어머니가 노안이 와서 백내장 수술에 적극적으로 임했는데 어머니 말씀에 깜짝 놀랐다. 수술 주된 목적이 스마트폰을 잘 보기 위해서란다. 아이들처럼 스마트폰 유튜브 쇼츠에 중독되신 건 아닐까? 은근히 걱정되었다. 다시 밝은 눈을 갖게 되었으니 노인복지회관 등을 다니며 공부도 하고 친구들도 사귀며 즐겁게 사셨으면 좋겠는데, 대부분을 텃밭 농사와 면사무소 공공근로 일을 하며 보내신다. 먹거리를 생산하고 용돈을 벌고 싶은 마음은 이해가 되나 나머지 시간을 스마트폰만 바라보며 은둔형 외톨이로 보내는 것 같아 마음에 걸린다.

그나마 다행인 것은 내가 부모님에 관한 글을 쓰면서 그간 어머니 외로움을 외면했음을 많이 반성했다. 지금은 시시콜콜한 내용부터 하소연까지라도 경청하고 따뜻하게 대화하려고 노력하는 중이다. 그래서 이제는 어머니 보물 친구 1호가 기계가 아닌 내가 되길 바란다. 자녀와의 지속적이고 따뜻한 대화야말로 오랜 겨울을 지나온 어머니를 '인생의 봄날'로 인도할 것으로 믿는다. 나도 내 두 아들의 어머니다. 자녀와 대화하고 싶은 어머니 마음을 나는 잘 안다. 내가 아플 때 나를 걱정하는 아들의 전화 한 통화만으로도 내가 기운이 나지 않았던가?

7

파 농사가 잘되어
슬픈 어머니 구하기

시래기 인생을 살아온 어머니들

2023년 12월 연말에 소선녀 시인의 시집 『두베가 내게 올 무렵』을 선물받았다. 시 42편이 수록되어 있는데, 시인은 전북의 아름다운 자연과 그 속에서 삶을 살아가는 사람들을 서정적으로 노래하였다. 그중 「그리 살다가」라는 시가 유난히 와 닿았다. 농촌에서 자식과 가족을 위해 평생을 몸 바쳐 살아온 우리들의 할머니와 어머니의 고단한 하루를 그린 것인데, 마침표도 쉼표도 없는 긴 산문 같은 시다. 신기한 것은 숨 안 쉬고 읽어도 단숨에 읽힌다. 왜냐하면 익숙한 얼굴들이 떠오르기 때문이다. 이 시의 하이라이트는 마지막 연이다.

뭉쳐서 꾹꾹 짠다 된장에 부걱부걱 치댄다 노을이 번진다 솥에 안친다 해가 슬렁슬렁 넘어간다 삶아져 본 여자가 시래기 된장국 끓인다 다시 날이 든다

― 소선녀, 「그리 살다가」, 『두베가 내게 올 무렵』 시집에서

'삶아져 본 여자가 시래기 된장국 끓인다.'라는 구절이 내 가슴을 정말로 뜨겁게 데쳤다. '삶아져 본 여자'라는 표현은 여인의 인생 자체가 삶아지는 과정이었음을 의미한다. 동트기 전에 일어나 하루 종일 들에서 일한다. 그렇게 쉼 없이 일해온 어머니들이 노을 질 때 집에 돌아와 또 시래기 된장국을 끓이는 모습은 시래기가 시래기 된장국을 끓이는 형상이다.

'시래기'란 무엇인가? 김장할 때 무 배추 좋은 것은 김치가 되고 벌레 먹은 거친 겉잎을 말린 것이 시래기다. 시래기는 물렁물렁할 정도로 삶아져서 처마에 주렁주렁 매달아진다. 추운 날 몇 번을 얼었다가 또 녹기를 반복하며 서서히 완전히 말라간다. 한겨울철 시래기나물 반찬과 된장국이 되는데 가족 목구멍에 부드럽게 잘 넘어가라고 칼로 다져지고 된장에 치댄 후 또 한 번 끓여진다. 어쩌면 그렇게도 시래기 요리 과정이 우리 할머니와 어머니, 큰시누님 일생과 닮았던지. 그녀들에게도 봄날 피어나는 장다리꽃처럼 예뻤던 시절이 있었다. 시집와서 시부모 봉양과 자식 교육 등 평생을 일 속에 파묻혀 살다 보니 손가락은 굵어지고, 허리는 굽어지고, 다리는 두들겨 맞은 듯 뒤뚱거린다. 어느새 얼굴은 햇볕에 검붉게 타고 주름이 깊어지면서 노년으로 갈수록 얼굴이 시래기처럼 더 거칠고 더 쭈글쭈글해졌다. 집에 있는 오래된 흑백사진 속의 그 예쁜 소녀들이 지금의 할머니, 어머니라고는 도저히 상상이 안 된다.

앞의 시를 읽고 난 뒤부터 나는 시래기 된장국을 마냥 맛있게 먹을 수 없었다. 어머니들의 고된 노동, 사랑, 그리고 삶의 온기까지 다 담겨 있기에 시래기 된장국은 단순한 음식이 아니었다. 어머니의 삶과 헌신인 만큼 최소한 경의를 표하고 먹어야 할 것 같았다.

갑자기 내 할머니 신세타령이 떠오른다. "조물주가 똥통의 벌레까지 다 만들고 난 뒤에서야 여자를 만들었단다."라는 끔찍한 말인데, 전주에서 할머니랑 자취할 때 내 귀에 못이 박히도록 들었던 말이다. 할머니가 살아보니 "여자의 일생이 벌레만도 못하더라. 그리 안 살려면 열심히 공부하여라."라는 말이었다. 할머니도, 어머니도 내가 당신보다 나은 삶을 살길 바라는 마음은 한결같은 진심이었다.

여성 해방의 선구자라고 알려진 시몬느 두 보부아르는 "우리는 여자로 태어나는 것이 아니라 여자가 되는 것이다."라고 말했다. 원시사회부터 현대까지 여성의 삶에 관해 역사, 문학, 사회학, 생물학, 정신분석학적으로 광범위하게 고찰한 철학자의 명언으로, 전 세계 여성들의 의식을 깨어나게 했다. 나 또한 대학 시절에 그녀의 대표작 『제2의 성』을 읽고서 여권신장에 깊은 관심을 가졌었다.

여성을 바라보는 시각이 여성 운동가와 여류 시인은 조금 달랐다. 다 그렇다는 것은 아니지만 내가 좋아하는 시인들은 여성의 삶을 성 대결로 이슈화하지 않고 사랑으로 우리 모두의 삶을 감화시킨다. 결혼 후 나도 어느새 그리 살고 있었다. 오래전 직장에서 주최한 신달자 시인의 북콘서트에 참여한 적이 있다. 친정어머니 연배신데 숙명여대를 졸업한 시인이다. 우리 어머니와는 다른 삶을 살았으리라고 생각했는데, 젊은 날 쓰러진 남편을 24년간 간호하며 세 자녀를 키워냈다. 인내와 희생의 삶이 정말 대단했다. 그런 아픔이 바탕이 되었기에 신달자 시인은 소선녀 시인의 시에 대해 "아프지만 희망적이다. 내면에 흐르는 풍경과 그 밖에 머뭇거리는 흐름과의 상충은 인간다움과 사랑스러움의 주변을 서성이게 한다."라고 평했다.

전적으로 공감한다. 아프고 슬프지만, 사랑과 희망이 있는 한국 여성 시가 우리나라를 넘어 전 세계적으로 많이 읽히길 바란다.

파김치 같은 삶이여 안녕

소선녀 시인이 우리들의 어머니를 '삶아져 본 여자가 시래기 된장국 끓인다.'라고 아프게 노래한 것처럼, 나는 내 어머니 일생을 '파김치'라고 표현한 적이 있다. 2022년도 3월 26일에 쓴 '조 여사 삶은 파김치예요'라는 블로그 일기다. 당시 아버지는 치매증이 날로 심해지고 있었고, 어머니는 심장 수술 후 정기 검진을 받던 시기였다. 그 와중에 어머니는 파를 데쳐서 내게 많이 주셨다.

어머니가 살짝 '삶은 파'와 어머니의 고단한 인생을 뜻하는 '삶'을 가지고, '파김치' 담듯이 내 평소 생각과 느낌을 양념 삼아 버무린 글이다. 천천히 다시 읽어 본다.

> 나는 살짝 삶은 파무침을 무지무지 좋아한다. 생파 김치는 맛있지만 맵다. 먹고 나면 양치해도 냄새가 난다. 삶은 파 혹은 데친 파는 맵지 않고 부드럽고 달콤하다. 어머니가 병원 검진 가기 전날만큼은 일찍 주무셔야 한다. 그런데 어머니는 홀로 남게 될 아버지 식사를 미리 챙겼을 뿐만 아니라 딸(나) 주려고 밤새 파를 다듬고 아침에 삶으신 모양이다. 파 손질할 때 눈이 맵고 손톱도 닳아서 아플 텐데 참 고맙기도 하고 미련하시다. 어머니가 언니랑 대학병원 다녀가는 길에 내 직장 앞을 잠시 들렀다. 삶은 파 두 뭉치를 주시려고 왔다. 당신의 삶이 파김치인데 50

이 넘은 딸년에게 파를 삶아 바치는 정성에 눈물이 났다. 저녁에 맛있게 무쳐 먹고 나서 언니에게 카톡을 보냈다.

"언니 잠 좀 잤어? 잠시 본 엄마 얼굴이 푸르딩딩한 것 같아. 어쩔 땐 엄마가 (아빠보다) 더 빨리 떠날 것 같다는 생각도 들어. 병원 동행해 준 언니에게 고맙고도 미안하네. 가만히 앉아 있는 나는 파 삶은 것을 받고요."
"오빠의 말씀이 떠오르네. 그 경계에 서보지 않으면 어떻게 생각하고 행동할지 모른다고. 아빠를 떠나지도 못하고, 자신의 삶을 포기하고 잘해주지도 못하고, 이랬다저랬다 갈팡질팡하는 어머니 모습이 답답한데 그 모습이 우리 모습이고 모두의 인생이라 할 말이 없네."
"조 여사 삶은 파김치예요. 난 어머니 덕분에 삶아 데쳐 달콤해진 파무침 잘해 먹었어요. 우습기도 하고 고맙습니다."

언니가 선글라스를 쓰고 웃는 이모티콘을 보내왔다.

'엄마의 삶은 파김치'라는 내 말을 이해 못 할 언니가 아니었다. '파김치'는 말 그대로 파로 담근 김치인데, 오래되면 단물이 다 빠지고 시들거나 시어져 외관상 볼품이 없어진다. 사람도 이 일 저 일 할 것 없이 몸이 지칠 정도로 일을 하게 되면 진이 다 빠져 몸이 축 늘어지게 된다. 그래서 피곤한 사람들은 '파김치가 되었다.'라는 말을 자주 한다.

그 후 3년이 지난 2025년 3월에도 어머니의 파 농사와 파김치 같은 삶은 계속됐다. 굳이 농사를 그리 많이 지을 필요가 없는데 여전히 몸을 쉬지 않는다. 예전에는 먹고살기 위해 일했다면 지금은 외로움을 극복하기 위한 수단 아닌가 한다. 아버지 사후 땅만 바라보고 사니 파 농사가 아주 잘되었다. 자녀들에게 주고 싶어서 차례로 전화했다. 남동생은 처가에서 가져온 파김치가 많다며 사양했다. 언니는 농사를 조금만 지으셔라 했다. 서울 사는 여동생에게도 거절당할 것 같아 일단 택배로 몽땅 부치고 전화했는데 야단맞았단다. 나는 주말에나 가겠다며 냉장고 야채칸에 넣어두라 했다. 너무 슬프다고 자꾸만 전화를 걸어왔다. 이튿날 연가를 내고 남원에 내려갔다. 말벗을 하면서 어마어마한 양의 파를 다듬었다. 파가 매운 건지, 예나 지금이나 고달픈 어머니의 삶이 조금도 안 변해서 서러운 건지, 어머니도 나도 눈물이 나오고 눈이 아팠다.

　같이 있는 이 순간을 행복하게 보내고 싶어서 거실을 얼른 정리하고 어머니에게 제일 예쁜 옷을 입고서 노래하자고 청하니 즐거워하셨다. 어머니는 자녀로부터 파를 거절당한 날 쓴 슬픈 일기도 나에게 즐겁게 읽어줬다. 서로 웃었다. 즐거운 시간을 영상으로 남겼다. 어머니 동의를 받아 '찔레꽃 추억하는 어머니'와 '딸에게 혼난 날 어머니 일기'를 유튜브에 올렸다. 내 시청자층은 대부분 65세 이상이다. 때로는 내 취향이 너무 늙었나 하고 은근히 걱정된다. 하지만 어머니와 놀면서 깨달은 게 있다.
　자식 위한다는 명분으로 늙어서까지 사서 고생하면 안 된다. 그간 충분히 그 역할과 의무를 다하였다. 이제는 무거운 짐 다 내려놓고 몸도 아껴가며, 하루하루를 즐겁게, 감사한 마음으로 살아야 자녀도 존중하고 당신 삶도 행복하다.

8
―

깨진 달걀이
모녀 관계를 깰 순 없지

큰딸 고마운 줄 알면서도

2025년 새해 들어 어머니가 언니와 두 달간 냉전을 이어갔다. 어머니는 언니에 대한 서운함을 내게 자주 호소했고, 언니는 논문 준비 등으로 당분간 어머니와 거리를 두게 됐다며 솔직하게 언니 사정을 내게 말했다. 언니는 어릴 때부터 남동생 보기, 청소하기, 가게 보기 등 큰딸로 태어나 온갖 일을 다해 왔다. 대학도 조기 취업을 위해 부모님 권유로 간호대학에 진학했다. 졸업 후에 언니는 독립적으로 살고자 해외 진출 또는 부산 등 광역도시 병원 취업을 준비하고 있었다. 그런데 부모님이 언니 몰래 남원의료원에 입사원서를 냈다. 면접 한번 보러 오라는 부모님 엄명에 결국은 35년 넘게 남원의료원에서 장기근속하고 있다. 올해의 언니 소원은 그간 미뤘던 학위논문을 작성하는 것인데 전적으로 시간과의 싸움이었다.

언니는 아버지의 머리 수술 4회와 다리 수술 2회 등 총 여섯 번의 수술과 마지막 임종까지 아버지를 돌봤다. 스님 오빠를 대신한 장녀로서 매번 수술 여부 등 모든 어려운 결정을 내려야 했다. 그 심적 부담이 얼마나 컸을지 상상만 해도 나는 고맙고 미안했다. 언니가 부모님 덕을 본 것이 있다면, 부모님이 언니의 세 자녀를 10년간 키워준 것이다. 하지만 당시 어머니는 가게를 보면서 장기 와병 중인 할머니를 봉양하느라 바빠서 조카들을 제대로 돌보진 못했다. 오히려 언니와 형부가 주말마다 가게와 농사일을 거들며 할머니 건강까지 챙겼다. 언니가 아이들 밤잠 걱정 없이 병원 밤 근무를 안심하고 설 수 있었고, 사회복지학 등 하고 싶은 공부를 조금 더 할 수 있었던 것이 그나마 받은 혜택이었다.

어머니의 수고와 언니의 수고를 저울로 재자면 내가 보기엔 균등했다. 그러나 균형은 오래가지 못했다. 부모님이 노쇠해질수록 언니의 수고가 월등히 많아졌다. 게다가 형부까지 처가의 집안일은 물론 차량 봉사까지 전담했다. 어머니가 때때로 형부를 아들처럼 너무 편히 대하고 남동생을 왕자님처럼 귀하게 대할 때가 많았다. 언니 내외는 그 서운함을 한 번도 표시한 적이 없었지만 지켜보는 내가 불안했다. 내가 유사한 경험을 시댁에서 겪었기 때문이다. 남편은 5녀 2남 중 장남인데 위로 누님이 다섯 분이다. 큰시누님 내외는 평생을 장남 역할과 부모님 역할을 하셨다. 시댁 큰시누님과 친정 언니를 보면 나는 늘 고마움을 넘어 빚진 자의 마음이다.

내 언니의 수고는 아버지 사후에 더 많아졌다. 언니가 돌보는 집은 현재 일곱 집이나 된다. 세 자녀 각각의 원룸, 언니네 아파트, 어머니 아파트, 어머니 구멍가게 집, 어머니 새 한옥까지다. 어머니와 관련된 집이 무려 세 채다. 어머니는 우울증이 심해서 그 어느 곳에서도 마음 편하게 정착하지 못하고 있다. 언니는 어머니의 세 군데 집을 쫓아다니며 청소해 주고 반찬을 마련해주는 등 수고가 정말 어마어마하다. 전기요금 등 생활비도 만만치 않다. 비용은 자녀들이 십시일반으로 부담하고는 있지만 한정된 재원으로 실질적인 집행을 하는 언니의 고생이 이만저만이 아니다. 이런 언니의 수고와 고마움을 누구보다도 어머니가 제일 잘 알고 있다. 그런데 어머니가 새해 들어 내게 전화해서 언니 흉을 심하게 보기 시작한 것이다. 자초지종을 들어봤다.

어머니의 하루 일정은 아파트에서 새벽에 일어나 삶은 달걀 다섯 개를 챙겨서 아침 여섯 시 첫차로 시골집 가는 버스를 타는 데서부터 시작한다. 행동이 느린 노인을 태워준 버스 기사님이 고마워서 삶은 달걀 두 개를 드린다. 또 같은 첫차를 탄 익숙한 손님에게도 드린다. 버스에서 내려 가게 집에서 한 개를 어머니가 드시고 나머지 한 개는 안집 한옥 밭일 가는 동안 첫 번째로 만나는 동네 아주머니에게 드린다. 이것이 일상이 되어 달걀값이 제법 나가는 편이다. 돈도 돈이지만 달걀 삶다가 자주 깨지는 것이 스트레스였다. 어머니는 예쁜 달걀만 챙겨 간다. 달걀을 주로 언니가 전날 삶아놓는데 언니가 바쁠 땐 어머니가 삶았다. 겨울에 급격한 온도 차이로 달걀이 삶아지는 동안 자주 깨지니까 어머니가 언니에게 짜증을 낸 모양이었다. "왜 껍질 얇은 달걀을 샀냐? 냄비가 문제인가? 냄비를 새로 사라." 등….

언니는 깨진 달걀이 아깝기도 해서 직장에 가지고 가서 동료들과 나눠 먹었다. 달걀을 까먹으면서 언니의 동료들이 어머니가 새로 지은 한옥에서 마음잡고 사시는 것이 좋겠다고 조언을 한 모양이었다. 동료들은 어머니와 일면식이 있는 사이였다. 환자로서 병원에서 봤을 뿐만 아니라 고구마를 수확할 때 와서 거들어 주기도 했던 분들이다. 그래서 언니는 지인들 말을 인용하며 어머니가 한옥에 정착해서 살면 좋겠다는 말을 전한 모양이었다. 그러면 아침마다 시내버스 탈 일도 없고, 달걀 삶는 수고도 안 하니 좋겠다는 지극히 타당한 말이었다.

사랑받기 위해 태어난 사람

그런데 어머니는 이를 대단히 서운하게 생각하였다. 어머니는 자녀들 옆에서 자고 싶었다. 또 가게를 접은 뒤로부터는 일정한 수입이 없어 용돈을 아껴서 삶은 달걀로 주변에 소박한 인심을 베풀고 있는데 이를 지적하니 몹시 화가 났다. 언니도 이번 일로 어머니가 곡해가 심했다며 어머니와 거리를 좀 두기로 마음먹은 것이다. 한편, 언니는 제대한 막내아들 복학 준비는 물론 본인 학위 취득 공부까지 바빴다. 막상 언니의 발걸음과 전화가 뜸해지니 어머니가 더 히스테리를 부렸다. 그래서 내게 전화를 자주 했다.

"언니 병원에 찾아가서 언니 혼 좀 내줘야겠다. 그런데 지금은 백내장 수술한 지 얼마 안 되어 화를 내면 너무 눈이 아프니까 못 간다. 눈이 회복되고 날씨도 풀리면 새달 고혈압 약도 지을 겸 병원에 찾아가서 언니를 병원 식구들 보는 데서 혼내줘야겠다. 나 하고 싶은 말을 이제는 안 참고 다해야겠다."

내 어머니지만 참 부끄러웠다. '효녀인 큰딸을 칭찬하지는 못할망정 어찌 그리 자녀 속 긁는 건 예나 지금이나 똑같을까? 어머니가 설마 가시겠어? 이러다 마시겠지.' 그런데 얼마 후 새달이 되려면 아직 일주일이나 남았는데, 어느 날 저녁 독기를 품으며 이튿날 당장 병원에 찾아가겠다는 것이다. 언니에게 말을 전하란 뜻이었다. 언니에게 어머니 계획을 전했다. 관계가 더 나빠질 것 같았다. 남동생에게 그간 상황을 알리면서 어머니를 좀 안정시켜달라고 당부했다. 나는 나대로 밤새 해결책을 궁리했다. 인터넷으로 전기 달걀찜기를 주문했다. 비싼 것도 아닌데 그간 전자 제품 하나 못 사드린 내가 죄송스러웠다. 이튿날 점심 무렵 언니로부터 전화벨이 울렸다. 심장이 쿵 했다. 기어코 어머니가 언니 직장엘 찾아가서 대형 사고를 치고 말았나 보다 하고 걱정하면서 전화를 받았다.

"오늘 낮에 우연히 병원 앞 ○○약국에서 엄마를 만났어. 엄마가 혈압약 받고 있더라고. 너한테 들은 말도 있고 해서 좀 긴장되었어. 엄마도 병원이 아닌 약국에서 나를 보더니 어찌 왔냐고 물어. 오빠가 먹는 영양제가 다 떨어졌다고 전화를 줘서 약 사서 택배 부치려고 왔다고 말했지. 그리고 그간 바빠서 엄마에게 소홀해서 미안하다고 말하면서 엄마가 드실 마그네슘 영양제도 한 박스 사 드렸어."

어머니가 병원에 갔어도 언니 근무지를 찾아가 난리를 친 것은 아니었다. 조용히 내과만 들른 뒤에 처방전을 갖고 병원 앞 약국엘 갔는데 우연히 언니를 만난 것이었다. 하늘이 도운 만남이었다. 저녁 때 어머니로부터 전화가 왔다. 목소리가 전날 저녁과 완전히 달라져 있었다. "언니가 저 살기도 바쁜데 오빠를 챙기고 있다."라며 언니에 대한 고마운 마음을 표했다.

어머니가 제일 마음 아프게 생각하는 장남(스님)의 건강을 언니가 소리 없이 챙기는 모습에 크게 감동한 것이다. 그날로 어머니는 언니에게 가졌던 서운한 마음이 다 풀렸다. 게다가 내가 보낸 달걀 삶는 기계도 도착했다고 좋아하셨다. 주말에 달걀 삶는 방법을 알려드리고 같이 외식도 하겠다고 말씀드렸더니, 남동생이 진즉 와서 설명서 보고 삶고 있다며 주말에 오지 말고 푹 자라고 인심을 쓰셨다.

어머니의 서운했던 마음은 자녀들의 효심과 형제지간 우애를 확인한 순간 금세 천국이 된 것이다. 물론 계속해서 안심할 수는 없다. 다음에 또 무슨 일로 심술을 부릴지 모른다. 당신이 사랑을 받지 못한다고 생각하는 순간 깨진 달걀을 탓했던 것처럼, 앞으로 또 엉뚱한 데서 사고가 날 수 있다. 이제 어머니를 돌보는 일은 아이를 돌보는 것처럼 세심하게 돌봐야 할 때가 온 것이다. 그리고 어머니도 사랑받기 위해 태어난 사람 맞다. CCM 〈당신은 사랑받기 위해 태어난 사람〉의 가사처럼, 어머니도 그런 사랑을 받을 자격이 충분한 분이다.

작별 뒤에 사무치는 아버지 사랑

제 4 장

1
—

자꾸만
금전 사고 치는 아버지

아버지, 확실히 치매 맞네요

2022년 7월 29일 금요일 오후를 잊을 수 없다. 걸려 온 아버지 전화에 내가 화를 참지 못하고 엄청나게 큰소리를 퍼부으며 전화를 끊어 버렸기 때문이다. 오전에 먼저 걸려 온 두 통의 어머니 전화는 생방송을 타는 회의 진행상 아예 외면했다. 당시 나는 회의장에서 예산결산특별위원회의 추가경정 예산안 심의를 지원했고 점심시간엔 보도자료를 작성하느라 정말 눈코 뜰 새 없이 바빴었다. 늦은 오후 최종 의결을 마치고 난 뒤에서야 회의실을 나왔다. 이때 아버지 전화가 왔다. 뭔가 불길한 느낌이 들었다. 두 분이 나란히 전화하는 일은 드물었기에.

"이 서방한테 연락 좀 해주라."
"왜 무슨 일 있어요?"
"학교 앞 논을 사기당한 것 같다. 누가 계약서를 써 줬는데…."
"그 계약서 천천히 읽어봐요. 등기소에 알아볼게."

"부동산의 표시 ○○번지, 금액 ○○원."
"돈은 받았어요? 인감도장 찍은 거 맞아요?"
"몰라."
"계속 읽어봐요. 매수자 이름은?"
"2022년 3월 ○○일 K○○."

날짜와 이름을 듣는 순간 실제로 지난 3월 초에 있었던 부동산 매매계약과 매수자 이름이 생각났다. 아버지의 요청으로 5개월 전에 남편이 작성한 부동산 매매 계약서였다. 계약하는 날 내가 친정집 거실에서 사과를 깎아 매수자 손님에게 다과상을 차려 드렸기에 기억이 생생하게 살아났다. 사기가 아니니까 우선 안도의 숨을 쉬고 감사해야 할 일인데 나는 아버지에게 천둥을 쳤다.

"아버지, 확실히 치매 맞네. 동네 K□□님의 아들이잖아. 돈 받은 걸로 내가 전에 농협에서 확인했었고…. 전화 끊어!"

나도 내가 그렇게 큰소리로 무지막지하게 화낼 줄은 몰랐다. 학교 앞 논은 아니고 집터를 실제로 매매한 계약이었다. 사기가 아닌 줄 알았으니 안심시켜 드려야 하는데, 아버지 일로 매번 피곤해했던 내 본심이 튀어나오고 말았다. 아버지가 이 건과 관련하여 몇 달 전에도 동네와 농협을 발칵 뒤집어 놓은 적이 있었다. 농협은 물론 아버지 돈과 관련된 여러 관공서에서 아버지만 나타나면 정말 속이 터졌을 것이다. 아버지가 그 지경이 되도록 방치한 우리 오 남매도 완전히 불효자식으로 낙인찍힐 만했다. 기 천만

원의 행방을 어렵게 찾았던 그날의 악몽이 되살아나서 아버지에게 화가 머리 꼭대기까지 나고 만 것이다.

그해 봄날 아버지는 아버지가 태어난 곳 안집 주변 땅 일부를 동네 K□□님의 요청으로 팔게 됐다. 아버지는 그간 거절했었다. 그런데 어머니가 젊은 사람(K□□님의 아들 K○○)이 집 짓고 우리 동네에 살고 싶어 하니까 파는 게 좋겠다고 아버지를 설득해서 겨우 계약이 성사되었다. 아버지도 어머니의 마음 씀을 좋게 생각하고 당신 기억이 조금이라도 온전할 때 팔겠다며 법무사인 사위를 시골에 부른 것이다. 나도 동행했는데 거래금액은 당사자들이 정해서 이미 다 주고받았다고 말씀하셔서 등기이전 절차를 속전속결로 지원해 드렸다.

이렇게 아버지가 말년에 재산을 차분하게 정리해 나간 줄 알았는데 어머니가 얼마 후 우는 소리로 전화했다. 아버지가 종중 통장에서 돈 몇백만 원을 무단으로 빼 써버렸다는 것이다. 아버지는 통장이 여러 개 있었는데 아버지 명의의 종중 통장을 분간하지 못했다. 어머니가 아버지 대신 거금을 당장에 변상해야 할 판이었다. 어머니가 궁여지책으로 집터를 판 목돈을 기억하고 종중 어른과 함께 농협에 가서 아버지 통장을 조회했다. 그런데 아버지 통장에는 잔액이 없었다. 어머니는 매수자 아버지인 K 씨를 찾아갔다. 혹시 돈을 아버지에게 송금 안 한 것인지를 물었고 K 씨는 아버지에게 송금한 전표를 어머니에게 제시했다. 그런데 돈은 없었다. 일이 점점 더 커지고 말았다. 일련의 상황을 들은 나와 남편은 매수자가 치매 노인인 아버지를 속인 것으로 단정하고 분노했다. 내가 법적 조치를 취하겠다고 하니 어머니는 고의로 그럴 사람은 아니라고 극구 말렸다. K 씨도 놀랐는지 말미를 달라고 했단다.

100만 원과 20만 원 차이는

나도 나름 돈 행방을 알기 위해 농협에 아는 사람을 총동원했다. 가닥을 잡았다. 아버지께서는 돈을 농협 계좌로 입금받자마자 찾아서 집 앞 우체국에 예치한 것이다. 우체국에 돈을 옮겨둔 이유는 농협보다 우체국이 거리상 가깝기 때문인 것 같았다. 유사시 바로 찾을 수 있기에 우체국을 든든하게 생각했다. 돈의 행방을 찾았으니 망정이지 동네 선한 이웃을 범죄자로 몰아갈 뻔했다. 대외적으로 아버지가 치매란 걸 온 동네와 지역사회에 알리는 계기가 되었다.

위 사건 말고도 전에 아버지가 코로나 관련 긴급재난지원 카드를 보관만 하다가 유효기간이 지나 못 쓰자 억울해하며 면사무소와 농협에 가서 호통을 쳤던 일, 하루 종일 통장 거래 내용을 바라보며 공과금이 빠져나간 것을 세금으로 착각하고 너무 많이 빠져나간다며 정부를 비난했던 일, 통장에 어머니가 손을 댔다며 어머니를 도둑 취급하여 파출소에 신고했던 일 등등 크고 작은 사건이 많았다.

한번은 언니가 나에게 전화를 걸어왔다.

"아버지가 우체국에 가서서 통장 찍어보는 재미를 붙이셨어. 우리가 돈을 조금씩이라도 송금해 주면 좋겠어. 얼마 전에 통장 보는 재미를 크게 느끼시라고 아버지께 100만 원을 송금해 드렸는데 아버지께서 '너도 애 셋 키우려면 돈이 많이 들 텐데, 웬 돈을 이렇게나 많이 보냈냐?'라며 전화를 주셨어. 그런데 방금 전화한 사실을 잊고 고맙다고 계속 전화를 해 와서 내가 하루 종일 일을 못 할 정도였어."

언니가 코로나생활치료센터에서 밤잠 안 자고 근무한 수당을 아버지께 흔쾌히 드린 것 같았다. 너무나도 감동적이어서 나도 10만 원씩 보내던 것을 한 번은 20만 원을 송금해 드렸다. 그러나 내가 보낸 돈은 너무 적어서 그런지 아버지의 칭찬 전화를 받지 못했다. 아버지는 100만 원과 20만 원을 구별할 정도의 순간 인지력은 있었다. 서운하지 않았다. 오히려 평생 구멍가게 보신 사장님답게 수는 밝다며 안심했다.

내 아버지뿐만 아니라 많은 치매 환자가 통장과 돈에 집착한다고 한다. 아버지의 경우는 아마도 할아버지의 연대 보증 빚을 상속받아 17년간 갚는 수고를 했고, 평생 구멍가게 셈을 하셨기에 돈에 집착을 보이신 것 같았다. 또 구멍가게 수입은 점점 줄어드는데도 여전히 각종 공과금이 나가니 통장 잔액이 줄자 불안하여 자꾸만 통장을 보았을 것이다. 이후 각종 공과금을 자녀들이 부담하자고 의견을 모아 부모님 부담을 줄여 나갔다.

한편, 내 직장 동료들은 내가 아버지에게 아주 큰 소리로 화내는 것에 놀랐고, 최근에 있었던 내 아버지의 금전 사고 내용을 구체적으로 들으며 치매 노인의 심각성에 한 번 더 놀랐다. 막상 부모님 이야기를 하고 나니 부끄러웠다. 아버지는 나를 법과 행정을 잘 아는 딸로 자랑스럽게 생각하고 누구보다도 믿음이 가서 전화했는데 내가 좀 지나쳤다. 치매를 앓고 있는 아버지를 내가 창피해하고 짐이라고 생각한 것은 아닌지 하고 반성했다. 아버지가 치매란 걸 망각한 나야말로 치매란 생각이 들었다. 안정을 취한 뒤에 전화를 걸어 주말에 찾아뵙겠다고 말씀드렸다. 아버지는 딸이 화낸 사실도 벌써 잊었다. 나의 울적한 목소리를 듣더니 "너 어디 아프냐?"라며 쉬고 오지 말란다. 그날은 몸이 아닌 마음이 정말 아팠다.

2

치매 노인
네 번째 머리 수술 괜찮을까?

아버지가 도와준 마지막 김장 김치 맛

2022년 11월 22일 출근길 아침에 어머니로부터 전화가 왔다.

"진짜로 김장 김치 맛있냐?"
"아주 맛있어."
"내가 먹어봐도 맛있더라."
"엄마 맘이 예뻐진 것 같아. 그래서 옛날 솜씨가 살아났는가 봐."
"좋은 마음 가지려고 노력 중이야."
(이하 중략)
"오늘도 잘 보내셔요."

당시 나는 완주 혁신도시에 있는 국가기관으로 파견 근무 중이어서 매일 아침 10킬로미터를 운전하며 출근했다. 길이 반듯해서 통화에는 지장 없었다. 어머니는 김장을 마치고 난 직후로 피곤할 텐데도 여기저기에 보낸 김장 김치 맛 평을 두근거리는 마음으로 기다리고 있었다.

　가을에 비가 많이 안 와서 걱정했는데 막판에 배추가 잘됐단다. 또 일손이 부족했는데 아버지가 마늘 까기 등 소소한 일을 도와주셨다며 고마워했다. 막내아들은 사골 잡뼈를 고아 드시라며 사다 놓고 갔다며 칭찬했다. 그리고 솜씨 좋은 이웃집 아주머니들이 많이 도와주셔서 수월하게 치른 것 같았다. 큰딸인 언니는 어머니의 몸이 완전히 망가진다며 김장을 말렸건만 어머니는 기필코 자녀들에게 해주고 싶은 마음에 악조건 속에서도 김장을 잘 마쳤다. 나는 아무것도 도와드리지 못했다. 내가 한 일이라곤 다 해 놓은 김장 김치를 맛있게 먹으며 어머니와 이런저런 이야기를 나눈 것이 전부였다. 여기저기서 김장 김치가 맛있다는 평을 들어서 어머니는 무척 뿌듯해했다. 나까지 기분이 좋아졌다.

　11월 23일 아침까지 즐거움은 계속되었다. 그날은 서울에서 살고 있는 동생 생일이었다. 오 남매 단톡방이 생일 축하 메시지로 가득했다. 점심시간에 시골에서 가져온 들깨강정을 동료들과 맛있게 먹으며 즐거운 수다를 떨고 있었는데 갑자기 오 남매 단톡방에 언니가 긴급뉴스를 올렸다.

　"아버지가 두통이 심해서 응급실에 계심. 전과 같이 뇌에 피가 고임. 시술받아야 함. 대학병원에 갈 수 있는지 알아보고 있음."

　더 이상 들깨강정이 고소하지 않았다. 아버지가 50대 초반부터 머리에 출혈이 있어서 무려 세 번의 시술을 받은 적이 있는데 또다시 네 번째 시술을 받아야 한다니 정말 걱정이었다. 계속해서 소식이 날아왔다. 80대 치매 노인이고 머리만 네 번째라니 대학병원이 거절했단다. 자녀들은 포기할 수 없었다. 다행히 아버지는 의식이 있었다. 1992년 늦가을에 있었던 아버지의 첫 번째 수술은 쓰러진 상태였다. 그렇게 절망적이었을 때도 머리를 열고 빨리 피를 제거하여 아버지가 30년을 더 사셨다. 이번에도 잘 회복될 것이라고 낙관했다.

최종 전주에 있는 D 병원에 입원했다. 그 병원 신경외과 과장님은 과거에 아버지를 두 번이나 수술해 주신 분으로 자세한 설명을 해주셨다. 약 4주 정도 출혈이 누적된 상태였다. 예전 수술 부위를 통해 피를 제거하면 괜찮을 것 같다고 낙관했다. 다만 고령으로 뇌에 탄력이 없으므로 수액 등을 넣어 팽창시키면서 호스를 통해 빼내어야 한단다. 시급한 좌뇌부터 수술하고 우뇌는 추이를 보자고 했다.

다음 날 아침 일찍 수술 시간이 결정되어 당일 저녁 여러 가지 검사를 했다. 그런데 아버지가 제정신이 아니었다. 당신이 왜 침대에 누워 있는 줄을 몰랐다. 자유를 박탈당했다고 생각하신 듯 몸부림을 쳤다. 소변줄과 주사에 자꾸만 손을 대어 감염이 우려됐다. 수술을 앞두고 중환자실에서 잠깐 면회 시간을 가졌는데 아버지는 화를 내며 발로 찰 기세였다. 그간 겪었을 어머니의 고통이 이해됐다. 어찌나 공격적이던지 결국 중환자실에서 아버지의 손과 발을 침대에 묶어두었다. 고래고래 고함을 질러 다른 환자들에게 미안했고 민망했다. 그런데 옆의 환자들은 다들 산소 호흡기를 꽂고 있는 고령의 환자들로 죽음을 앞둔 분처럼 보여서 오싹했다. 찌르는 듯한 소변줄과 주사의 고통에 소리를 지르시는 아버지의 모습이, 아이러니하게도 내게는 아직 건강하시다는 신호처럼 느껴져 마음이 놓였다.

수술 후 헐크처럼 변한 아버지

　남원의료원 응급실에 가신 아버지가 집에 돌아오지 않고 전주로 병원을 옮겨서 머리 수술을 받게 됐다니까 어머니가 제정신이 아니었다. 전화기 속 어머니는 아버지가 불쌍하다며 통곡했다. 동네 아주머니와 친척들도 놀라서 같이 울면서 어머니를 진정시켜 주었다. 30년 전 아버지의 첫 번째 머리 수술이 떠올랐다. 1992년 가을에 아버지는 두통이 너무 심해서 여러 병원을 다니셨다. 용하다는 전주의 한 병원에서 진료를 앞두고 대기실에서 쓰러지고 말았다.

　당시 시골 어르신들의 머리 수술에 대한 인지 수준은 낮았다. 머리 수술은 매우 위험한 수술로 돈은 돈대로 들고 사망에 이르거나 식물인간이 된다고 생각했다. 집안 어른들은 당연히 아버지의 수술을 반대했다. 하지만 언니는 한시가 급하다며 의사 선생님으로부터 머리에 고인 피를 빼내면 살 수 있다는 희망적인 말씀을 믿고 수술에 동의했다. 그때 언니 나이가 26세인데 참 당찼다. 반면에 47세의 어머니는 어린아이가 엄마를 잃은 것처럼 시종일관 큰 소리로 엉엉 울었다. 아버지는 그간 어머니에게 단 한 분밖에 없는 보호자였다. 친어머니 없이 서럽게 자라다가 열아홉에 시집와서 아버지랑 동고동락했으니 그럴 만했다.

　아버지의 첫 번째 머리 수술은 잘되었다. 그날의 기억이 생생한데 어느덧 30년 세월이 훌쩍 흘렀다. 언니도 나도 50대가 되었다. 나는 아버지의 네 번째 머리 수술을 앞두고 수술이 잘되길 밤새워 기도했다. 언니와 동생들도 아버지 머리에 고인 혈액이 잘 배출되어 아버지의 마음과 정신이 예전보다 더 좋아져서 치매까지 낫기를 바랐다. 마치 치매 원인이 뇌출혈이어서 고인 피를 제거한다면 분명히 예전처럼 정상이 될 것이라고 믿었다. 또 그간 세 번이나 있었던 머리 수술이 잘되었으니 네 번도 성공하리라고 확신했다.

　다음 날 오전 9시 17분 병원 전광판에 수술 완료 불이 켜졌다. 아버지는 가족을 잘 알아봤다. 의사소통도 잘되었다. 식사도 그런대로 드셨다. 그러나 수술을 한 기억이 없었다. 자꾸만 "내 손에 장갑은 왜 끼었냐?"라고 물었다. 수술 전후 아버지가 주사에 손을 대거나 주먹을 휘둘러서 손을 묶어두거나 손에 장갑을 끼워둔 것이었다. 게다가 병원 환경이 답답하고 고통스러웠는지 점점 폭력과 폭언이 심해졌다. 한 번씩 뭔가에 대한 분노가 극에 달한 모습이었다. 심술 난 고양이가 아니라 헐크의 기세였다. 아버지는 자신을 요양원에 버린 것으로 착각했다. 머리를 수술하여 회복 중이라고 아무리 말씀드려도 금방 잊고서 몸부림을 쳤다. 대소변 처리를 위해 몸에 손만 대도 공격적이었다. 그러다가 어느 순간엔 얌전해지면서 한 번씩 푹 쳐졌다. 한마디로 아버지의 머리 수술은 잘되었지만 치매 증세는 여전했고 우울증까지 찾아온 것 같았다. 언니에게 긴 편지를 보냈다.

　'회복되더라도 폭력적인 아버지를 엄마에게 도저히 보낼 수 없겠습니다. 아버지의 인권보다 엄마의 남은 삶이 걱정입니다. 아버지의 폭력성을 보면 평소 엄마의 생명이 위험했다는 걸 실감했습니다. 엄마는 당신이 조금 더 모신다고 하는데 아버지를 요양병원에 입원시켰으면 합니다. 고모와 친척

들은 어머니에게 더 이상 희생을 강요해서는 안 됩니다. 악역은 제가 맡겠습니다.'

앞으로는 헐크처럼 무서운 아버지를 어딘가에 감금시켜 놓고 유리창 너머로 봐야 할 것만 같았다. 우선 수술 경과가 호전되어 일반병동으로 옮기더라도 가족보다는 전문 간병사가 돌보는 것이 좋겠다고 언니랑 합의를 봤다. 그해 늦가을 자녀들의 고민은 점점 깊어만 갔다.

3

흔들릴지언정
꺾이지 않는 가족 사랑

자상했던 아버지를 그리워하는 시간

아버지가 수술한 병원은 전주역과 전북대학병원 사이에 자리한 D 병원이었다. 전북권 노인들이 대학병원 다음으로 이곳을 많이 찾고 있어 코로나 상황 속에서도 인산인해를 이뤘다. 몰려드는 환자를 수용하기에도 공간이 모자라서인지 보호자가 편히 쉴 만한 마땅한 장소가 없었다. 나는 숨을 쉬기 위해 자주 밖으로 나가 걸었다. 아버지가 중환자실에 계셨고 코로나로 면회가 제한적이었다. 의사 선생님 상담 시간도 수술이라도 있으면 한참 동안 기다려야 했다.

전주종합경기장부터 전북대를 지나 백제로 끝 전주역까지를 수없이 오갔다. 길가에는 한국소리문화의 전당에서 공연될 장사익 선생님의 〈사람이 사람을 만나〉 공연 홍보 베너기가 줄지어 있었다. 마종기 시인의 시, 「우화의 강」에서 영감을 받은 작품으로 직접 보진 못했지만, 아무리 코로나가 창궐해도 사람과 사람 사이에 따스한 정이 흐르길 진심으로 원하는 장사익 선생님의 격한 무대가 펼쳐질 것 같았다. 부모와 자식 사이는 평소엔 따스한 정이 흐르고, 시련이 찾아올수록, 아플수록, 어려울수록 더 끈끈한 정이 흐른다는 것은 두말할 나위가 없을 것이다.

　아버지와 우리 오 남매의 관계는 한마디로 훈훈한 관계였다. 유교문화가 강한 집성촌이었지만 아버지는 자녀들에게 엄하지 않고 대체로 자애로웠다. 아버지가 할머니 댁과 친인척이 몰려 사는 곳으로부터 조금 떨어진 가게로 분가해서 어느 정도 부부와 자녀 중심으로 살았기 때문이다. 가게에서 아버지는 버스로 출퇴근하는 학교 선생님들을 만났는데, 선생님들은 교육의 중요성을 강조했다. 아버지가 어릴 적에 배움에 목말랐기에 자연스럽게 아버지의 자녀교육열은 높았다.

　자녀의 장래 희망이나 직업은 언니를 제외하고는 특별히 강제하지 않았다. 상급학교 진학은 아들딸 구별 없이 공부를 마음껏 할 수 있도록 했다. 1980년도부터 2남 3녀를 순서대로 전주로 유학 보냈다. 입시 날과 학부모 상담 날에는 항상 오셨고 겨울철이면 가스에 중독되지 않도록 꼭 연탄보일러를 점검해 주셨다. 그리고 기본적인 의식주와 학비 지원 외에도 내가 아팠을 때 거금의 병원비를 몇 차례 지원해 주셨다. 건강 관리를 소홀히 했다고 혼낸 적은 없었다.

　고3 때 졸음을 쫓기 위해 밤에 사탕을 수시로 먹었는데 어금니 등 일곱 개 치아 충치가 심해서 눈에 띌 정도였다. 내가 학교 다닐 적에는 전 국민 의료보험 혜택이 없었다. 대부분 약국만 이용했었다. 아버지는 내 아말감 치료비로 쌀 한 가마니라는 상당한 값을 치렀다. 아버지가 화를 내지 않아 오히려 죄송스러웠다. 정확하진 않지만 내 기억에 사립고등학교 1분기 공납금에 해당하는 금액이다.

  또 한번은 내가 대학 시절에 자전거를 타고 가다가 현수막 줄에 걸려 넘어진 적이 있었다. 구토하는 등 증세를 이상히 여긴 친구들이 나를 응급실에 데리고 갔는데 병원비가 문제였다. 할 수 없이 아버지께 연락드렸다. 급히 달려오셨다. 머리 사진도 찍고 약도 지어 주셔서 잘 회복되었다. 내가 직장을 갖게 되었어도, 결혼을 한 후에도 아버지의 큰 사랑은 계속되었다. 2013년도 가을에 내가 개복수술을 할 때에도 아버지가 동네 친척 차를 얻어 타고 달려와 남편과 함께 수술실을 지켜주셨다. 가게 벌이도 넉넉지 않을 때인데 1백만 원을 치료비로 건네주셨다. 이렇게 아버지는 내 보호자 역할에 변함이 없으셨다. 치매 걸리기 전까지 부성애가 넘쳤던 아버지를 추억하자니 눈물이 흘렀다.

  어디 나만 그렇게 키웠을까? 오 남매 모두에게 정성을 다하여 키웠다. 하지만 아버지가 늙고 병들어 머리 수술을 하게 되었는데 만사를 제치고 적극적으로 달려올 자녀가 몇 안 된다. 다들 각자 하는 일이 있어서 어쩔 수가 없었다. 와도 잠깐이었다. 당시 나는 파견자 신분으로 이틀 이상 직장을 쉬기가 눈치 보였다. 늘 경험하는 일인데 집안에 일이 생길 때면 잠잠하던 직장 일도 같이 빨간불이 켜졌다. 언니도 나도 아버지 수술 전후 많은 시간을 낼 수 없었다. 언니는 코로나 최일선에서 환자를 대하는 간호사였고 게다가 나의 경우는 작은아들이 입대를 앞두고 있었다.

  수술 환자가 넘쳐나서 중환자실에 계신 아버지를 통합병동 또는 일반병실로 옮겨야 했다. 통합병동에서 어렵게 하룻밤을 지냈으나 옆 환자가 민원을 제기하여 이튿날 급하게 일반병실로 나왔다. 언니와 나는 간병사를 구하기 위해 복지센터와 플랫폼 업체 등에 백방으로 알아보았다. 그러나 환자는 넘쳐나고 간병사 구하기가 어렵다는 걸 체감했다. 더구나 폭력이 예상되는 치매 할아버지는 기피 대상이었다. 식대와 웃돈을 더 드린다고 해도 몇 차례 거절당했다. 자녀가 못 모시고 남의 손에 맡기다니 부끄러웠다.

부부, 부녀, 자매 사이에 흐르는 사랑

우선 주말에라도 내가 할 수 있는 데까지 해보기로 마음먹었다. 그러나 아들이 입대를 앞두고 있어서 나의 잦은 병원 출입으로 아들이 코로나에 감염이 되는 일은 없어야 했다. 아버지보다 내 아들을 더 보호하고 돌봐주고 싶었다. 갈등이 생겼다. 내가 아팠을 때 아버지는 나를 간호했고 거금도 아까워하지 않았는데 나는 내 아버지보다 내 직장과 내 아들을 우선시했다. 아버지로부터 신뢰와 지지도 많이 받았던 딸인데 아버지가 만일 제정신이었다면 나에게 무척 서운하셨을 것이다.

전주권에서 간병사를 못 구하고 멀리 타도에서 오신 남자 간병사님을 어렵게 구했다. 간병사님은 당신의 아버지를 보살펴 드린 경험이 있었다. 24시간 상주하시면서 아주 능숙하게 잘해주셨다. 이제 자녀들은 각자의 일을 하면서 틈틈이 아버지를 찾아뵈었다. 언니는 가끔 어머니와 아버지를 영상통화로 연결해 드렸다. 두 분이 컨디션이 좋을 때는 견우와 직녀처럼 애틋하게 대화를 잘 이어갔다. 늘 그랬다면 얼마나 좋았을까. 어머니는 한 번씩 내게 전화를 걸어 "속에서 천불이 난다. 아버지가 자식들 고생을 시킨다."

라며 흉봤다. 또 언니에게는 전화를 걸어 "아버지가 불쌍하다."라는 반대의 말을 했다. 어머니는 한마디로 아버지 병세가 호전되면 간병 서비스까지 받으며 편히 계신다고 배 아파했고, 상태가 안 좋아지면 불쌍하다고 난리였다. 자녀들은 아버지를 돌보는 것보다 어머니로부터 전화 받는 걸 더 힘들어했다. 이런 어머니의 모습을 보면 판소리『심청전』의 '뺑덕이네'와 대하소설『토지』의 '임이네' 캐릭터가 떠올랐다. 평소 아버지가 집에 계실 때는 잘해드리고, 아버지가 어쨌든 입원하여 집에 안 계실 때는 의료진과 자녀들을 믿고 좀 쉬면 좋으련만. 수시로 어머니 심리가 변화무쌍했다. '미운 할망구' 하며 속으로 미워했다가도 또 한밤중에 '무섭다. 허전하다.'라는 전화가 오면 어머니가 불쌍했다.

머리 수술한 직후로 아버지의 안정이 절대적으로 필요했기에 아버지 핸드폰을 내 집에 보관해 두었다. 어머니의 히스테리성 전화로부터 아버지를 보호하기 위해서였다. 하지만 두 분이 정상적인 컨디션일 땐 잉꼬부부를 자식이 갈라놓은 것 같아서 심적으로 괴로웠다. 무엇이 효도이고 불효인지 나도 헷갈렸다. 그래도 병원은 다른 환우들과 함께 사용하는 공간이었기에 전화 예절은 지켜야 했다.

한편 언니는 무척 힘든 시간을 보내고 있었다. 근무를 마치고 남원역과 전주역을 매일같이 오가며 병원에 계신 아버지와 시골에 계신 어머니 돌봤는데, 만만치 않은 체력이 소모됐다. 또 걱정하시는 아버지 친구와 친척분들 한 분 한 분을 응대해야 했다. 모두 부부간에는 같이 있어야 한다며 어머니가 아버지를 모시게 했다. 그래서 어쩔 수 없이 그간 비밀로 했던 아버지의 폭력을 설명했다. 인간미 있는 아버지 절친은 어머니에게 아버지를 용서하라고 설득하셨단다. 이 소리를 들었을 때 난 눈물이 핑 돌았다. 친척들은 당연하게 어머니의 희생을 청하셨다. 이러지도 저러지도 못하고 결국에는 삼강오륜에 매여 살 수밖에 없는 어머니가 정말 불쌍했다. 우선 어머니에게 생각할 시간을 주고 싶었다.

언니와 나는 잠 못 이루며 카톡으로 부모님에 관한 오만 가지 생각을 나눴다. 다행히 걱정만 늘어놓지 않았다. 하루 24시간을 직장일 60퍼센트, 자기관리 20퍼센트, 가족관계 20퍼센트씩 이 정도로 잘 배분하며 이 시간을 잘 견뎌보자고 서로 위로했다. 그리고 언니는 내게 다음과 같은 말로 감동을 주었다. 내가 언니에게 하고 싶은 말인데 언니가 항상 먼저 꺼냈다.

"난 동생, 네가 있어서 정말 좋아. 만일 나 혼자였다면 어쨌을까? 네가 있어서 어려울 때 힘이 돼."

4

치매보다
더 무서운 세균 감염

이별을 예고하는 부모님 독백들

아버지의 좌뇌 수술 경과는 좋았다. 우뇌까지 지켜봐야 하기에 약 한 달 간의 입원 치료가 시작되었다. 간병사님이 아버지의 섬망증세를 잘 감당하며 말벗도 해주시고 틈틈이 운동도 조금씩 시켜주셨다. 그러나 빈혈로 점차 거동하기가 어려웠다. 이어서 낙상이 걱정될 정도로 걷기가 위험해서 대소변도 침상에서 봤다. 설상가상으로 입원 일주일 만에 아버지 오른쪽 종아리가 심하게 부어오르며 뜨거워졌다. 다리에 놓은 혈관주사에 세균이 타고 들어간 것으로 추정됐다. 원인을 병원 측에 밝혀 달라고 청할 수 없었다. 입원 초기에 아버지가 수술한 줄 모르고 꽂힌 주사에 워낙 손을 많이 댔기에 어쩌면 아버지의 치매 자체가 원인이었다. 열이 심하게 나서 검사해 보니 항생제 내성균 MRSA가 나왔다. 죽음의 세균이라고도 불려 호전되지 않으면 환자들은 사망 또는 장애에 이른다고 한다. 반코마이신 투여가 시작됐다. 이는 강력한 항생제로 생명을 위협하는 심각한 감염병 치료제다. 종합하자면 자칫 잘못되면 아버지가 치매도 머리 수술도 아닌 세균으로 돌아가시게 될 상황이 되고 만 것이다. 남동생이 의사 선생님 면담 결과를 긴박하게 요약해서 단독으로 쪽지를 보내왔다.

1. 혈액검사결과 : 염증, 항생제내성균
2. 다리염증 치료 목적으로 먹는 항생제 투여했으나, 이제는 주사제로 치료
3. 환자 힘들어함, 항생제 강도 조절하며 주사 치료, 경과 보며 피검사 후 완치 여부 결정
4. 혈액 내 염증은 다른 부위에 감염 시 위험할 수 있음
5. 치료 중 위험하면 중환자실로 (2022.12.8.)

항생제 주사와 영양제 주사를 계속 투여했으나 아버지의 기력이 점점 많이 떨어졌다. 2022년 12월 9일 격리가 필요하여 우여곡절 끝에 언니가 근무하는 남원의료원 1인실로 아버지가 전원했다. 병실이 넓었고 큰 창문으로 하늘과 지리산이 들어왔다. 가족 모두가 대환영했고 안심되었다. 아버지는 피가 부족해서 수혈을 자주 받았고 허리 통증, 오줌 통증, 목마름을 계속해서 호소했다. 점점 진통제를 많이 찾았다.

언니는 아버지가 컨디션이 좋은 때를 알려 아버지와 통화 한 번씩 하라고 권했다. 서울 여동생이 바로 전화했더니 아버지는 동생에게 "건강이 제일이다."라고 열여덟 번을 반복하셨단다. 서울 삼촌께는 "나 걱정하지 말라"고 강조했단다. 남동생은 방호복을 입고서 아버지를 자주 찾아가서 뵈었다. 남동생에게는 어렸을 적에 고생한 이야기를 많이 들려주셨다. 동생은 귀로는 아버지 말씀을 들으면서 손가락으로는 아버지의 횡설수설한 독

백을 카톡으로 누나들에게 브리핑했다. 때로는 아버지의 육성을 녹음해서 보내주기도 했다.

'평생을 큰손자 큰아들로 살아왔다고 이것저것 얘기하시네. 여기가 집인 줄 알았다가 간호사님 보고는 아픈 거 사 갈 사람 없냐고 농담도 하시네. 일곱 살 때부터 지게질만 해서 골병이 들었다. 그래서 허리가 아프다. 소 키우고, 비탈진 벼랑길에서 밤낮 지게질. 증조할아버지는 일찍 돌아가시고, 할아버지는 키만 크고 일도 못 함. 아버지가 지게질만 해서 허리가 너무 아프다고 반복해서 말씀하시네. 죽은 소나무에 약 줘야 소용없다고 하시더니 주사 놔준다고 한 간호사만 기다리네요. 기침 안 나오는 약 달래요. 아까 찾아와서 주사 놔준다고 하니까 얼마나 고마운 일이냐고 하심.'
(2022.12.16.)

이때만 해도 아버지는 어느 정도 의사소통이 가능했었다. 어머니는 가게 문을 잠그고 버스 타고 한 번씩 나오셔서 아버지를 문병했다. 아버지는 어머니에게 "고맙다."라고 말씀하셨다. 자녀들에게도 "느그 어매가 최고다!"라고 하셨다. 어머니는 그 말씀에 무척 고마워했다. 하루는 어머니가 아버지 병문안을 마치고 집에 돌아와서 당신의 마음을 독백처럼 전화로 내게 길게 읊었다.

"아버지가 돌아가실 때가 됐는지 나한테 '고맙다. 최고다!' 하는데 두들겨 패주고 싶었다. 몸 성할 때 말하지, 돌아가실 때가 돼서 말한다. 아버지가 과자 깨 먹듯 돈 다 깨 먹는다. 아버지한테 이제 할 말도 없다. 치매 걸린 사람한테 말해봤자 도끼나 나무에다 대고 하는 격이지. 참 언니가 애쓴다. 부모한테 잘하고 오빠한테도 잘하고. 고것이 퍼주고 인정 있게 잘한다니까. 퍼주는 그런 걸 어찌 날 닮았는지. 언니도 이제 뼈만 남아 안쓰럽다. 너 같은 건 그리 안 하잖아. 너는 네 아버지 닮았어. 제 몸만 알지. 아버지 돌아가시면 나는 어찌 살꼬? 그냥 점방 보고 살아야지."

딱 한마디, "나 좀 집에 데려다줘"

언니는 병원에서 일하면서 쉬는 시간에 틈틈이 아버지를 살폈고 남동생은 저녁마다 병원에 찾아와서 말벗을 해주었다. 나는 평일에는 주로 어머니와 통화하며 말벗을 해드렸고 주말이면 아버지 병원을 다녀왔다. 다행히도 아버지는 나를 알아보셨다.

"건강이 제일이다. 가족 화목이 중요하다. 너는 자녀가 몇이냐?"

외손자까지는 기억 못 했다. 통증이 오면 수시로 "일으켜 달라, 물 달라, 허리 두들겨 달라, 눕혀 달라"고 말씀하셨다. 언니와 남동생이 이를 거스르지 않고 아버지 뜻을 다 받아주고 있었다. 나는 병원에 한 시간만 있어도 지치고 머리가 아팠다. 오래 있을 수가 없었다. 어머니 말씀대로 나는 아버지를 닮았는지 내 몸 아픈 걸 중요시했다. "눈이 많이 와서 기차 타고 가야 한다. 기차 시간 다 되었다."라며 오래 있지 못하고 병실을 나왔다.

크리스마스 이브날 다시 병원에 찾아갔다. 면회가 아주 제한적이었다. 아버지는 마약 파스를 붙일 만큼 고통이 심했다. 눈은 초점이 없고 허공만 바라보셨다. 몸은 앙상해졌고 얼굴은 정말로 해골에 가까웠다. 말은 거의 없어졌다. 딱, 한마디만 안간힘을 다해 말씀하셨다.

"나 좀 집에 데려다줘."
"조금 더 치료받고 양력설은 집에서 쇠시게요."

나도 그 이상 드릴 말이 없었다. 병원에서 크리스마스를 맞는 아버지를 하나님이 치유의 손길로 따스하게 품어 주기를 간절히 기도했다. 감염병이기에 아주 짧은 면회만 마치고 나왔다. 아버지가 그렇게 가고 싶어 하는 집을 내가 대신 가보았다. 아버지가 집 떠난 지 벌써 한 달이 된 날이었다. 어머니가 가게 문을 잠그고 어딜 가셨는지 나는 장시간 밖에서 가게 형상을 바라보았다. 엊그제 내린 눈이 녹아 도로가 질퍽했다. 잠시 후 어머니가 오셨는데 안집을 다녀오셨단다. 아버지가 돌아가실 것을 대비해서 어머니가 뭔가를 정리하는 느낌이 들었다. 찾아오는 손님도 거의 없고, 한 달 동안 아버지가 집에 안 계시니 어머니도 많이 야위었다. 그래도 어머니가 털모자를 쓰고 전동차를 타고 돌아오시는 모습이 얼마나 반가웠는지 모른다. 모자가 예쁘다고 말씀드렸더니 어머니가 뜻밖의 말씀을 하셨다.

"증조할머니, 증조할아버지, 할아버지, 할머니까지 모두 추운 날 돌아가셨지. 우리 집은 겨울에 제사가 많지. 아버지에 이어 나까지 뇌출혈로 쓰러지면 자식들 고생할 것 같아서 머리에 모자 쓰고 다닌다."

정말 고마웠다. 어머니는 긴긴 겨울날 밤잠을 못 주무셨다. 외롭거나 무섭거나 아버지에게 못해 준 것에 대해 괴로워하셨다. 그럼에도 자식들을 위해서 기운을 냈다. 어떻게든 활동하시며 몸 관리를 잘하시는 어머니를 보니까 힘이 났다. 평소 아까워하던 난방보일러도 따뜻하게 돌리고 계셨다. 한숨 따뜻하게 잤다. 난방 가동은 동네 친척들이 자주 찾아오셨기 때문이란 걸 곧 알 수 있었다. 말씀을 들어보니 아버지를 보고 싶어 하는 친인척과 동네 어른들이 많았다. 면회가 엄격히 제한되고 있어서 친척들도 짐작하신 듯 걱정이 많았다. 친척들은 아버지를 너무너무 그리워했다. 얼굴 한 번이라도 보고 떠나보내고 싶어 했다.

모든 사람과의 마지막 이별 장소로 어머니는 집을 생각했다. 아버지도 간절히 집을 원했다. 여행을 갔더라도 금세 돌아오고 싶은 것이 집이다. 병원에 있을 땐 더 간절하다. 누가 삶의 끝자락을 병원에서 보내고 싶겠는가? 아버지가 집을 그리워하는 마음은, 사랑하는 가족 품에서 생을 마감하고 싶어 하는 마지막 소원이었다. 하늘이 들어줄 것으로 믿었다.

5

병자를 지키는
늙은 충견

더 이상 다툼은 없고 애잔한 추억만

아버지가 2022년 연말을 견뎌주고 2023년 새해를 맞아줘서 얼마나 고마웠는지 모른다. 언니와 남동생이 수시로 아버지 건강 상태와 사진을 단톡방에 올려주었다. 1월 6일은 아버지가 침대 아닌 소파에서 눈을 반쯤 뜨고 주무시고 어머니가 아버지의 뼈만 남은 다리와 팔을 물끄러미 바라보는 사진이 왔다. 소리 없는 울음이 느껴졌다. 두 분 사이엔 더 이상 다툼이 없었다. 애잔한 평화였다.

나는 순간 미켈란젤로의 〈피에타〉가 떠올랐다. '피에타'는 이탈리아어로 슬픔, 비탄을 뜻하는데 성모 마리아가 십자가에서 내려진 예수 그리스도의 시신을 떠안고 비통에 잠긴 모습을 묘사한 예술품을 통칭한다. 죽음을 앞둔 아픈 자녀를 바라보는 세상 어머니는 모두 성모 마리아가 된다. 어머니에게 뼈만 앙상하게 남은 아버지는 아들과 다름없었다.

아주 오래전 이야기지만 자녀와 관련된 어머니의 울음 몇 개가 기억났다. 어머니는 애초에 아들 셋과 딸 셋을 두셨는데 둘째 아들이 아기 때 죽어 오 남매가 되었다. 1970년대 초반 어느 겨울 저녁이었다. 당시 전기가 안 들어와 호롱불과 촛불로 살았던 시절이다. 어두워서 기억이 더 선명했다. 아버지와 어머니가 밖에서 가게 문을 열고 들어오더니 어머니가 엉엉 울었다. 죽은 아기를 야산에 묻고 돌아왔다는 직감이 들었다. 한겨울에 제사가 많아 어머니가 안집에서 일을 하다 보면, 가게에 있는 아기에게 제때 젖을 못 물렸던 것 같다. 동생은 허약했고 결국은 독감을 이기지 못하고 죽었다.

2년 후 어머니가 만삭이 되었는데 동네 아주머니들이 어머니 배를 보며 틀림없이 아들 같다며 어머니를 위로했다. 오빠 다음에 언니가 태어나고 내가 태어났을 때 할아버지는 또 딸이라며 화가 나서 고함을 쳤단다. 할머니는 다음에 남동생을 보라며 내 이름을 'ㅇ남(男)'이라 작명했다. 하지만 다음에도 여동생이 태어났다. 이렇게 내리 딸 셋 다음에 태어난 남동생 죽고 난 뒤의 임신이라 온 동네의 관심사였다. 막내가 태어난 날을 기억한다. 자고 일어나니 어머니 옆에 갓 태어난 아기가 울고 있었다. 아버지는 남동생이 태어났다며 기뻐서 콧구멍이 정말 벌렁벌렁했다. 아버지는 남자 체면을 구기고 어머니가 안 계실 때는 동생을 늘 포대기에 업고서 가게를 봤다. 막내는 오 남매 중 유일하게 원기소 영양제를 먹으며 자랐고 유치원을 다녔다. 동생을 질투하지 않고 귀하게 여겼다. 오늘날 그 막내가 장남 스님을 대신해서 가까운 곳에서 살면서 효도하고 있다. 물론 남동생 내외는 다소 어깨가 무거울 것이다.

또 한 번의 어머니 울음은 여동생과 관련이 있다. 나는 어머니의 희로애락을 잘 파악하는 편인데 2013년 1월엔 어머니 울음을 오판했다. 직장에서 한창 일하고 있었는데, 어머니가 전화를 걸어서 여동생 이름을 말하더니 더 이상 말을 못 하고 울기부터 시작했다.

"ㅇㅇ이가…."

순간 내 여동생이 죽은 줄 알았다. 여동생이 그즈음 큰 수술한 직후였기 때문이다. 얼마나 긴장하고 걱정했는지…. 한참을 울다가 어머니가 드디어 말했다.

"ㅇㅇ이가 교원 임용고시에 최종 합격했단다."

나는 두 번이나 기뻤다. 여동생이 살아 있어서 좋았고, 동생이 어머니의 오랜 소원을 이뤄줬기에 기뻤다. 딸 셋 중에 제일 예쁘고 똑똑한 셋째 딸이 유학까지 다녀왔는데 오래도록 취업이 안 되어 상심이 컸었다. 어머니가 딸의 직업으로 선생님이 되기를 원했던 이유는 아마도 한때 선생님이었던 친정어머니에 대한 막연한 그리움이 있었기 때문인 듯하다. 어머니는 평생 유교문화 속 가부장 제도하에 살았기 때문에 딸들이 경제력을 갖고 자주적으로 살아주길 바랐다. 어머니 소원대로 딸들이 그렇게 살고 있다. 다만 외손주들이 어린 시절에 정서적으로 안정적인 환경에서 자라지 못한 점을 안타까워했다. 또 부모님이 병원에 입원했을 때 그 누구도 전적으로 돌볼 수 없는 걸 받아들일 수밖에 없었다.

아버지 삶의 종착역

아버지 임종이 가까운 2023년 1월 한 달 동안 남원과 전주를 자동차, 버스, 기차로 수없이 오가며 추억 속으로의 시간여행을 많이 했다. 2009년도에 봤던 영화 〈벤자민 버튼의 시간은 거꾸로 간다〉까지 떠올렸다. 오래전에 영화를 봤을 때 당시 나는 아이를 키우는 젊은 엄마였고, 친정 부모님은 60대 중후반으로 건강하셨다. 내 부모님이 잠깐잠깐 아프시긴 했어도 영원히 중년일 것만 같은 안도감이 있었다. 그래서 영화 초반에 나오는 어두운 양로원 분위기가 싫었다. 노인을 시설에 맡기는 것 자체가 먼 남의 나라 일만 같았다. 그때만 해도 우리나라는 요양원이나 노치원이 보편화되지 않았다. 설령 있었다고 할지라도 도심 밖 한적한 곳에 자리했다. 그런데 지금은 고령화 시대로 도심 속 주택가나 상가에 자리한 노인복지센터가 사랑받는 세상이다. 부모와 자식이 서로 가까운 곳에 머물고 싶은 것이 인지상정이다. 어느덧 우리나라도 사람 사는 곳에 당연히 있어야 할 필요한 시설이 되어 과거의 유치원도 빠르게 노치원으로 변신하고 있다.

내 아버지가 여든이 넘고 치매에 걸리신 뒤에야 〈벤자민 버튼의 시간은 거꾸로 간다〉 영화를 깊이 있게 감상하게 되었다. 다시 보기를 했다. 영화를 보는 내내 인생은 희로애락의 연속이지만, 매 순간을 행복하게 최선을 다하여 살아가는 것이 답이란 생각을 했다.

영화 속 명대사가 떠오른다. 주인공 벤자민은 사랑하는 사람 데이지에게 "난 지금 이 순간의 우리 모습을 기억하고 싶어."라고 말한다. 순간 나는 궁금해졌다. 아버지는 어느 순간을 오래도록 기억하고 싶으실까? 나는 아버지의 어떤 모습을 꼭 기억하고 싶을까?

또 한 장면으로 벤자민이 보통 사람과 다른 외모로 위축되었을 때 양어머니 퀴니가 위로해 주는 말이 있다. 사람마다 걸어가는 길은 다르지만 결국 인생의 종착지는 같으니, 자신의 길을 믿고 묵묵히 가면 된다고. 아버지는 시작도 아닌 이제 삶의 종착역을 향해 가는데, 나는 절망 속의 아버지에게 어떤 위로의 말을 해줄 것인가? 정말 가슴이 먹먹했다.

영화와 내 현실이 엉켜버린 느낌이 들었다. 점점 아버지 인생의 시계가 얼마 남지 않았음을 실감했다. 아버지 병문안을 마치고 돌아오는 길은 언제나 슬펐다. 전주역에서 내릴 때는 아버지의 종착역을 마주하는 것 같았다. 자가용을 타고 돌아오는 길에는 저녁노을을 바라보았다. 아버지의 해가 지는 같아서 마음이 울적했다. 마음이 무거워 속도를 낼 수가 없었다. 서전주IC 근처 졸음쉼터에서 많이 쉬었다. 예전엔 지는 해가 오렌지색 같고 진한 달걀노른자 같다며 예쁘게만 바라봤는데, 그때는 아버지의 꺼져가는 마지막 혼불 같았다.

고맙게도 아버지는 음력으로 섣달 마지막 주간에 고열이 잠시 내렸다. 의료진에게 부담을 주지 않고 병원을 떠날 수 있는 절호의 기회를 놓치지 않았다. 모두 아버지가 조금만 더 버텨주시길 바라는 마음이 간절했었다. 설을 집에서 맞이하게 되었다. 아버지의 마지막 소원이 고향 사람, 정든 사람을 보고 돌아가시는 것이었다. 양쪽의 소원대로 일가친척들도 아버지 살아생전의 얼굴을 한 번씩 볼 수 있었다. 어른들은 아버지 침상에서 모두 눈물을 꾹 참았다. 그리고 방문을 나와서는 뜨거운 눈물을 흘렸다. 춥고 배고

팠던 일제강점기 어린 시절부터 6·25까지 같이 무사히 넘겼고, 또 2020년대까지 평생을 한동네에서 같이 살아오신 피붙이 같은 분들이었다.

아버지가 돌아가시기 전 마지막 설 연휴 끝자락인 1월 24일에 나는 성탄절 선물로 받은 포근한 담요를 가지고 갔다. 하얀 눈이 오는 밤, 조끼를 입은 강아지들이 눈을 바라보며 뛰노는 그림이 있는 참 예쁜 담요였다. 어머니가 아버지에게 동물 그림이 있는 귀여운 잠옷을 입혀드렸기에 그 담요를 덮어드리면 아주 잘 어울릴 것만 같았다. 어머니에게 맡긴 뒤 나는 아버지 방에서 유튜브로 '병자를 위한 기도'를 계속 들려드렸다. 어두워지니 남동생이 아버지 옆에서 자려고 왔다.

늦은 밤 남동생이 카톡 사진 한 장을 보내왔다. 하루 종일 손님맞이와 아버지 돌보느라 지친 어머니가 아버지 방문 앞에서 아무렇게나 주무시는 모습이었다. 내가 드린 담요를 덮고서 말이다. 개띠 할머니가 개 그림 이불을 덮고 자는 사진이 정말 우습고 재미나게 보였다. 그러다가 점점 '병자를 지키는 충견'처럼 보였다. 아버지의 숨소리가 이상하면 본능적으로 눈을 뜨는 충직한 경비견 말이다. 어머니 홀로 아버지 병간호와 임종을 감당하기엔 벅차서 저녁마다 언니와 남동생이 번갈아 가며 시골집에서 잠을 잤다. 아버지는 그렇게 가족 품에서 2023년 2월 7일 저녁 조용히 눈을 감으셨다.

6

2000년도
60세 일기를 남겨주신 아버지

아버지의 환갑 해 2000년도 일상들

1940년생 용띠 아버지가 쓴 2000년도 일기장이 발견되었다. 아버지가 일기를 썼으리라고는 아무도 몰랐다. 2023년 2월 12일 일요일 오후 남동생이 아버지 유품을 정리하다가 발견했다며 일기 몇 장을 사진으로 보내줬다. 일기장은 동부한농화학㈜의 2000년도 업무노트였다. 날짜별로 짤막하게 하루하루 일상을 적은 것인데 아버지의 모습이 눈에 선했다. 사진 속 일기를 확대하여 읽었다. 일기가 솔직담백했다. 아버지가 참 자랑스럽고, 행복한 중장년기를 보내셨음을 알 수 있었다.

2000.1.10. (月)
전주 양실(나의 작은 고모)에게 청국장과 함께 동치미 김치를 막내(내 남동생) 차로 보냈다. 나누어 주는 안식구(나의 어머니)의 성의가 항상 고맙게 생각된다.

2000.1.11. (火)

○ 男 모자(개명 전 내 이름)를 막내(내 남동생)가 사돈댁 마을에 가서 데려왔다. 개 두 마리를 개 장사한테 38만 원에 매각. 벼 종자 40kg 두 가마를 오**씨에게서 가져와 김**과 한 가마씩 나누었음. 가마당 가격 56,000원대를 지불함.

2000.1.12. (水)

마늘밭 풀 제초를 하였다. 오후에는 안식구 병원 치료하였음.

2000.1.13. (木)

오전 12시 남원광한루 식당에서 애연회(담배소매인) 총회, 오후에는 면 보건소 사무용품을 D문구사에서 구입하였고 D사 자제가 승용차로 집에까지 태워다 줬다.

2000.1.14. (金)

새마을협의회 남녀지도자 도지회 행사비 142,500원을 송금함. 오후에는 파동을 방문 김**씨댁 농기구를 구경하고 구입비 35,000원을 송금함. W 식당에서 동네 형, 면장, 파출소장, 지도소장, 이장, 중대장과 병어회와 개구리튀김을 시식함. 막내아들 성적표를 받아보았다. 그 순간 기쁨은 이루 말할 수 없다. 모두가 A 학점! 장하다.

2000.1.15. (土)

아침 식사 후 안집 개 막사를 청소하고 마늘밭 일을 하고 점심 식사 후 이발을 했다. 황 서방, 이 서방 내외가 다 왔다. 오후 7시경에는 남원의료원에 입원한 노** 문병을 다녀왔다. 오전 12시경에 유학 중인 딸 △△(내 여동생)에게 50만 원 송금.

2000.1.16. (日)

돼지 새끼를 ◇◇형님(일가친척)댁에서 우리 개막에다 옮겼다.

2000.1.18. (火)

오늘은 막내아들 생일날이다. 너무도 유순하고 효성스러운 아들이다. 너무나도 감격스럽다. 오후에는 면장님과 대화를 나누는 중 ◎◎대부님(나의 증조부 항렬)이 오셔서 대화를 끊고 헤어졌다.

2000.1.22. (土)

오늘은 안**의 아들(나의 큰시누이 아들)이 의료원 입원 중이다. 이 서방(내 남편)이 양친(내 시부모님)을 모시고 문병을 간다고 하기에 나도 동승하여 문병하였다. 서울에서 S형님(일가친척)께서 ◈◈계 문제로 전화가 왔다.

2000.1.23. (日)

오늘은 아버지(내 할아버지) 기일 날이다. 광주 동생(내 작은아버지) 내외가 왔고 밤에는 전주 숙부님과 사촌 동생들이 조카랑 왔다. 양실(내 작은고모) 내외가 왔고 양 서방은 다시 사돈댁으로 갔다. 밤 10시가 넘어 아버님 제사를 모셨고 전주 숙부님은 밤 11시가 넘어 전주에 올라갔다. 대전 신탄진 누님(내 큰고모)은 편찮으셔서 참석은 못 하고 조기와 돈을 보내줬다. 서울 큰동생(스님 삼촌)과 장남(스님 오빠)은 못 왔다.

2000. 1. 24. (月)
　오전 10시 30분 남원행 버스를 타고 세무서에 가서 부가세 신고를 하고 전 소방대장 모임에 참석했다. 춘향문화예술회관에서 시장님이 출연한 춘향전을 관람했다. 부면장님(집안 형님), 면장님을 만나 차를 타고 같이 돌아왔다. 면사무소 앞 식당에서 소주 2병을 나누었다.

왕대밭에 왕대가 난다

　일기장에는 오 남매, 아버지의 친동생들, 사촌들, 친척들, 면사무소 공무원, 소방대원들까지 많이 등장했다. MBC 드라마 〈전원일기〉를 보는 듯했다. 심지어 안집에서 키우는 개와 돼지 등 시골 농가 부업인 가금류와 동네 식당 술안주까지 자세히 기록하셨다. 개구리튀김을 시식했다는 대목에선 정말 웃음이 '빵' 터져 나왔다. 키우던 개와 돼지를 팔아 살림에 보탰고, 딸 유학비 송금과 주변인 문병 등 모든 인간관계에 자상한 아버지였다.
　계속해서 읽어 내려갔다. IMF 경제위기 여파를 아버지가 어떻게 느끼고 대응했는지를 알 수 있었다. 설 선물 특수 경기가 사라졌음에도 집안 가장으로서나 유지로서 마땅히 할 일은 다 하셨다. 25년 전 설날 아침 친정집 차례 풍경과 세배꾼 규모도 가늠되었다.

2000. 2. 3. (木)
　금년은 경제가 어려워 장사가 잘 안 될 것이다. 하여 선물 준비를 아예 안 하는 편이다. 적십자회비 4,000원을 이장에게 주었다.

2000. 2. 4. (金)
음력 1999년 섣달 그믐이다. 경제가 어려워 선물 사 가는 사람도 옛 날 같지 않다. 정치 경제가 불안하여 서민 생활이 어려워 걱정된다. 우물 파는 정 사장이 왔기에 차액 250,000원을 지불하였다.

2000. 2. 5. (土)
오늘은 경진년 음력 설날! 어느덧 61세 환갑 해를 맞이하는 날이다. 안식구와 같이 어머니(내 할머니)께 세배를 드렸고 막내아들의 세배를 받았다. 장자(내 오빠)는 출가하여 수도 생활하고 있고, 큰딸(내 언니)과 둘째 딸(나)은 시집가서 아들 하나씩을 낳아 살고 있고, 셋째 딸(내 여동생)은 프랑스에서 유학 생활을 하고 있다. 동생 내외(내 작은아버지)와 남매(내 사촌 동생)랑 설 차례를 지내고 동네 어른께 세배드렸다. 연로하신 어머님이 계시기에 일가친지들이 세배를 많이 왔다. 양 서방 내외(내 작은고모)와 아들 형제(내 고종 사촌)가 왔다. 전주 숙부님 가족(내 종조할아버지 가족)은 못 오셨다. (이하 생략)

알뜰살뜰한 농부와 구멍가게 사장님을 겸한 아버지는 정말로 하루하루를 내실 있게 살아오셨다. 일기를 읽는 동안 훈훈했고 술안주는 흥미진진했다. 내가 평소에 느껴온 아버지 모습 그대로였다. 아버지는 큰집 종손으로서 의무를 다했고, 지역사회 유지로서도 대내외 활동을 활발하게 잘해오셨다. 이는 어머니의 헌신 덕분이었다. 가게를 비운 아버지를 대신해서 가게 보기도 바빴을 텐데 할머니를 모시고 있었다. 생신과 제사 그리고 명절 때마다 어머니의 큰며느리 역할은 정말 어마어마한 부담이었을 것이다. 어머니의 딸인지라 조금이라도 어머니의 삶을 대변한다.

한편, 아버지의 속마음을 알 수 있었다. 여동생(내 작은고모) 반찬을 챙겨주는 아내(내 어머니)의 성의를 고마워했고, 막내아들에 대한 사랑은 아주 특별했다. 장자인 오빠가 출가하여 막내에게 더 큰 사랑을 쏟았으리라고 생각된다. 동생도 아버지에 대한 효심으로 첫 근무지였던 인천광역시 공직을 반납하고, 다시 고향 남원시 공직에 응시하여 아버지에게 장자 역할을 했다. 참으로 고마운 동생이다. "왕대밭에 왕대가 난다."라는 속담처럼 훗날 남동생이 병중의 아버지께 해드린 효도는 정말 지극정성이었다. 반면에 나는 효녀와 불효녀 사이를 오가는 흔들리는 갈대였다. 불효하면 사후에 운다더니 자꾸만 뜨거운 눈물이 흐른다.

7

아버지 49재 날
스님의 제망형가

새 울음이 슬프고 슬픈 날

나는 기독교인으로 아버지 49재에 참석하지 않았다. 독하게 마음먹었는데도 하루 종일 울적했다. 내 여동생이 카톡으로 청화 스님께서 아버지 영전에 바친 시 「새 울음이 슬프고 슬픈 날」을 보내왔다. 아버지와 청화 스님 사이는 형제지간이다. '제망매가(祭亡妹歌)' 아닌 '제망형가(祭亡兄歌)'를 지은 것인데 제목만 봐도 눈시울이 뜨거웠다. 동생도 스님의 시를 보고 많이 울었다고 한다. 생과 사를 바라보는 관점은 다르더라도, 이생에서 형님과 아버지를 잃은 동생과 딸들의 슬픔은 통했다.

봄눈이 녹는 산
겨울이 가는 물소리 따라
팔십여 년 닳은 신발을 벗고
안개 속 그 어디로 가신 것입니까

분명히 가시었으되
젖은 흙에도 발자취가 없고
마른 모래에도 흔적이 없으니
그것이 죽음인 것입니까

살아 있음이 문득
고목의 한 점 황혼빛 같아
빈 둥지를 우는
새 울음이 슬프고 슬픈 날

눈물 섞어 드립니다
마시면 몸도 마음도 다 녹아
다시는 생사가 없는
이 한 잔 해탈의 잔.
- 청화 스님, 「새 울음이 슬프고 슬픈 날」

    2022년 11월 말 아버지가 전주에서 입원하셨을 때다. 간병사님이 나에게 'ㅇㅇ'가 누구냐고 물었다. 밤새 잠을 안 주무시고 다섯 자녀 이름을 하나하나 부르며 당신을 병원에서 내보내 달라고 했단다. 그런데 자녀가 아닌 것 같은 한 사람을 더 부른 것이다. 바로 서울에 계시는 스님 삼촌이었다. 아버지는 병원을 요양원으로 착각한 것 같았다. 자신을 탈출시켜 줄 피붙이로 자녀와 동생을 떠올린 것이다. 얼른 전화를 연결해 드렸다. 스님은 아버지가 안정을 취할 수 있도록 평안한 어조로 형님이 이 세상에서 가장 다복한 분이라고 위로를 해드렸다.

그 뒤 얼마 안 되어 스님께서 내 여동생이랑 병문안을 오셨다. 스님은 병실에서 다정다감하게 형제의 정을 나눴는데, 병실을 나오자마자 계단으로 통하는 비상문을 열고 털썩 주저앉아 대성통곡을 했단다. 전해 들은 나도 가슴이 찡했다. 평생을 수행해 오신 스님의 눈물이 아닌 이별을 예감한 동생의 뜨거운 눈물이었으리라. 스님은 아버지 장례 때는 오지 않았다. 스님이 형님 장례식장에서 울어서는 안 된다는 법이 있는 것은 아니지만 안 오시길 정말 잘했다. 아버지와 어린 시절을 같이 했던 60~70대의 사촌 여동생들과 80대의 친척 할머니들이 나를 붙잡고 어찌나 펑펑 울던지 눈물바다가 되었다. 내가 너무 당황해서 정작 딸인 나는 울 수 없었다. 막내 작은아버지는 장례가 끝날 때까지 울지 않았는데 장례 후 너무 슬퍼서 말이 없어지고 아파 눕게 되었다. 오랫동안 큰집 장손으로, 형님과 오빠로서 집안의 정신적인 구심체 역할을 해오셨던 아버지를 잃은 피붙이들의 슬픔과 영웅 같은 아버지의 아우라가 새삼 크게 느껴졌다.

아버지와 스님 삼촌이 살아온 인생은 전혀 다른 길인데도 우애가 참 남다르셨다. 아버지는 고향을 떠난 동생을 원망한 적이 없었다. 스님은 내 아버지가 가난한 집 장남으로 태어나 평생 고향을 지키며 우직한 황소처럼 살아오신 것에 대해 늘 죄송한 마음과 고마운 마음을 갖고 있었다. 그래서일까? 자신의 불행했던 어린 시절을 떠올리며 조카인 우리 오 남매를 어렸을 때부터 지극히 사랑해 주셨다.

문학의 꿈을 주신 제2의 아버지

　스님은 고향에 오실 때 어머니(내 할머니)의 마음이 아프지 않게 양복과 베레모를 쓰고 오셨다. 근엄한 승복이 아니어서 어린 조카들도 자연스럽게 삼촌을 따랐다. 1970년대에 시골에서 보기 드문 아주 귀한 바나나를 자주 사들고 오셨다. 삼촌이 오신 날은 우리 집은 잔치 날이었다. 삼촌이 반가운 것인지 바나나가 더 반가운 것인지? 둘 다였다.
　스님의 성장기였던 1940~1950년대 시골 어린아이는 그저 작은 일꾼이었다. 감수성이 풍부한 삼촌은 소년 시절에 시를 좋아했다. 산에서 땔감을 마련하고 들에서 소에게 먹일 풀을 베야 하는데 절에서 들려오는 풍경소리에 이끌리어 사찰 단청 아래에서 깊은 명상에 잠기곤 했다. 어른들로부터 늘 야단맞는데도 끝내는 시로 부푼 가슴을 주체할 수가 없어 집을 떠나 시를 쓰는 스님이 되었다. 1978년 한국일보 신춘문예에 시조 「채석장 풍경」이 당선되었다. 흑백 TV를 상품으로 받아 할머니가 사시는 안집에 설치해 주셨다. 당시 내가 초등학교 4학년 때였다. 금의환향하는 장면이 떠올랐다. 할머니의 멍든 가슴을 풀어주셨다. 친정 동네가 배출한 최초의 시인이요, TV 설치도 최초였다.

　이후에도 스님은 시조 시인, 수필가로 문인 활동을 계속하셨다. 원고료를 받으면 대학에 다니는 조카들에게 용돈으로 주셨다. 이렇게 다정다감한 스님이 1980~1990년대 격동의 시대엔 민주화운동과 종단개혁에 앞장섰다. 실천불교승가회, 참여연대 활동을 하신 행동파 스님이었다.
　친정아버지께서 고향을 지키며 모친 봉양과 오 남매 뒷바라지에 최선을 다하는 동안에, 스님 삼촌은 서울 한복판에서 시대정신을 조카들에게 간접적으로 일깨우며 청년의 꿈을 북돋아 주셨다. 한마디로 아버지는 내게 두 분이었다.

스님은 내가 국문학과에 진학하자 내심 반가워하셨다. 『세계문학전집』과 『한국문학전집』 등의 세트 도서 할부금을 대납해 주셨다. 방학 때면 절에 찾아가 일주일 이상 머물다 왔다. 스님은 한 번씩 개인 시간을 내시어 시골뜨기인 나에게 경복궁, 미술관, 영화관, 인사동 등 서울시티투어를 기꺼이 해주셨다. 불교 공부는 절대 권하지 않았다. 언제나 환한 웃음만 주셨다. 밤에는 뜨거운 커피를 손수 끓여 주시며 긴긴밤 대화시간을 가졌다. 첫사랑 이야기도 들려주셨고, 작성 중인 법회 원고와 잡지 기고문 초안도 읽어보라 하셨다. 내가 먼저 졸면 그것도 귀엽게 봐주셨다. 친정 동네 어른들은 대체로 딸들을 밥하고 빨래하고 청소하고 남동생까지 돌보는 가사도우미 혹은 일찍 취업하여 돈을 벌어오는 살림 밑천으로 여겼다. 유일하게 서울 스님만 조카딸들에게 소녀와 숙녀 대접을 해주셨다. 사람에겐 먹고사는 일보다 꿈이 더 소중함을 일깨워 주신 참으로 고마운 분이었다.

스님은 형수가 되는 내 어머니에게도 각별했다. 가난한 집으로 시집와서 고생하신다며 어머니를 항상 인격적으로 대우해 주셨다. 농촌에 사는 여성들이 가부장제도 아래에서 이중삼중으로 고생한다는 것을 할머니 삶을 통해 일찌감치 체험했기 때문인지 스님 삼촌은 친여성주의자였다. 어머니는 스님이 사가에 오시는 날엔 시동생에 대한 의무가 아니라 자원해서 고마운 마음으로 정성을 다해 진수성찬을 차리셨다. 팔순이 된 지금에도 손수 농사를 지어 한겨울 동안에 드실 청국장과 김장 김치 그리고 간식거리 깨강정을 절에 보낸다.

　한편, 스님의 오빠에 대한 사랑은 아주 특별한 결과를 낳았다. 오빠는 상대 졸업 후 절에 공부하러 갔는데, 회계사 공부보다 수행에 더 집중하여 출가하게 됐다. 오빠는 학창 시절부터 명상과 수련을 좋아했었다. 여동생도 스님 삼촌의 영향을 어느 정도 받아 불문학과 국문학을 전공했다. 현재 교사로 스님은 아니지만 평생을 독신으로 청초하게 살고 있다.

　나도 공직의 길을 걸으며 짬을 내어 글쓰기를 하고 있다. 종교만 스님의 영향을 받지 않았다. 나는 40대까지 일벌레로 살아오다가 질병이 계기가 되어 기독교인이 되었다. 내가 기독교인이라고 스님 오빠에게는 밝혔으나 스님 삼촌께는 아직 말하지 않았다. 신앙에 자신이 없어서가 아니라 스님 삼촌과의 추억을 오래오래 간직하고 싶어서다. 아무튼 나도 나이가 들어서인지 피붙이에 대한 마음이 각별해진다. 내 동생들이 오래오래 건강하고, 세상 떠나는 순서를 지켜줬으면 하고 바란다. 그리고 내게 문학과 지성이라는 꿈을 주신 제2의 아버지 스님 삼촌과, 사진예술과 생업 속에서 디스크를 앓다가 자연인으로 귀농한 막내 작은아버지도 건강하게 천수를 누리시길.

8
―

하나님 마음을
닮아 가는 아버지들

아버지는 위대한 상인, 금메달감

2024년 8월 14일부터 16일까지 울산에서 열린 제50차 CBMC 한국대회를 남편과 함께 다녀왔다. '오라, 즐거이 외치자.'(시편 95장 1절)라는 주제 아래 모든 행사프로그램이 알찼다. 그중 방송인 오미희 선생님의 신앙 간증이 오래도록 감동적이었다. 그녀는 마라토너 리마 선수의 올림픽 경기 영상부터 밀레의 명화 〈만종〉, 그리고 이채 시인의 시 「아버지의 눈물」까지 다채롭게 보여주며, 하나님과 함께한 자신의 삶을 담담하게 이야기했다. 집에 돌아와서 나는 그녀의 간증을 여러 차례 되새겼는데, 내 신앙심과 아버지에 대한 감사한 마음이 더 깊어지는 은혜로운 시간이었다.

2004년 당시 오미희 선생님은 이혼소송 중에 남편으로부터 형사고소를 당했고, 이어서 방송 출연 금지처분까지 받아 무척 억울하고 힘든 시기를 보내고 있었다. 하나님께 죽기를 간청할 정도로 절망스러웠다고 한다. 무기력한 상태에서 그녀는 우연히 TV를 봤다. 아테네 올림픽 마라톤 경기가 중계되고 있었다. 브라질의 리마 선수가 결승선을 앞두고 1위로 달리던 도중에 갑자기 괴한으로부터 봉변을 당했다. 승리를 앞둔 결정적인 순간에 사고를 당해 금메달을 놓쳤다면 세상 그 누구라도 정말 분하여 원망 불평을 쏟아내기 마련이다. 그런데 그는 다시 일어나 달렸다. 최종 3위로 동메달을 땄다. '넘어져도 다시 달리는' 리마 선수를 보고서 오미희 선생님은 크게 깨치는 바가 있어서 방송인으로 재기할 수 있었다고 한다.

리마 선수의 경기 장면을 찾아서 몇 차례 다시 보았다. 리마는 경기를 마친 다음에 자랑스럽고 기쁜 얼굴로 트랙을 돌며 청중에게 화답했다. 아이처럼 천진난만한 얼굴을 하고서 '하나님 아버지! 저 완주했어요! 참 잘했지요?' 하고 묻는 듯했다.

살다 보면 사람은 누구나 인생이라는 경기에서 복병을 만난다. 그러나 한 번 넘어졌다고 해서 주저앉으면 안 된다. 오뚜기처럼 다시 일어나 끝까지 달리는 자에게는 반드시 하나님이 상을 주신다. 나는 반전의 매력을 꼭 준비하시는 참 좋으신 하나님을 믿는다.

내 아버지는 80년 인생 마라톤을 정말 잘 뛰신 분이었다. 소년 시절에 가난해서 남들보다 못 배웠지만 농촌을 중심으로 일어난 새마을 운동 흐름을 타고 55년간 구멍가게를 성공적으로 이끌어 오신 분이었다. 살아온 80년 역사 자체가 금메달감이라고 생각하는 나는 아버지를 한 번씩 위대한 상인이라고 부른다. 물론 아버지의 삶이 늘 순탄한 것은 아니었다. 부자가 될 무렵 할아버지의 빚 상속 폭탄을 받았고, 대학까지 잘 가르친 장남의 출가는 정신적으로 큰 충격이었다. 50대엔 정확한 원인을 알 수 없는 뇌출혈로 수술을 네 차례나 했다. 당시로서는 생명을 장담할 수 없는 큰 수술이었다.

그러나 아버지는 '내가 뭘 잘못해서 이런 일이 일어난 거지?'라며 세상이나 운명을 탓하지 않았다. 끝까지 성실한 자세로 생업에 종사했고, 지역사회 봉사활동도 열심히 하며 보람찬 중장년을 보냈다.

내가 더 감사하게 생각한 것은 아버지가 유교문화 속에 자라나 부모와 조상들께는 효와 예를 다했음에도, 당신의 자녀에게는 당신이 뿌린 만큼의 효도를 강요하지 않고 베풀기만 했다. 재산 축적보다 자식 농사에 가치를 더 뒀다. 자녀 교육을 위해 기꺼이 문전옥답을 팔아 오막살이 집일 망정 전주에 집을 샀다. 전기요금 많이 나온다는 주인집의 눈치를 받았던 때였다. 자녀들이 밤늦게까지 공부할 수 있도록 아낌없이 투자했다. 또 시대를 앞선 분으로 공부에 있어서 아들과 딸을 차별하지 않았다. 일가친척 중에 딸에게 프랑스 유학을 보낸 분은 아버지가 처음이었다.

이어서 밀레의 그림 〈만종〉 관련 이야기를 떠올린다. 미술사에선 다소 논쟁이 있지만 밀레는 애초에 풍요와 감사를 상징하는 감자 바구니를 그린 것이 아닌 배고파 죽은 아기의 관을 그렸다고 한다. 〈만종〉이 그려질 당시 밀레가 친구와 주고받은 편지를 보면 그는 아이들을 먹일 수 없을 정도로 매우 가난했다. 실제로 19세기 프랑스 농촌은 가난에 굶주리고 전염병으로 죽어가는 사람들이 많았다. 그런 시대라면 그림 속 부부가 감자 수확의 기쁨 속에 성당 종소리를 들으며 평화롭게 감사 기도를 드릴 수 있을까? 누가 봐도 배고파 죽은 아기를 묻기 전 슬픔을 누르고 마지막으로 기도하는 가난한 아버지의 비통한 모습을 그린 것으로 볼 수밖에 없다. 작품을 출품하기 전에 아기의 관을 본 밀레의 친구가 사회적 파장을 우려하여 간곡한 조언을 하였고, 밀레는 고심 끝에 관을 덧칠하여 수확한 감자 바구니로 수정했다고 한다.

그 이야기를 듣고서 그림 사진을 확대해 보니 실제로 그림 전체적인 분위기는 평화로움보다는 묵직한 슬픔이 배어 있다. 지금까지 내가 알고 있었던 명화(名畵) 〈만종〉은 더 이상 농촌의 평화로운 풍경화로 다가오지 않았다. 굶주림에 죽은 아이를 향한 애끓는 부성애를 그린 성화(聖畵)였다. 나도 모르게 아주 오래전 어느 날 저녁을 떠올렸다. 부모님이 돌을 갓 넘긴 동생을 묻고 왔던 날이다. 아들을 잃은 젊은 내 아버지의 비통함과 슬픔을 밀레의 그림 속에서 다시 한번 느꼈다.

詩, 아버지의 눈물을 듣다

간증 시간 막바지에 이르러 오미희 선생님은 당신의 돌아가신 아버지를 떠올리며 이채 시인의 「아버지의 눈물」이란 시를 낭송했다. 어쩜 그리도 품위 있는 좋은 목소리로 호소력 있게 시를 낭송하던지 청중들이 감화되어 훌쩍였다. 나도 조용히 눈을 감았다. "세상의 모든 남자는 아버지로 살아가면서 차츰차츰 하나님 아버지의 마음을 닮아 간다."라는 말이 100번 공감되었다. 내 아버지가 그랬고 내 남편과 남동생이 지금 그 길을 걸어가고 있다.

시대에 따라 고난의 강도는 다르겠지만 지금도 아버지의 길을 묵묵히 걷고 있는 이 세상의 많은 아버지에게 경의를 표한다. 그들은 어찌 보면 성경 누가복음 15장에서 탕자가 돌아오길 끝내 기다리며 품어 주는 아버지 같고, 이사야 46장 4절에서 말씀하신 하나님 아버지를 닮아 있는 듯하다.

"너희가 노년에 이르기까지 내가 그리하겠고 백발이 되기까지 내가 너희를 품을 것이라 내가 지었은즉 내가 업을 것이요 내가 품고 구하여 내리라."(이사야 46장 4절)

오 선생님의 아버지가 돌아가시자 형제들이 그녀에게 말하기를 "오미희가 오미희를 가장 사랑하는 남자를 잃었네." 하며 위로했다고 한다. 꼭 나를 두고 한 말 같았다. 좋아했던 아버지가 돌아가신 지 얼마 지나지 않았기에 더더욱 그리웠다. 8월 17일 나는 집에 오자마자 '詩, 아버지의 눈물을 듣고서'라는 긴 블로그를 작성하면서 MBN에서 2022년 2월 5일 방송된 시 「아버지의 눈물」을 유튜브로 들었다. 또 읽어도 또 들어도 가슴 뭉클했다. 긴 영화 한 편을 보는 감동이 몰려왔다.

시 마지막 구절 "아버지는 혼자서 운다. 아무도 몰래 혼자서 운다. 하늘만 알고 아버지만 아는…"에 삼키고 삼켰던 눈물을 한바탕 쏟아냈다. '아버지가 삼켜온 눈물을 내가 대신 울고 있는가?'라는 착각이 들 정도였다. 옛말에 "사나이는 태어날 때, 부모님 돌아가셨을 때, 나라를 잃었을 때, 이렇게 딱 세 번 운다."라고 하지만 아버지가 80년 인생을 살아오면서 어찌 울일이 없었을까? 어머니 앞에서, 아내 앞에서, 자녀 앞에서만 안 울었을 뿐, 고단하고 퍽퍽한 삶에 많이 울었을 것이다. 아버지가 살아생전에 지난날을 회상하며 반복적으로 하셨던 말씀 중에 "침을 꿀꺽 삼켰다. '참을 인(忍)' 자를 새겼다."가 있다. 이제야 그 말의 의미를 알 것 같다. '소리 없이 울었다.'라는 뜻이다.

좋은 시가 훌륭한 낭송가를 만났을까? 아무튼 오미희 선생님이 낭송한

시는 무려 조회수가 20만이고 댓글도 70건이 넘는다. 많은 댓글이 다 공감되었는데 그중 허성제 선생님의 글이 모든 댓글을 총정리하는 글로 큰 울림을 주었다.

"남자는 어렸을 땐 모른다. 나이 들어 가정이 생기고, 자식이 생기고, 비로소 아버지가 됐을 때, 아버지의 아픈 마음과 아버지로서의 고독함을 느낄 수 있다. 그런데 그때는 아버지는 먼 길을 떠나고 안 계신다."

나는 여자지만, 화자의 마음을 충분히 느낄 수 있었다. 그리고 가까이에 있는 남편과 남동생의 아픔과 고독이 조금씩 이해되기 시작했다. 다시 한 번, 오미희 선생님의 신앙 간증과 그 시간을 통해 내 아버지의 생애를 되돌아보게 하시고 진한 사랑을 느끼게 해주신 하나님 은혜에 감사드린다.

어머니와 함께 여는 새날들

제 5 장

1
―

꿈 너머 꿈,
살아 있는 구멍가게 박물관

현대옥 콩나물박물관 구경한 날

2023년 3월 11일 토요일에 언니가 어머니를 모시고 전주에 오셨다. 아버지 살아생전에는 주로 아버지를 모시고 여행을 다녔는데, 이제는 홀로된 어머니를 모시고 자주 드라이브를 시켜드린다. 우리 집에서 가까운 콩나물국밥집 '현대옥' 본점을 점심 장소로 정했다. 어머니 속도 편하고 우울증까지 해소되길 바라는 마음으로 내가 추천했다. 워낙 유명한 곳이라 번호표를 받고 기다리는 동안 2층 콩나물박물관을 둘러봤다. 어머니는 콩나물박물관 벽에 써진 철학적인 메시지가 맘에 드셨는지 작은 소리로 천천히 읽었다.

"새는 날도록 태어났고 인간은 고생하도록 태어났다면 우리는 맛있는 음식을 먹을 때 고통을 잊고 치유받는 것 아닐까. 현대옥은 늘 맛있는 음식, 늘 새로운 음식에 도전합니다."

'고생'과 '고통'이란 단어를 잘 다독이는 어머니의 작은 목소리가 고와서 다시 한번 읽어달라고 청하여 영상을 찍었다. 하지만 얼굴은 날개 잃은 새처럼 아니 방금 울었던 새처럼 얼굴이 너무 많이 상해서 옆모습을 찍었다. 그래도 드라이한 머리와 수수한 옆얼굴이 내 눈엔 예뻐 보였다. 콩나물국밥이 어머니 마음을 치유하길 진심으로 바라면서 국밥에 데친 오징어 다짐도 듬뿍 담아 드렸다. 아버지가 돌아가신 지 얼마 안 된 직후여서 그런지 많이 못 드셨다. 아니 메뉴 선택을 잘못했나 싶었다. 평생을 큰집 며느리로 살면서 직접 콩나물을 키워 정말 셀 수 없을 정도로 콩나물국을 끓이고 콩나물을 무쳤을 테니 말이다.

식사 후 다시 한번 콩나물박물관을 천천히 둘러봤다. 쇼츠 영상 하나를 뚝딱 만들었다. 제목을 '누구나 내 인생 박물관 주인이다'라고 붙여봤다. 훗날 아버지와 어머니를 기념하는 구멍가게 박물관을 만들어 스크린에 상영하고 싶어졌다. 우리 집 가게가 '주민 쉼터', '보절면 역사박물관', '구멍가게 박물관' 등 앞으로 어떻게 변신하여 어떤 이름을 가질지 모르나 오 남매가 각각의 꿈을 잘 종합하여 어머니 살아생전에 조성해 드리면 좋겠다는 생각을 갖고 있다. 빈 구멍가게를 팔 생각은 아무에게도 없다.

언니가 2022년도 1월 21일 금요일 저녁에 아버지를 전주에 모시고 온 날이 생각난다. 가볍게 산책하고 식사할 장소를 내게 물어서 혁신도시 내 '기지제 산책로'와 '콩쥐팥쥐 도서관'을 추천했는데 언니는 아버지가 추우실 거라며 도서관만 선택했다. 나는 퇴근하자마자 도서관에 달려갔다. 언니와 아버지는 푸른 식물로 잘 꾸며진 로비에서 완주군 소식지와 화보를 보고 계셨다. 아버지는 추운 겨울날 조화가 아니라 싱싱하게 살아 있는 식물이라며 반가워하면서 기기묘묘하다고 말씀하셨다. 초록 식물과 책은 확실히 사람을 젊어 보이게 하는 신비한 힘을 갖고 있었다. 내 눈엔 책장을 넘기는 아버지가 혁신도시 기관 신사처럼 멋져 보였다. 언니도 아버지가 안락의자에 앉아서 여유롭게 독서하는 모습이 좋았는지 사진을 찍어서 다음과 같은 글을 오 남매 단톡방에 올렸다.

"퇴직 후 우리 집 구멍가게를 소담스럽게 북카페 식으로 꾸미고 싶다."

착한 콩쥐 언니의 소원이 꼭 이뤄지길 바라면서, 우선 배가 고픈 팥쥐인 나는 아버지를 도서관 바로 옆 '갑기회관' 불낙전골 요리 식당으로 모셨다. 이렇게 자녀들은 대체로 아버지가 살아계실 때부터 구멍가게 분위기를 살린 문화공간을 꿈꿨다. 하지만 어머니는 아버지가 돌아가신 뒤에도 가게를 계속해서 보고 싶어 했다. 또 본인이 못 볼 형편이면 참한 성품의 중년 부인에게 세를 내주길 원했다. 건강원을 하고 싶다는 면민도 있었다. 그러던 중 전혀 예상치 못한 일로 어머니는 가게를 더 이상 운영할 수 없게 됐다. 담배 영업이 법상 가족에게 승계되지 않기 때문이었다. 또 인근에 대형마트가 있어서 더 이상 신규로 허가를 받을 수도 없었다. 구멍가게 주된 손님이 담배 손님이었기에 결국엔 어머니가 폐업에 동의했다. 다행히 어머니의 물건 처분 방식은 유종의 미를 거두었다. 유통기한 지난 과자류는 폐기 처분했고 기한이 넉넉한 음료와 주류는 아버지 지인분들과 마을회관 등에 흔쾌히 기부했다. 한 푼이라도 더 벌려는 어머니의 욕심은 어느새 사라지고 예전의 인심 좋은 어머니로 돌아와서 얼마나 다행인지 모른다. 가게가 망한 것이 아니라 아버지가 돌아가셔서 폐업한 것인 만큼, 매일 같이 이곳을 지나다니는 행인들도 무척 허전해했다. 빈 가게가 향후 어떻게 될 것인가는 모두의 관심사였다.

미리 보는 구멍가게 박물관

"오늘 간판 철거했습니다."

2023년 3월 14일 오후 5시 45분 남동생이 오 남매 단톡방에 썰렁한 한 줄 메시지를 보내왔다. 평소 구멍가게 일에 반응이 늦었던 남동생이 폐업하는 데는 일사천리로 속도를 냈다. 하필이면 같은 날 구글 측에서는 신흥상회 장소 조회수가 1,000회를 돌파했다고 나에게 편지를 보내왔다. 기쁨과 서글픔이 교차하는 순간이었다. 구글에 게시한 어머니와 아버지 사진을 잠시 추억했다. 면 소재지 대중교통 역사의 산증인이자 근 60년 동안 소재지 상권을 선도한 신흥상회 부부를 면민들이 오래오래 기억해 주길 바랐다. 안타깝게도 간판을 내린다는 것은 다시 옛날의 간판 없었던 구멍가게로 돌아와 영업하는 것이 아닌 실제 '신흥상회 종말'을 의미했다. 나보다도 어머니가 걱정되었다. 전화를 걸었다. 누워 있단다. 자녀들의 반대에도 불구하고 손수 간판을 설치해서 장사를 잘해보고 싶었는데, 1년 만에 철거하게 되니 얼마나 마음이 아팠을지…. 나는 훗날 어머니를 기억하기 위해서라도 철거한 간판을 가게 안에 잘 보관해 두자고 남동생에게 청했다. 그런데 애초에 간판 설치를 반대해서 그런지 설치 업체가 수거토록 했다. 구체적으로 말은 안 했지만 뭔가를 조용히 준비하고 있는 듯했다. 기다리는 동안 나는 계속해서 상상의 날개를 폈다.

　간판 철거하기 전에 어머니랑 방문했던 '현대옥' 본점 콩나물박물관을 다시 떠올렸다. 아무도 상상 못 했던 콩나물박물관이 신선한 충격을 준 것처럼, 누구나 쉽게 상상할 수 있는 구멍가게 박물관 구상은 뭔가 차별화된 전략이 필요하다. 무엇을 담느냐가 정말 중요할 것이다. 모조로 만든 과자류, 주류, 문구, 완구 등 잡화를 늘어놓는 건 솔직히 좀 지저분한 느낌이 든다. 자칫하면 케케묵은 시골 가게 재현일 뿐이다. 오래전 우리 집은 최장 시외버스 노선인 전주행 버스노선 종점이자 출발지였다. 사매면 혼불 마을의 서도역 역사처럼 기다림의 여유가 있는 공간으로 조성되었으면 좋겠다는 생각을 해본다. 1980년대 일요일이면 오후 2시와 4시 두 차례 있는 전주행 버스를 타기 위해 산골 출신 꿈 많았던 전주 유학생들이 우리 집 구멍가게 대합실에서 기다렸다가 버스를 타곤 했다. 바로 그 추억의 장소를 차 한잔 마시며 책 한 권 읽는 공간으로 조성하면 얼마나 좋을까? 기다림조차 정겹던 그 시절이다. 이렇게 상상의 나래를 펴던 차에 2023년 늦가을날 반가운 소식이 날아왔다. 나는 전혀 몰랐는데 고향 의원님께서 그림 책방으로 변신한 우리 집 구멍가게 사진 여러 장을 보내주셨다. 얼마나 가슴이 벅차올랐는지 모른다.

　2023년 11월 3일에 보절면장님, 신흥교회 목사님, 향토 작가가 중심이 되어 우리 집 점포를 이용하여 '보절 미술제'를 개최한 것이다. 은천마을 비닐하우스 두 곳이 갤러리 1관과 2관으로, 우리 집 구멍가게 신흥상회는 '오치근 선생님의 그림 책방'으로, 옆집 다방은 '가을빛 서각 갤러리'로 화려하게 변신했다. 본 예술제 총감독인 김해곤 화백님은 행사를 마치고 행사 이모저모를 담아 2023 보절아트페스타를 기념하는 『하우스미술관 화보』를 내게 보내주셨다.

"보절농부들의 추억을 담은 문화쌀농(농협창고)과 과거 보절면의 최초의 점방(구. 신흥상회), 최초의 다방(구. 팔육다방)을 미술관으로 만든 것이 화제가 되어 많은 관람객들에게 큰 반향을 주고, 주민들에게는 문화적 자긍심을 고취하는 계기가 되었습니다."
— 2023 보절아트페스타위원장 소인섭, 총감독 김해곤, '서언(序言)'에서

잠깐 박물관 구상을 하자면 위 화보랑 2020년도에 편찬한 『보절면지』를 가게 중심에 놓인 아버지의 손때 묻은 진열장에 보존할 것이다. 또 양옆 빈 책꽂이와 선반엔 스님 삼촌의 여러 시집과 막내 작은아버지가 찍었던 사진을 전시하면 정말 멋진 문화공간이 될 것이다. 실제로 내 작은아버지는 총각 때 우리 집 구멍가게 뒤편에서 소박한 사진관을 운영했었다. 그리고 아직도 남은 공간 담배창고와 그 위 다락방까지를 어떻게 꾸밀까 상상하자면 정말로 무궁무진하다.

우선 북카페에 꼭 있어야 책들을 미리미리 수집하고 싶어졌다. 이미경 작가님의 『동전 하나로도 행복했던 구멍가게의 날들』과 박혜진 작가님과 심우장 작가님의 공저 『구멍가게 이야기』를 주문했다. 그리고 신흥상회 둘째 딸의 블로그 '간판 없는 구멍가게 딸' 코너에 기록한 이야기도 어서 부지런히 책으로 펴내기로 마음먹었다. 아무래도 언니가 소망하는 북카페가 가

장 손쉽게 먼저 조성될 것 같다. 구멍가게 여러 공간을 하나씩 분양하여 자녀들 퇴직 순서에 맞게 조성해 나가는 재미도 쏠쏠할 것 같다. 총감독은 남동생, 그리고 상시 근무할 문화해설사는 조 여사님! 이미 내 어머니는 블로그와 유튜브를 통해서 만나보고 싶은 할머니가 되었다. 어머니의 가슴에 달아드릴 명찰을 떠올려본다. 목걸이처럼 걸게 할까, 단정한 자석식으로 할까. 상상만으로도 즐겁다. 물론, 그 선택은 오롯이 어머니의 몫이다.

2

서리 맞은 국화가
빨간 장미를 들다

국화, 내 어머니 같은 꽃

2023년도 봄에 아버지가 돌아가시고 그해 늦가을에 어머니 홀로 당신 생신을 맞게 되었다. 주말에 오 남매가 함께 모여 축하를 해드려야 하는데 시간 잡기가 어려웠다. 언니는 전주에서 지인 결혼식이 있었고 남동생은 처가에서 김장하는 날이었다. 그래서 어머니 점심은 나랑 단둘이서 전주에서 드시고, 저녁은 남원에서 언니네랑 드시고, 이튿날은 남동생이 모시기로 했다. 생신을 전주에서 쉬는 것은 처음이었다.

내가 아침부터 설레었다. 어머니에게 예쁜 옷을 입고 오시라고 말하고 아침 일찍 운동을 다녀왔다. 새벽에 나갈 때는 깜깜해서 안 보였는데 아침 햇살에 아파트 화단의 노란 소국이 옹기종기 무리를 지어 피어나고 있었다. 어머니가 도착할 시간이 여유가 있어서 국화꽃을 영상으로 찍었다. 상처 없이 아름답게 피어난 꽃송이보다 먼저 피어나 새벽 추위와 찬 서리에 빨개진 꽃송이에 더 많은 눈길을 주었다. 나이가 들수록 서리 맞은 국화나

눈 쌓인 국화를 볼 때면 그 형상이 꼭 어머니 같다는 생각을 많이 하게 되었다.

    오래전 친정 구멍가게 뒤 텃밭엔 황국화가 밭두렁 따라 피어나 늦가을부터 겨울까지 장관을 이뤘다. 12월 초까지 예쁘게 피어나다가 된서리와 눈을 맞으면 꽃잎이 진한 주황색으로 변하며 진한 국화 향을 뿜어냈다. 국화꽃 밭두렁 아랫길은 어머니가 우물가와 부엌을 수없이 오갔던 동선과 일치한다. 겨울철 높은 밭두렁 아래 그 뒤안길은 햇빛이 부족해서 늘 빙판길이었다. 눈 오는 날 아침 연탄재를 깨서 뿌리는 게 내일이었는데, 언덕 위 눈 덮인 국화꽃 무더기를 보면 왜 그렇게 내 마음이 시렸는지 모른다.

    이렇게 우리 집에 국화가 풍성했기에 나는 국어 시간에 만난 서정주 시인의 「국화 옆에서」를 쉽게 이해하고 외울 수 있었다. 시인은 국화를 '내 누님'으로 의인화했는데 내게는 '내 어머니'로 다가왔다. 한국의 여성을 천둥과 무서리를 견뎌 내고 피어난 국화꽃으로 표현하다니 참으로 명품 시다. 대부분의 한시(漢詩)는 국화를 '오상고절(傲霜孤節)' 또는 '매란국죽(梅蘭菊竹)'이라 하여 군자의 덕목인 지조와 절개를 칭송했다. 반면에 서정주 시인의 「국화 옆에서」 시는 '고진감래(苦盡甘來)'를 상징하며, 갖은 고생 끝에 원숙한 인품이라는 꽃을 피워낸 여성의 삶에 대하여 깊이 공감하는 시다. 훗날 시인이 친일파로 밝혀졌을 땐 충격이 컸지만, 시를 먼저 만났기에 나는 해마다 가을이면 어린 시절 뒤안의 국화밭을 떠올리며 작은 목소리로 시를 낭송한다. 그리고 자연스럽게 어머니 인생을 되돌아본다.

어머니로부터 당신이 열아홉 되던 해, 어떤 천둥이 내려치고 무서리가 내렸는지를 직접 들어봤다.

"네 할아버지가 내 막내 외숙(내 외할아버지의 처남)과 친하게 지냈는데, 외숙댁에 놀러 온 나를 보고서 '참 복스럽게 생겼다.'라며 며느릿감으로 욕심을 냈어. 할아버지는 외숙을 구워삶았고 영향력 있는 동네 어른들을 총동원했지. 결국 음력 섣달(1965년 1월 추정)에 외숙 집에서 물만 떠 놓고 급히 혼례를 치렀다. 혼례 날을 잡고 외숙이 네 외할아버지께 편지를 보냈는데 하필 눈이 너무 많이 와서 편지가 제날짜에 도착하지 않았어. 외할아버지가 뒤늦게 쫓아와서 이런 경우가 어디 있냐며 울분을 터트렸어. 외할아버지가 외숙의 넥타이를 잡아 비틀고 뺨을 때려 코피가 날 정도로 한바탕 소동이 일어났어. 나도 결혼사진만 보면 화가 나서 사진을 찢어 버렸어…."

벌써 60년에 가까운 오래전 이야기인데 얼마나 한이 됐던지 어머니는 어제 일처럼 생생하게 말했다. 한 편의 드라마였다.

"다음 해 오빠를 낳았고 또 언니를 배었는데 외할아버지와 외숙이 차례로 오셔서 나더러 보따리를 싸서 시집을 나오라 했어. 이유는 외숙이 뒤늦게야 농협에 쌓인 할아버지의 어마어마한 빚을 알아차린 것이야. 담배 공장에 취직시켜 줄 테니까 오빠는 시댁에 남겨두고, 언니는 지우라 했어. 그런데 왠지 언니를 지우고 싶지 않았어. 복덩이인데 지웠다면 큰일 날 뻔했어."

이후에도 어머니는 시집을 나올 몇 번의 위기가 있었는데, 어린 딸들이 당신처럼 어머니 없이 서럽게 자라는 걸 원치 않아 어머니 자리를 끝까지 지켜냈다.

장미꽃을 든 여왕에게 양식 대접

내 친정에서는 어머니의 어린 시절과 결혼 배경에 대하여 어머니께 직접 묻는 것은 상처를 덧나게 하는 일로 오랫동안 금기사항이었다. 내가 어려서 들었던 귀동냥만으로 책을 쓸 수 없어 요즘은 한 번씩 용기를 내어 물었다. 물론 책 쓰기가 목적이 아니라 어머니의 한을 제대로 이해하고 위로해드리기 위해서다. 때로는 강제 결혼에 가담한 어른들 욕부터 시작했지만 술술 토해내면 어머니가 정화되는 느낌이 들었다. 실제로 나부터 어머니의 아픔을 듣거나 알고 나면 어머니와의 대화가 부드러워졌다. 예전엔 몰랐기에 어머니의 지나친 피해의식이 도무지 이해되지 않아서 나 역시 미쳐버릴 것만 같았다.

하여튼 서정주 시인의 「국화 옆에서」 3연에 나오는 "그립고 아쉬움에 가슴 조이던 머언 먼 젊음의 뒤안길에서 인제는 돌아와 거울 앞에선 내 누님 같이 생긴 꽃!" 이 구절이 바로 내 어머니다. 만 77세 되는 생신날을 맞아 이날만이라도 여왕 대접을 해드리고 싶었다. 내 직장 근처 유명한 파스타 양식집을 예약했다. 꽃가게에서 꽃을 고를 때 한참을 망설였다. 때마침 가을인지라 형형색색의 국화가 많았다. 하지만 최종적으론 화려한 빨간 장미를 골랐다. 어머니가 수줍어하지 않고 기쁘게 받았다. 입고 오신 연분홍 코트와 잘 어울렸다. 점심시간보다 일찍 오셔서 주변 도심 정원을 산책했다.

어머니 허리가 많이 굽었다. 무릎도 굽어서 뒤뚱뒤뚱 쉬엄쉬엄 걸었다. 개울물이 졸졸 흐르는 실개천 다리를 건너다가 어머니가 갑자기 "여기서 빨래하면 좋겠다."라는 돌발 발언을 했다. 생일날에 웬 빨래 타령? 그것도 도심 정원에서? 너무 놀랐다. 빨래터 시집살이 이야기가 구슬퍼서 방금 하셨던 말을 다시 한번 해달라고 청했다. 영상을 찍어 유튜브에 올렸다. 제목은 '시골 구멍가게 할멈 도시 나들이'다. 주로 뒷모습을 찍었는데 어머니 목소리는 잘 들렸다.

"여기서 빨래하면 좋겠다! 난 이런 물 보면 옛날 고생한 것 생각나. 요런 물이 상신(新興) 동네에 하나 있었으면 얼마나 좋아. 비누가 없어서 맨날 손으로 문대기만 했어."

내가 만든 영상은 아주 간단했다. 어머니가 장미꽃다발을 들고 걷다가 갑자기 개울물을 바라보며 옛날을 회상하는 장면과 1960년대 후반 구멍가게 전경 흑백사진을 조합한 것이다. 어머니는 외가의 도움을 받아 구멍가게를 열어 비누, 고무장갑 등 온갖 생필품을 다 팔았는데 그 후로 우리 집은 가난을 면했다. 간단한 영상인데도 댓글이 올라왔다.

"하늘나라 가신 어머니 생각이 간절하네요."(푸른솔)

어머니의 한을 헤아려 주는 이웃이 고마웠다. 계속해서 '조 여사님 생신날 양식집에 옴'이라는 제목으로 한 편의 영상을 더 찍었다. 식당에서 촬영하는 내내 어머니와 나는 즐거웠다. 다시 보고 들으니 정겹고 웃음이 났다.

어머니의 웃음소리를 많이 넣었기 때문이었다. 아래는 영상 자막이다.

'서리맞은 들국화 같은 조 여사님 생신날 아침! 반가운 손님이 온다고 까치가 짹짹짹! 빨간 장미와 빨간 딸기를 선물로 준비했죠. 드디어 어머니와 상봉! 처음엔 과묵 근엄! 동생에게 보낼 영상이라며 웃으시라 하니깐 하하 호호~~ 활짝 웃으시며 딸년들이 많이 좋다고 합니다. 이탈리아 파스타집에 왔어요. 요리 이름이 어려워 메뉴판을 보며 그림으로 골랐어요. 손이 건조하여 메뉴판 페이지가 안 넘겨졌어요. 엄마가 손에 침을 묻히려는 순간 제가 제지했지요. 하하 호호~~ 아이 부끄러워라. 고르고 골라서 먹물 리조또와 감자크로켓을 드셨어요. 평소에 한식을 드셨죠? 오늘은 양식을 많이 드셔요. 생일 축하 연주곡 좋지요.'

어머니는 이날 찍은 영상을 정말 좋아하셨다. 나도 대학 때 친구들이랑 처음으로 레스토랑에 와서 양식을 먹은 날처럼 행복한 기분이 들었다. 앞으로 어머니가 인생을 통틀어서 몇 번이나 생신을 더 찾을지 모른다. 다음 생신날엔 노래방에 가서 생신 축하곡으로 꼭 한번 안치환 님의 노래 〈오늘이 좋다〉를 내가 직접 불러드릴 계획이다. 어머니가 살아계셔서 정말 고맙다고. 그리고 남은 어머니 인생에 저 하늘의 축복이 함께 하기를 기도한다고.

3

영화 <3일의 휴가>에 비친
내 어머니 마음

모녀지간에 같이 봐선 안 될 영화

언니가 2023년 12월 17일 일요일 오후에 어머니를 모시고 영화관엘 갔다. 어머니는 평소 어디 여행 가자면 늘 사양했는데, 가게 문 닫은 후 남는 게 시간이었다. 최근에 신축한 영화관도 구경할 겸 호기심에 따라나섰다. 결과는 어땠을까? 언니는 누군가로부터 모녀지간에 보면 좋은 영화로 추천받아 본 것 같은데 완전히 실패했다. 언니가 스트레이트로 카톡을 보내왔다.

"엄마랑 〈3일의 휴가〉를 보러 갔는데 영화 보다가 중간에 나오심. 마음이 심란해서 더는 못 보겠다고 문 열고 나가심. 연세 드신 분들과 영화를 보려면 즐겁고 신나는 영화나 사극 같은 영화를 봐야 할 듯. 더구나 엄마는 마음에 깊은 상처와 한이 있는데 영화 선택을 잘못함."(2023.12.17. 일요일 저녁)

결과는 참담했어도 어머니의 시간을 문화생활로 채워드리려는 언니가 정말 효녀란 생각이 우선 들었다. 영화 내용이 궁금했다. 때마침 친구가 크리스마스 선물로 보내온 영화관람권 2매가 있었다. 친정어머니를 모시고 사는 직장 선배 언니와 〈3일의 휴가〉를 봤다. 이 영화는 모녀지간에 보기보다는 엄마는 엄마끼리, 딸은 딸끼리 봐야 좋을 듯했다. 모녀지간에 봤다가는 언니와 어머니처럼 서로에게 미안한 일만 떠올라 영화에 몰입할 수 없겠다.

영화는 하늘나라에서 딸이 보고 싶어 3일의 휴가를 받아 지상에 내려온 엄마 '복자'(김해숙)가 딸 '진주'(신민아)를 찾아가 살아생전에 있었던 오해를 풀고 서로의 사랑을 확인하는 내용이다. 미국에서 대학교수였던 딸 진주는 어머니 임종을 못 지켰다. 진주는 어릴 적 상처가 있어서 평소에도 어머니의 전화를 일부러 외면하곤 했었다. 어머니는 반면에 죽어서도 딸이 보고 싶어 망자로서 제약이 있음에도 딸을 만나러 지상에 왔다. 뜻밖에도 딸은 미국에 있지 아니하고 자신이 말년에 살았던 시골집에서 청승맞게 백반집을 운영하고 있었다. 진주는 어렸을 적에 아버지가 돌아가신 뒤에 어머니마저 자신을 외삼촌에게 맡기고 재혼하여 어머니에 대한 상처와 그리움을 안고 자랐다. 사실 어머니는 재혼이라기보다는 아내 없이 자녀를 키워야 하는 부잣집 아저씨 집에 입주한 가사도우미 같은 삶이었다. 어린 진주는 자신을 버린 것으로 오해할 수밖에 없었다. 하지만, 어머니가 보내준 돈으로 외삼촌 댁이 도움을 받았고, 진주는 학비 걱정 없이 대학교수가 될 수 있었다. 어머니가 돌아가신 뒤 그리움과 죄책감에 시달린 진주는 한국에 돌아와 어머니의 빈 집에서 어머니만의 요리법을 떠올리며 어머니 사랑을 확인하고 다시 일어서게 된다. 딸을 사랑했으나 떠날 수밖에 없었던 어머니와 어린 시절 어머니를 잃어 평생 거리를 두고 살 수밖에 없었던 딸의 구구절절한 심리가 잘 묘사된 영화였다.

처음엔 팝콘과 콜라를 먹으며 즐겁게 보다가 점점 흐르는 눈물을 감당할 수가 없었다. 언니 말대로 이 영화 초반부는 어머니의 아픈 상처를 건드렸겠다고 생각되는 영화였다. 그래도 어머니가 언니의 효심을 생각해서라도 끝까지 봤으면 좋았을 텐데 아쉽게 됐다. 영화를 보면서 어머니는 당신의 상처를 떠올렸을 것이다. 친어머니(내 외조모)가 세 살밖에 안 된 딸(내 어머니)을 놓아두고 집을 나가 영원히 돌아오지 않았다. 자의든 타의든 가출에는 나름의 사연이 있겠지만 내 어머니에게는 평생의 상처였다. 그 상처는 어머니와 세 딸에게도 전해졌다. 어른들이 수군거리며 했던 말을 종합해 보면 외할머니는 부잣집 딸이었다. 1940년대에 만주에서도 살았고 다시 고향에 돌아와서는 초등학교 선생님을 할 정도로 신여성이었다. 시집도 부잣집 막내아들에게 가게 되어 주변에서 부러움을 받았다. 그러나 농촌에서는 똑똑하고 자존심이 센 여성은 환영받지 못했다. 부부싸움 끝에 집을 나갔다고 들었다. 훗날 알고 보니 외할머니는 하필이면 둘째 딸을 임신한 채로 집을 나갔다. 40여 년이 지나 이모가 친부모를 찾다가 친언니인 내 어머니를 상봉하게 되었다. 친자매의 원통함이 얼마나 컸던지 친자매는 더 이상 만나지 않고 있다. 누가 먼저 거리를 두자고 말했는지는 모른다. 물을수록 어머니에겐 상처다.

차라리 외할머니가 아파서 일찍 돌아가셨더라면 내 어머니가 평생에 걸쳐 서럽진 않았을 것이다. 몇 해 전 나는 서양화가 나혜석의 아들 김진 교수가 직접 쓴 책 『그땐 그 길이 왜 그리 좁았던고』를 일부러 작심하고 읽은 적이 있다. 여성이 독립적으로 살기엔 그 시대가 호락호락하지 않았다. 내 외할머니도 자신의 꿈과 모정 속에서 방황하는 삶을 살다가 돌아가셨을 것이다. 어찌 됐든 내 친할머니는 내 어머니가 작은 실수라도 하면 내 외할머니 약점을 들먹거리며 구박했다. 더구나 어머니가 속상해하면 할머니는 "너도 네 어머니처럼 집을 나가 버려라."라고 독설했단다. 내 할머니로서는 100점이나, 내 어머니의 시어머니로서는 0점이다.

내 어머니는 '진주'가 아닌 '복자'였다

어머니는 심한 모멸감을 받았음에도 불구하고 세 딸이 자신처럼 버려지고 불행한 삶을 살지 않도록 집을 나가지 않았다. 어머니는 죽기 살기로 우리 집에 헌신했다. 다만 어머니는 시어른들로부터 무시당한 것이 쌓이거나 분을 삼키지 못할 땐 아버지와 딸들에게 자주 화를 냈다. 이것이 자녀들에게 큰 상처가 되었다. 그나마 나는 여고 시절 전주 유학으로 거리 두기가 가능했다. 또 일기와 책 쓰기를 통해서 어느 정도 치유됐다. 다른 형제들도 각자에게 적합한 방식으로 어머니와의 불편한 관계를 치유 또는 개선해 나가는 것 같다.

2023년도에 쓴 졸저 『예체능 자녀 엄마로 산다는 것』에서 친정어머니의 안타까운 사연을 조금 털어놓았다. 내가 어머니 영향을 받아 내 아이보다 직장 중심으로 살아왔다고 밝혔다. 어머니가 친정어머니 사랑을 못 받고 자랐을 뿐만 아니라 결혼해서는 시댁 섬김과 가게 보는 일에만 매달려 자녀를 따뜻하게 품어 주지 못했다는 이야기다.

내 책을 읽고 나서 언니는 내게 조심스러운 충고를 했다. '살아 계신 분에 대한 예의'를 언급했다. 내가 곰곰 생각해 봐도 어머니가 내 책을 읽는다면 이성적일 땐 당신의 인생이 딸과 손자에게까지 안 좋은 영향을 끼쳤다며 미안해하고 슬퍼할 것이다. 그러다가 저기압이 되면 어미의 상처를 긁어 부스럼을 내는 천하의 나쁜 딸년이라고 욕할 것 같아 두려웠다. 그래서 그 책을 어머니께 비밀로 했다.

2020년에 쓴 나의 첫 책 『완벽한 결혼생활 매뉴얼』은 어머니에게 드린 바 있다. 딸로 태어나 여성 공직자가 되고, 결혼 후 아내가 되고 어머니가 되는 과정을 쓴 책이다. 책을 쓰는 동안 나에게 힘들게만 여겨졌던 어머니, 남편, 시부모, 시누이, 아들 등 나의 소중한 가족들을 이해하며 사랑의 눈으로 바라보게 됐다. 의미 있는 치유의 시간이었다. 독자들은 결혼생활에서 여성이 겪을 수 있는 내용을 잘 풀어냈고, 남편과의 부부싸움 사례와 극복 과정은 해피엔딩이어서 재미있다고 평했다. 한데 어머니의 소감은 "너를 괜히 큰며느리로 시집보내서 고생시켰다. 애를 안 봐줘서 미안했다."라며 딸을 조금이라도 고생 안 시키고 싶은 친정어머니의 마음을 고스란히 내비쳤다.

다시 영화 이야기로 돌아간다. 영화를 보고 나서 어머니께 전화를 드렸다. 영화를 본 사람이라면 누구나 어머니께 전화를 걸었을 것이다. 다들 어머니께 "너무 죄송하고, 고맙다."라고 말했단다. 그리고 나는 하나 더 "왜 영화를 끝까지 안 보셨냐?"라고 조용히 물었다.

"내가 딸들에게 못한 것이 생각이 나서, 속이 뒤집어질 것 같아서 도중에 나왔어."

나도 언니처럼, 처음엔 어머니가 외할머니에 대한 상처가 생각나서 영화관을 나오신 줄 알았는데 의외의 대답이었다. 어머니는 어린 시절 버려진 딸 '진주'의 서러운 입장에서 영화를 본 것이 아니라, 악조건 속에서도 딸을 잘 키우려는 어머니 '복자'의 입장에서 영화를 본 것이었다. 결혼 후 2남 3녀를 어떻게든 잘 키워보려고 애써온 내 어머니가 참 고마웠다. 사랑을 못 받고 자란 것에 대한 아픔보다 당신의 자녀를 충분한 사랑으로 못 키워준 것을 더 아파한 것이다. 이게 내가 가진 어머니에 대한 오해였다. 내가 어머니에게 큰 사랑의 빚을 진 마음이 들었다.

참으로 알다가도 모를 어머니지만 끝내는 사랑과 희망이 보였다. 이처럼 반전과 오뚜기 근성이 있는 어머니를 나는 확실히 좋아한다. 여하튼 나는 '진주'처럼 어머니 돌아가신 뒤에 후회하지 않도록 어머니에게 전화를 자주 걸고, 걸려 오는 전화도 반갑게 받기로 마음먹었다. 작심삼일이 아니길 바란다. 어머니는 어린 시절 상처 입은 딸이었는데도, 당신 어머니보다 자녀를 향한 사랑의 품이 훨씬 더 크신 분이었다. 내가 어렸을 적에 들었던 어머니의 모진 말과 행동에는, 숨겨진 상처와 속 깊은 사랑이 깃들어 있었다는 걸 난 미처 몰랐었다. 나의 뒤늦은 사랑의 반성문이 어머니에게 닿을지 모르지만, 어머니의 한이 풀리고 조금이라도 치유되길 소망한다.

4

상처의 계절은 가고
사랑의 계절 시작

시집살이 잊어버릴 시집(詩集) **선물**

"지나간 불행을 한탄하는 것은 새로운 불행을 불러들이는 지름길이다."
– 윌리엄 셰익스피어, 『오셀로』

2023년 12월 크리스마스 이브날 예배 후 남원으로 향했다. 어머니와 추어탕 한 그릇을 먹고 지리산자락 아름다운 곳에 자리한 '모정엔틱카페'에서 차를 마셨다. 카페엔 아기자기한 예쁜 찻잔들이 전시되어 있었고 엔틱가구가 많았다. 또 벽에는 아름다운 여인 초상화가 걸려 있어서 황실 파티에 초청된 기분이 들었다. 은은한 레이스 커튼이 반쯤 가려진 창가에 앉았다. 겨울 오후 햇살이 따스했다. 남원엘 가면 즐겨 찾는 곳인데 어머니랑 오기는 처음이었다. 연말 특수를 맞아 가족 단위로 오신 손님들이 가득했다. 차를 받기까지 많은 시간이 소요됐다. 기다리는 동안 가방 속에서 시집 한 권을 꺼내 어머니께 드렸다. 소강석 시인의 신간 『너라는 계절이 내게 왔다』라는 시집이다. 샘터사가 주관한 북콘서트 영상을 보고 반해서 주문했다.

진동 벨이 울렸다. 쟁반에 차와 빵을 담아 받아 걸어오는데, 시 읽는 어머니 모습이 독서를 즐기는 귀부인처럼 너무너무 우아해 보였다. 작고 부드러운 목소리가 예뻤다. 나만 보기엔 아까워 얼른 쟁반을 테이블에 내려놓고 사진을 찍었다. 오 남매 단톡방에 올리고 영상도 즉석에서 편집했다. '시 읽는 팔순 할머니 메리 크리스마스!'라는 제목 아래 모녀지간의 정겨운 목소리와 자막을 넣었다.

'엄마 손 좀 흔들어 봐~ 메리 크리스마스! 메리 크리스마스! 엄마도 따라 해봐! (갑자기 어머니가) 부처님 관세음보살! 이라고 화답하셨다. 시처럼 엄마 노년이 예쁘길…. 할머니가 되었어도 책을 볼 땐 소녀 같지요. 젊은 날의 한은 잊어버리고 예쁜 기억만 하세요.'

어머니에게 시인을 잠깐 소개했다. 용인 죽전에 있는 새에덴교회 담임목사님이시다. 시인의 고향은 전북 남원 이백인데 내 작은고모가 시집간 동네이기도 하다. 어머니께는 소 시인이 고모부의 제자라고 짧게 말했다. 더 길어지면 오히려 어머니 화병을 부채질할 수도 있었다. 어머니가 시를 읽는 동안 나 홀로 고모와 어머니의 관계를 생각하는 것으로 충분했다.

한마디로 고모는 친정어머니(내 할머니)가 계셔서 사랑과 보호를 받았는데 어머니는 그 반대였다. 그래서 어머니는 사실 고모를 부러워했고 질투했다.
 어머니가 열아홉에 시집왔는데 생일이 조금 빠른 동갑내기 시누이(내 작은고모)가 있었다. 어머니는 고모를 시집가기 전까지 무려 7년간 귀한 아가씨로 모셨다. 당시 우리 집은 3대가 사는 대가족으로 어머니가 모셔야 할 어른이 내 기준으로 증조할머니, 할아버지, 할머니, 아버지, 작은고모, 작은 삼촌, 아버지와 동갑내기로 장가를 안 간 작은할아버지까지 총 일곱이었다. 빨랫감이 어마어마했다. 어느 겨울날이었다. 어머니는 고모가 입었던 헌 옷을 입고 빨래통을 머리에 이고 털신도 아닌 얇은 흰 고무신을 신고서 빨래터를 다녔다. 방망이로 도랑 얼음을 깼고 비누도 없이 빨았다. 병중인 증조할머니 속옷은 오물이 많이 묻어 떡처럼 굳어서 맨손으로 수없이 문질러 빨아야 했다. 초가집으로 돌아와서는 동태처럼 꽁꽁 언 빨래를 널고 난 뒤에 너무 추워서 온기가 있는 부엌 바닥에서 뒹굴었다. 이때 고모는 내 어머니가 시집올 때 가져온 새 옷을 입고서 안방에서 우아하게 수를 놓고 있었다. 이를 지켜본 작은할아버지가 질부(내 어머니)만 고생한다며 고모 이름을 부르며 새언니 좀 도우라고 말했다. 그런데 할머니가 나서서 "○○(내 고모)이는 어렸을 적에 너무 고생을 많이 했다. 이제는 오빠가 결혼해서 올케언니가 있으니까 (시집가기 전까지) 일하지 마라"고 했단다. 친정어머니가 없는 어머니는 얼마나 서러웠을까? 그렇다면 친정어머니 사랑을 많이 받고 시집간 고모는 과연 시집살이를 안 했을까?

고모는 스물여섯에 면장님 댁 큰며느리이자 학교 선생님 사모님이 되었다. 아버지와 어머니는 고모가 시집에서 기죽지 않도록 혼수를 엄청나게 챙겨드렸다고 한다. 안타깝게도 고모가 간 시집도 만만치 않았다. 손아래 시누님이 무려 다섯 분이었다. 게다가 고모부가 환갑을 앞두고 뇌출혈로 쓰러져 20년 동안 고모가 보살폈다. 그래도 고모는 참 지혜롭게 노년을 살고 있다. 고모는 시집살이 서러움을 털어내기 위해 사돈 할머니 돌아가실 즈음에 시어머니께 "미안했다."라는 말씀을 듣고 싶다며 요청했단다. 고맙게도 진심 어린 사과 말씀을 받으셨다. 덕분에 "지난 서러운 세월을 훌훌 털어버렸다."라며 "시댁에 대한 서운함이 조금도 남아 있지 않다."라고 내게 자랑스럽게 말했다. 정말 부러웠다.

사랑의 계절을 어머니에게

이렇게 내 어머니와 고모의 인생관은 분명한 차이가 있었다. 고모는 주어진 고난을 감당하면서도 자신의 수고와 헌신의 가치를 가족에게 인정해 달라고 정정당당하게 요구했다. 어려서부터 어머니(내 할머니)의 사랑과 지지를 받아서인지 당신의 삶을 사랑할 줄 알았다. 몇 해 전 고모마저 쓰러져서 위험한 고비가 있었지만 재활 의지가 강해서 어느 정도 호전됐고 현재는 즐겁게 노인주간보호센터를 다니신다. 지난 봄날 팔순 잔치도 자녀들의 사랑을 받으며 행복하게 치렀다. 팔순 잔치 때 왕관과 면사포를 쓴 고모가 내게는 엘리자베스 테일러 여왕으로 멋져 보였다.

반면에 내 어머니는 친어머니 사랑을 못 받고 자라서 그런지 자존감이 낮았다. 시어른들이 일부러 어머니를 구박한 것은 아니었겠으나 작은 말 한마디에도 어머니는 상처받았고 어머니의 한은 점점 커져만 갔다. 어머니는 열등감과 화병이 생겨 자신을 통제할 수 없을 땐 자녀들에게 화를 내곤 했다. 평생 친어머니와 시어머니의 사랑은 못 받았어도 노년에 하나님의 사랑을 받고 누릴 수 있도록 교회 다니시길 내가 다방면으로 권하는 중이다. 안타깝게도 아들이 스님이라 거부가 심하다.

솔직히 나는 고모와 어머니 사이에서 갈등을 겪곤 했다. 고모의 팔순 잔치도 도둑고양이처럼 다녀왔다. 내가 고모를 좋아하는데 내 어머니가 서운해할 것 같아서 고모를 드러내놓고 좋아할 수가 없었다. 고모와는 어렸을 적부터 좋은 추억이 많다. 고모네 집(시댁)을 여름방학 때 놀러 갔는데 고모는 내가 사촌들과 마음껏 놀 수 있도록 고모 방을 비워줬다. 밥상도 따로 차려줬다. 또 집안에 포도나무가 세 그루가 있었는데 사돈 할머니 눈치를 받지 않고 마음껏 따 먹을 수 있도록 내게 고모 방 옆에 있는 포도나무를 지정해 주셨던 추억이 있다. 아마도 사랑방 근처에 있는 나무는 시아버지 포도나무, 우물가에 있는 포도나무는 시어머니 나무였던 것 같았다. 시댁을 존중하면서도 친정 식구를 지혜롭게 챙기는 고모였다.

이후에도 나를 살갑게 챙겨주신 정이 많았다. 내가 고등학교 다닐 때 고모도 이사 와서 전주에서 사셨는데 주말에 고모네 집으로 자주 오라 하셨다. 밥상도 차려주시고, 용돈도 주시고, 목욕비는 아끼라며 목욕을 고모네 집에서 하고 가라 했다. 이렇게 전주에서 어머니 역할을 해주셨다. 한편 내 어머니는 오직 시댁 눈치만 보거나 시댁 어른만 섬겼을 뿐 자신이 챙기고 싶은 사람, 이를테면 오 남매를 제대로 못 챙겼다. 이를 평생의 한으로 여기고 있다. 당신의 오 남매가 전주에서 학교 다니는 동안에도 구멍가게에서 돈 버느라고 전주를 거의 찾아온 적이 없을 정도였다. 자주 오셨던 아버지와 달리 어머니는 내 입학식부터 졸업식까지 한 번도 오신 적이 없다.

아무튼 시인의 고향을 친근하게 설명하려다가 어머니가 고모와 관련된 시집살이 기억을 되살리면 곤란하니까 길게 말하지 않았다. 다행히 소 시인의 시는 종교적인 내용보다는 봄, 여름, 가을, 겨울 사계절 자연의 아름다움을 노래해서 어머니가 읽기에 무난했다. 어머니의 닫힌 마음을 아름다운 시, 명상의 글, 음악과 차로 우선 부드럽게 녹여드리고 싶었다. 언젠가는 성경책도 가까이하길 진심으로 바라는 마음이다. 어머니가 시를 읽는 동안 나는 소강석 시인의 시집 서문을 포스팅하고, 내가 만든 '시 읽는 팔순 할머니 메리 크리스마스!' 영상을 곁들여 12월 24일 블로그 일기를 썼다. 고맙게도 나의 반가운 이웃님들이 참 따스한 댓글을 많이 남겨주셨다.

"(어머니가 시집을 읽는 영상을 보고) 시속에 빠져든 소녀 같아요."(겨울사랑)

"잘 보았습니다. 건강하시고 즐거운 메리 크리스마스 되세요."(밥순덕)

"정말 시를 읽은 모습이 소녀 같아요. 마음이 따뜻하시고 감성이 풍부하신 어머니도 차곡차곡 일기를 쓰셔서 책이 만들어지기를 기대해 봅니다."
(leey243)

"영상을 보니 절로 미소가 지어집니다."(마늘)

소강석 시인은 서문에서 "우리가 사랑하는 이와 함께한다면 그 모든 날이 상처의 계절이 아닌 사랑의 계절이 되어 감싸주리라 믿는다."라고 밝혔는데, 내가 진심으로 어머니에게 '사랑의 계절'로 다가가길 바란다. 어머니에게 '너라는 계절'의 '너'는 '나'이길.

5

수박 들기가
버거운 노인들

어머니가 수박을 직접 심은 이유

"사후에 만반진수는 불여생전에 일배주만도 못하느니라."
(死後萬盤珍羞 不如生前 一杯酒)

- 판소리 〈사철가〉 한 대목에서

2024년 8월 10일 주일 저녁 친정 집안 어른께서 돌아가시어 남원엘 다녀왔다. 어머니를 장례식장에서 만나 같이 조문하고 식사도 함께했다. 전주로 돌아오려는데 어머니가 나에게 수박을 줄까 말까 몇 번을 고민하다가 차 안에 넣어주었다. 당신이 직접 재배한 수박이란다. 정말 놀라웠다. 시중에서 파는 수박처럼 크기도 컸고 모양도 예뻤다. 딱 한 군데 흠이라면 해를 못 봐서 그런지 수박 아랫면이 약간 노랬다. 어머니 말씀으로는 풀밭에 닿은 부분이란다. 조심스럽게 안고 와서 집에 오자마자 잘라봤다. 두근두근 어떤 맛일까? 색은 연한 핑크빛으로 덜 익은 듯했지만 달았다. 그리고 뭣보다도 밭에서 막 따온 싱싱한 맛이었다.

어머니가 수박을 무척 좋아하시는데 사다 줄 아버지는 안 계시고, 자녀들은 어머니가 먹고 싶을 때 맞춰서 수박을 사다 주지 않고 시간이 날 때만 사 드린다. 그래서 어머니가 작심하고 재배하신 모양이었다. 어머니를 만나기 전 바로 직전 주말에 시골집을 다녀온 적이 있었다. 그때 마루 아래 무심코 눈에 띈 수박을 봤는데도 누가 사다 주셨나 보다며 신경을 쓰지 않았다. 어머니가 수박을 직접 심었으리라고는 상상조차 못 했었다. 냉장고가 아닌 마루 아래에 있었다는 걸 주목했더라면, 그 수박 출처 비밀을 알았을 것인데, 일주일이 지나서야 궁금증이 풀렸다. 어머니가 손수 심었다는 수박에 대한 감격과 딸로서 갖는 미안한 마음을 담아 시 한 편을 지었다.

무더운 여름날 찾아간 친정엄마의 빈집
뒷마루 아래 상표 없는 보통의 수박이 놓여 있었다
누가 주셨을 거라 상상했는데,
먹고 싶어서 한 번 심어봤단다
둥글게 익기까지 얼마나 정성을 다했을까?

두근두근 설렘을 안고 자른 수박
젊은 날 엄마의 연분홍 얼굴이요, 달콤한 젖이었다
그러나 수박껍질은 노모의 굽은 등!
수박 들기가 버거운 나이다
택배라도 보낼걸 내 마음이 수박처럼 무겁다
- 자작시, 「마음이 무거운 수박」

예전에 우리 집에서 유교식으로 제사상을 차릴 때 크고 좋은 수박을 사서 꼭지 부분을 넓게 도려내고 차려 놓았었다. 볼 때마다 드는 생각은 '정말 사후에 잘 차려놓아봤자 무슨 소용이 있을까?'였다. 차린 사람만 먹을 뿐인데 말이다. 남원시립국악원에서 배웠던 판소리 중 〈사철가〉를 떠올린다. 인간사를 봄, 여름, 가을, 겨울의 자연풍경과 한자 고사성어로 풀이한 노래인데, 모두 다 일리가 있는 가사다. 아버지가 막상 돌아가신 뒤에는 다음 대목이 더욱 사무쳤다.

"인간이 모두가 팔십을 산다고 해도 병든 날과 잠든 날 걱정 근심 다 제하면 단 사십도 못산 인생 아차 한번 죽어지면 북망산천의 흙이로구나. 사후에 만반진수는 불여생전에 일배주만도 못하느니라."

아버지가 병원에 계실 때 내가 챙겨드린 음식은 고작 홍삼엑기스와 복숭아 통조림이 전부였다. 아버지와의 추억을 떠올려 급히 사서 드렸지만, 병세가 나빠질수록 병원조치만 의지하게 되고 해드릴 것이 점점 없어졌다. 아버지는 담배소매인답게 건강식품으로는 전매청(현 한국담배인삼공사) 특산품인 홍삼을 제일로 여겼다. 또 구멍가게 사장님답게 병문안 선물로는 손님들에게 과일 통조림을 적극 추천했었다. 내가 아버지께 복숭아 통조림을 사다 드린 게 엊그제 같은데 벌써 고인이 되신 지가 2년이 넘었다. 아버지가 돌아가시고 나니 계시고 안 계시고는 하늘과 땅 차이였다.

웃고픈 수박 추억 세 개

누구나 다 아는 사실이지만 자녀들은 부모님의 양손을 보지만, 부모님은 자녀들의 얼굴을 본다. 부모님은 자녀들이 한 번이라도 더 찾아오고, 소박한 음식이라도 함께 먹길 원한다. 형편이 넉넉지 못하면 빈손으로 오더라도 자녀들의 얼굴이 밝다면 이를 기뻐하고 감사하게 생각한다. 그러니 이제 내가 살아계신 어머니에게 해드릴 일은 한 번이라도 더 찾아뵙고 자주 전화하는 일이다. 뭔가를 사드리고 싶다면 비싼 소고기보다 제철 과일 정도면 무방하다. 내 어머니가 좋아하는 과일이 있다. 봄엔 딸기, 여름엔 수박과 복숭아, 가을엔 단감과 홍시, 겨울엔 사과다. 이중 딸기와 수박은 비싸야 2만 원대로 내가 충분히 사드릴 수 있다. 감은 큰 사위인 형부가 직접 재배하고 있어서 겨울까지 냉장고에 넣고 풍족하게 드신다.

수박과 관련된 특별한 추억 서너 개 있다. 아주 어렸을 적에 수박 농가가 우리 집에 판매용으로 수박을 공급했던 때가 있었다. 그 시절은 수박을 팔 때 과도로 삼각형 칼집을 내어 빨갛게 익은 것만 손님에게 보여주고 팔았다. 저녁이면 낮에 깨지거나 설익어서 팔지 못한 수박을 한 통씩 잘라서 어머니가 반 통, 나머지 반 통은 내가 숟가락으로 하얀 껍질까지 박박 긁어 먹곤 했다. 마루에 놓여 있는 요강이 밤새 가득 찼는데 요즘 아이들은 무슨 말인지 이해하지 못할 정도로 정말 까마득한 옛날이야기다.

두 번째 이야기는 어머니가 전주로 관절염 치료를 한 달간 받으러 다니셨을 때다. 어머니가 직행버스와 택시를 타고 병원까지 오시면 진료를 마친 이후는 내가 픽업해서 남원 가는 시외버스 간이 정류장까지 모셔다드렸다. 하루는 수박이 무척 드시고 싶었는지 한 덩이 사달라고 하셨다. 하지만 수박이 버스 안에서 뒹굴면 깨지고, 또 남원에 도착해서 시골집까지 들고 가는 것도 보통 일이 아니었다. 현지에서 택시를 타고 가면 수박값보다 교통비가 더 든다. 이치상 합당하지 않아도 일단 사서 버스 안에 수박을 넣어드렸다. 궁여지책으로 남원에서 살고 있는 동생에게 어머니가 승차한 버스 번호와 도착시간을 알렸고, 다행히도 동생이 버스터미널에서 어머니를 만나 자동차로 집까지 모셔다드렸다. 남원에서 사도 되는 수박을 전주에서 굳이 사달라는 이유는 그만큼 수박을 좋아한다는 뜻이다. 어머니가 아들을 귀찮게 하려는 의도는 없었지만, 이참에 아들 얼굴 한 번 더 보는 어머니의 기쁨은 컸으리라.

세 번째 이야기는 최근 이야기로 살구를 사 간 적이 있었는데 어머니가 서러운 옛이야기를 어제 이야기처럼 생생하게 들려줬다.

"네 증조할머니가 살구를 따다가 입덧하는 동네 새댁에게 한 주먹씩 주었는데, 나는 안 주고 '손부야 이 옷 좀 빨아 줄래?' 하며 일만 시켰어. 배고픈 시절이었고 살구가 익어갈 무렵 얼마나 따먹고 싶었는지 몰라. 지금도 길 가다가 살구나무 보면 떨어진 살구를 많이 집어서 먹는다."
"다 지나간 일이야. 살구는 내가 얼마든지 사줄게."
"다음에 올 땐 꼭 수박 두 덩이 좀 사 와라. 동네 형님들(오래전에 입덧했던 새댁들)이랑 나눠 먹고 싶다. 먹고 싶어도 수박이 너무 무거워서 시장에서 들고 올 수가 없어."

얼마나 한이 되었으면 옛일을 그리도 잘 기억하는지 정말 어머니는 배우를 해도 잘했을 것이다. 생각해 보니 어머니랑 같이 늙어가는 동네 아주머니들도 수박이 무거워서 좀처럼 사 먹기 어려웠다. 어머니는 "딸이 사 왔다."라며 하며 인심을 쓰고 싶어 했다. 고심하다가 수박을 인터넷으로 네 덩이를 주문했다. 많이 주문한 이유는 동네에 인심만 쓰고 정작 당신이 못 먹는 서운한 일은 없기를 바라는 마음이었다. 어머니가 맛있게 드실 수만 있다면 웬만하면 다 사다 드리거나 바쁘면 택배로 주문할 생각이다. 어머니는 막상 받으면 돈 많이 썼겠다며 미안해하셨다. 그러면 나는 아버지 일을 말한다.

"엄마가 아파서 병원비 내거나 간병사에게 일당 드린다고 생각해 봐요. (그것이 아깝고) 이렇게 엄마가 드실 수 있을 때 맛있는 거 사드리는 게 더 좋지요."

말년의 아버지 때에 간병비로 거금을 지출한 바 있다. 아버지는 아무것도 몰랐다. 심지어 석 달째 병원에 입원해서 영양제 주사를 맞고 있을 때였는데도 아버지는 한 달간 입원해서 보혈 주사를 맞고 싶다고 요청할 정도로 모든 상황에 대해서 인지를 못 하셨다. 지금의 어머니는 작은 과일값이라도 당신을 위해 쓴 것이라면 고마워하시고, 당신을 차에 태우고 어디를 구경 가는지도 잘 알고 계신다. 서로를 알아본다는 것이 얼마나 감사한지를, 유치한 대화라도 소통이 되는 지금이 얼마나 행복한지를 알게 해주시려고 아버지가 먼저 떠나셨나 보다.

6

한옥에는
어머니의 시간이 흐른다

되살아나는 고향 숨결

친정 동네에 최근 몇 년 동안 출향인들의 귀촌이 이어졌다. 예전에 살았던 집을 리모델링하거나 너무 낡았으면 한옥이나 양옥을 새로 지었다. 이 중 제일 멋진 집은 퇴직하신 교장선생님의 신한옥이다. 가을이면 한식 돌담 위로 빨갛게 익어가는 감나무 가지가 보이는데 그 골목길을 지나가면 기분이 참 좋았다. 평소 베풀어주신 교장선생님의 넉넉한 인품과 사모님의 교양미가 신한옥의 품격과 가치까지 높였기 때문이다.

교장선생님과는 일가친척인데 아버지와 어머니는 교장선생님의 항렬이 높아 '아재'라고 불렀고, 사모님을 '아짐'이라 불렀다. 선생님 내외는 우리 부모님이 연세가 높았기에 상호 존중하는 사이다. 나는 교장선생님이라 칭하면 너무 거리감이 느껴져서 그냥 친근하게 선생님이라고 부른다. 개인적으로 내가 중학교 다닐 적에 국민윤리 과목을 가르쳐주신 분이다. 교장선생님으로 은퇴한 후에도 지역사회를 위해 많은 봉사활동을 하셨다. 2020

년도엔 『보절면지』 편찬위원장을 맡아 600쪽에 이르는 보절면 역사와 지리, 인물 등 9개 리 40개 마을에 걸친 면 곳곳에 숨어 있는 이야기를 남겼다. 동네 어르신들을 위해서는 차량 봉사도 하셔서 여러 차례 내 아버지가 신세를 지기도 했다. 특별히 내가 고마워하는 일이 있다. 2013년도 가을날 내가 이른 아침에 전주에서 수술받게 되었는데 걱정하시는 아버지를 병원까지 차로 태워다주셨다. 또 졸저『완벽한 결혼생활 매뉴얼』을 선생님께 드린 적이 있는데 사모님이 애독하고 칭찬하셨다고 들었다. 얼마나 황송했는지 모른다. 사모님이야말로 큰며느리로 시집오셔서 시어른 봉양과 남편 내조, 자녀 양육, 동네 어른 섬김 등 두루두루 본이 되시는 분이었다. 내 아버지 장례 때 오셔서 영정 앞에서 절하시는 모습도 인상 깊었다. 매우 정중하고 단아했다. 나이 들수록 현숙한 귀부인으로서 자태와 언행이 돋보이는 분이다. 나 이상으로 내 부모님도 선생님 내외를 존경했다. 특히 어머니가 사모님을 크게 칭찬하는 내용은 교장선생님의 건강을 위해 사모님이 먼저 귀촌을 권유하신 점이다. 남편들이 귀농하려고 시골집을 편리하게 수선하거나 새로 지었어도 아내들은 좀처럼 내려오지 않는 현실이기에 더더욱 돋보였다.

남동생은 아버지가 돌아가시자 구멍가게를 폐업시키고, 어머니가 거처할 곳으로 아버지 생가터이자 어머니가 신혼까지 보냈던 안집 터에 실용적이면서도 아름다운 새 한옥을 지었다. 향후 한옥 체험 숙박업까지 대비하여 방마다 화장실을 넣었고 동창을 유리문으로 크게 내어 자연 풍경을 안에서 볼 수 있다. 친정 오 남매는 한옥을 경사 때마다 모이는 화목의 장소로 활용할 예정이다. 2023년 가을, 한옥을 착공할 당시 어머니의 가슴은 부풀어 올랐었다. 상량식 하는 날 어머니가 절하는 모습은 다리도 전혀 안 아픈 사람처럼 지극정성이었다. 어머니는 한 오백 년 갈 한옥이 돼달라고 기도했단다. 2024년도 봄날에 완공했는데 때마침 텃밭에서 피어난 화사한 복숭아꽃은 한옥 기와와 함께 꽃 대궐 같은 풍경을 자아냈다. 어린 시절 할머니 집에서 봤던 복숭아꽃 살구꽃 추억이 되살아나 황홀했다. 고향의 봄을 부활시켜 준 동생이 정말로 고마웠고 대견스러웠다.

나는 거의 주말마다 찾아갔다. 여름날엔 대청마루가 시원해서 주말 농부인 형부의 쉼터가 되었다. 가을날엔 햇살이 좋아서 어머니가 마당에 가지나물과 호박 나물을 말리는 등 꿈에 그리던 행복한 전원생활이 내 눈앞에 펼쳐졌다. 그러나 어머니는 텃밭에서 일하다가 한옥에서 잠깐씩 낮잠을 주무셔도 밤에는 주무시지 않았다. 밤이면 시집살이했던 기억과 아버지의 치매 말년에 있었던 폭언과 폭력 등 헛것이 보인다며 잠을 이루지 못했다. 결국 자녀들이 사는 남원 시내로 버스를 타고 나가서 주무셨다가 다음 날 아침 새벽 차를 타고 다시 시골집에 들어오시기를 반복하고 있다. 치매를 앓던 아버지를 돌보시며 받았던 상처, 그리고 이제는 아무리 잘 지은 한옥이라도 혼자 계셔야 하는 현실 속에서 느끼는 외로움과 두려움이 쉽게 사라지지 않은 것이다. 더구나 겨울엔 자녀들의 발걸음이 줄어 외로움이 더했다.

2025년 음력 설날에 찾아간 한옥은 정말로 쓸쓸해 보였다. 아무리 좋은 한옥이더라도 어머니가 안 계시니까 관상용 한옥으로만 보였다. 설 전후로 눈이 엄청 많이 와서 어머니는 남원 시내 아파트에서 주로 계셨다. 나중에 날이 풀리면 어머니가 동네 분들이랑 한옥에서 함께 드시면 좋을 것 같아서 가져간 한과와 사과를 놓고 가려고 마루에 올라섰다. 마을에 있는 여러 채의 고래 등이 한눈에 다 보였다. 뉘 집이든 기와에 새하얀 눈이 쌓여 한 폭의 동양화처럼 운치가 있었다. 그러나 실상 골목을 들여다보면 세배꾼들의 걸음도 없었고 음식 냄새도 요란하지 않았다. 허전하고 쓸쓸한 시골 설날 풍경이었다. 이제는 연로하신 어르신들이 도시의 자녀 집에 가서 설을 쇠는 집이 점점 많아진 것이다.

농사지으며 살다가 떠나고 싶다

평소에 어머니가 한옥에서 어찌 지내시는지 궁금하여 이 방 저 방 둘러봤다. 실내용 슬리퍼 몇 켤레가 눈에 띄었다. 난방비를 아끼려고 실내화를 신는 듯했다. 안방엔 살림이 늘어져 있었다. 한옥의 아름다움은 여백이라며 잘 정리해 두길 누누이 당부했는데 어머니가 나이가 드셨는지 젊었을 적처럼 깔끔하지 않았다. 내가 어머니 한옥을 청소하거나 정리를 해드려야 하는데 빗자루 한 번 든 적이 없다. 청소는 하기 싫고 예쁜 한옥 사진은 많이 찍고 싶었다. 할 수 없이 난 잡동사니가 보이는 한옥 방바닥이나 마루 아래는 거의 안 찍고 문고리 위와 처마 중심으로 사진을 찍곤 했다. 언젠가 어머니는 잔소리하는 딸이 서운했는지 남동생 이야기를 꺼냈다.

"○○(내 동생)이가 재실처럼 한옥이 깨끗한 것보다는 엄마가 늘어놓고 사는 게 좋단다. 빈집이 아니라 사람 사는 것 같아 좋대."

역시 남동생은 효자였다. 나는 한옥을 예술품으로 보고 어머니를 한옥 관리인으로 봤다면, 동생은 어머니를 한옥의 진정한 주인으로 모신 셈이다. 어머니는 한옥 관리인이 아니라 한옥 주인이라는 걸 명심케 하는 동생 말이 정말 고마웠다.

　가져간 사과가 얼지 않도록 적당한 자리를 찾던 중에 얼었다가 녹기 시작한 못생긴 호박 한 덩이가 눈에 띄었다. 지난해 가을, 어머니가 늙은 호박을 수확할 때 내게도 몇 덩이를 주셔서 맛있게 먹은 적이 있었다. 늦가을 햇살이 드는 뜰에 여러 개를 놓았을 땐 정말 풍요로워 보였었다. 호박들을 바라보는 어머니의 눈빛은 마치 자식들을 볼 때처럼 애정이 가득했었다. 모양 좋은 것은 모두 아들과 딸에게 주고 작고 못생긴 것만 당신 몫으로 남겨두었다. 겨울이 되어 그 호박들을 주방에 옮겼는데도 한옥의 매서운 겨울 추위를 이기지 못하고 그만 얼고 만 것이다. 호박을 호박으로만 봐야 하는데 곧 나의 상상력은 호박을 늙은 어머니와 동일시하기 시작했다. 색깔도 변하고 못생긴 호박에서 늙은 어머니의 얼굴이 보였다. 평생을 아낌없이 퍼주는 어머니의 일생과 호박이 정말로 너무 비슷하다. 호박은 꽃이 필 때면 벌에게 꿀을 주고, 애호박일 때는 된장국과 호박전이 되었다. 여름날 호박잎은 데쳐져 쌈이 되고, 가을날 늙은 호박이 되면 호박떡과 호박죽이 된다. 겨울엔 호박씨마저 견과류 강정이 된다. 정말 뭐 하나 버릴 것이 없다. 심지어 나 어릴 적엔 호박껍질은 돼지죽이 되었고 말라비틀어진 호박넝쿨은 땔감이 되어 아궁이에 들어갔다. 겨울날 어머니가 늙고 아픈 몸으로 홀로 계신 걸 보면 정말 말라비틀어진 앙상한 호박넝쿨과 너무 흡사하여 속상했다.

　그런데 다시 봄이 왔다. 못 일어날 것 같은 어머니도 어느새 자리를 털고 일어나 텃밭을 가꾸는 재미에 또 푹 빠졌다. 벌써 마늘, 양파, 비트, 옥수

수, 실파, 부추, 배추, 상추, 땅콩, 강낭콩, 토마토, 수박, 호박, 고구마, 감자 등 온갖 먹거리들이 파릇파릇하다. 비가 와도 일하고 싶다고 비옷을 사달라, 삽도 사달라고 하신다. 다리도 안 좋은데 허리마저 기역(ㄱ)자로 굽어질 것 같아 자녀들이 말리는데도 소용없다.

"요양원 안 가고 시골에서 농사지으며 살다가 떠나고 싶다."

자녀와 가까운 곳에서 자유롭게 소일거리 하며 살고 싶다는 뜻이다. 나도 어머니의 그 소원이 이뤄지길 기도한다. 현재 어머니는 아파트와 시골집을 오가며 농촌 할머니와 도시 할머니 중간 형태의 삶을 살고 계신다. 어쩌면 지금이 어머니 심신 건강에 최선일지도 모른다. 다만, 하루빨리 어머니가 옛날 안집과 관련된 시집살이 한을 훌훌 털어버리고 새 한옥의 주인으로서 밤잠까지 평안히 주무시길 바란다. 어떻게 도울 수 있을까? 생각해 보니 내가 어머니와 함께 1박 2일 한옥 숙박을 시도해 보는 것이 좋겠다. 다가올 휴가 계획을 벌써 다 짠 것처럼 기쁘다. 내가 왜 진즉 이 생각을 못 했을까?

"사람이 안 살면 집이 허물어진다."라는 말이 있듯이 상량식 때 어머니가 소원한 대로 한옥이 한 오백 년 가려면 내 온기가 반드시 보태져야 할 것 같다.

7

어머니 마음을
표현하는 글공부

머릿속에 잔뜩 들은 번뇌 풀기

2023년 10월 2일 추석 황금연휴 마지막 날 오후였다. 어머니 전화가 계속 걸려 왔다. 바로 전날 찾아가 뵈었고, 이른 아침에도 한 번 전화를 주셨는데 또 무슨 신세타령을 더 하시려는지? 아니면 가을일 도와주러 오라고 전화하셨을까? 조금 긴장했는데 받자마자 질문부터 하셨다. 꼭 알고 싶다는 간절한 목소리였다. 아주 신선한 대화로 지금도 그날의 느낌이 생생하다.

"깻잎의 '잎' 받침이 'ㅂ'이냐 'ㅍ'이냐?"
"'피읖'요. 피리할 때 '피읖'요."
"깨는 '꾀가 많은 사람' 말할 때의 '꾀'가 아니라 '물건을 깨트리다.'의 '깨'야."
"'까'를 먼저 썼어."
"맞아 맞아. '까'에 작대기 하나 더 그으면 돼."
"…."
"엄마는 치매 안 걸리겠어요. 똑똑해서."

"난 초등학교 6학년까지 다녔는데, 초등학교 2학년까지 다니다 만 옆집 ○○댁이 더 똑똑혀."

"…."(아, 그래서 물으셨구나.)

"난 머릿속에 번뇌만 잔뜩 들었어."(우왜! 수준 높은 표현이다.)

아마도 밭에서 깻잎을 땄다고 일기를 쓰다가 맞춤법을 의식한 모양이다. 일기 쓰시냐고 묻진 않았다. 대화가 샛길로 빠지면 공부가 안 되니까 말이다. '깨' 자는 잘 썼을까 궁금하여 내가 먼저 알려주기도 했다. '깻잎' 단어를 쓸 때는 '깨'에 'ㅅ' 받침을 써야 한다고 진도를 더 빼지는 않았다. 문법 의식하다가 글 쓰고 싶은 어머니 기분이 사라지면 안 되기에 칭찬만 했다. 짧은 통화였지만 재미가 있었다. 맨날 이렇게 간단하고 상큼한 전화만 왔으면 좋겠다고 마음속으로 바랐다.

이보다 앞서 아침에 일찍 걸려 온 첫 번째 전화는 조금 우울한 전화였다. 전날 저녁 나와 함께한 식사 때 어머니가 느낀 심정을 너무 솔직히 말했기 때문이다.

"평소 내가 언니에게 식사를 신세 져서 미안했는데, 언니가 너희 내외 밥상까지 챙기는 것이 미안했다."

'내가 밖에서 언니랑 엄마랑 맛있는 걸 사 드릴 걸.' 하고 후회되었다. 나는 아침 내내 속상했다. 분명히 나는 언니의 초대로 추석 인사 겸 남원을 즐겁게 다녀왔는데, 어머니 해석은 평소 어머니답게 달랐다.

아버지 돌아가신 후 언니와 남동생은 어머니가 심신 안정을 취할 수 있도록 남원 시내에 작은 아파트를 임차하여 가까이에서 돌봐드리고 있었다. 시골에서 낮에는 계셔도 밤잠을 통 못 주무셨기에 취한 조치였다. 위치도 언니와 동생 집 가운데 지점이었고 시골행 버스 정거장과도 가까워서 어머니가 그럭저럭 적응하셨다. 그래서 추석 명절도 아파트에서 쇠었고 언니가 친정엄마처럼 동생 내외를 식사하러 오라고 부른 것이다. 아버지 사후 처음 쇠는 명절이 적적하지 않도록 나름 언니가 신경 써준 고마운 마음이었다. 식사 준비부터 먹고 정리할 때까지 언니랑 대화를 즐겁게 나눌 수 있어서 난 좋았다. 또 어머니가 손수 농사지은 벌레 먹은 들깻잎과 된장 쌈까지 너무너무 맛있게 먹었었다. 그러니까 나는 예전 시골 친정집과 똑같은 분위기 속에서 정말로 행복하게 잘 다녀왔다.

그런데 어머니는 추석이라고 둘째 딸네가 와서 밥을 같이 먹어서 좋으면서도 큰딸이 당신 때문에 고생하는 것 같아 밤새 미안한 모양이었다. 잠을 못 자고 다음 날 아침 눈뜨자마자 내게 전화한 것이다. 막상 어머니 말을 듣고 보니 언니에게 괜히 미안한 생각이 들어서 내 기분이 묘했다. 내가 눈치 없는 딸이고 눈치 없는 동생이었을까? 어머니가 고마운 큰딸에 대하여 느끼는 미안한 마음, 그리고 미흡한 작은딸에 대하여 갖는 아쉬운 마음을 하나하나 전화로 길게 말하지 말고 조용히 일기로 썼다면 좋았을 텐데…. 나까지 우울한 마음이 전염되고 만 것이다.

훗날 알게 되었는데 어머니는 그 마음을 이미 일기로 쓰고 있었다. 그때가 일기 쓰기 5일 차로 맞춤법에 맞게 바르게 쓰기 위해 물은 것이다. 그날 어머니는 당신의 상황을 "머릿속에 번뇌만 잔뜩 들었다."라고 문어적으로 잘 표현하기까지 이르렀다.

날마다 배우는 좋은 날 되소서

오래전부터 내가 어머니께 말하길 일기를 써보라고 권했는데 어머니는 그간 가게도 봐야 하고, 아버지도 돌봐야 하고 해서 쓸 시간이 없다고 핑계를 댔었다. 이제는 아버지도 돌아가시고 구멍가게도 정리했으니 변화된 일상을 일기로 꼬박꼬박 쓰시는 것 같았다. 아무튼 일기는 쓰다 보면 슬픔은 풀어지고, 기쁜 일은 오래오래 기억할 수 있는 장점이 있다. 정신건강에 매우 좋다는 걸 써본 사람은 다 안다.

얼마 후 어머니는 글씨를 반듯하게 예쁘게 쓰고 싶다며 펜글씨 교본을 사달라고 청하셔서 기꺼이 주문해 드렸다. 어릴 적 내 아이들이 글씨를 막 알아가고, 또 예쁘게 바르게 쓰고 노력했을 때처럼 내 기쁨이 컸다. 이 소식을 들은 블로그 이웃은 내 어머니를 위해 일기 노트, 명언집, 고급 샤프펜슬까지 보내주셨다. 책을 사드린 지가 얼마 안 된 2024년 3월 16일 주말에 어머니가 글씨 교본으로 예쁘게 글씨를 잘 쓰고 계시는지 궁금도 하고, 점심을 같이 먹으려고 어머니 계신 집을 찾아갔다. 외출하고 아니 계셨다. 어머니 방에 들어가 보니 교본 몇 장을 잘 쓰고 있었다. 준비해 간 장미꽃 한 송이를 펜글씨 교본 위에 놓고 막 돌아서려는데 책상 한쪽에 어머니 일기 노트가 보였다. 호기심에 살짝만 보고 얼른 덮었다. 밭농사 일상과 친한 이웃이 이사 가는 것에 대한 서운한 마음을 잘 적어 놓으셨다. 돌아오는 차 안에서 어머니 전화를 받았다.

"너 다녀갔냐? 오늘이 다 안 지나갔는데, 저녁에 피곤해서 일찍 잘 것 같아서 오늘 일기를 미리 써둔 거야."

　내가 어머니 일기장을 당연히 읽어봤을 것이라고 어머니가 직감한 것이다. 당일 일기를 미리 써놓은 걸 들켰다고 생각하고 고백하면서 부끄러워하셨다. 어머니가 참 귀엽고 사랑스럽게 느껴졌다. 일기는 하루를 마치고 자기 전에 써야 한다는 학생 때의 오래된 생각이 있었나 보다. 글씨 쓰기를 연습하고 일기를 쓰시는 것도 장한데 1년 후인 2024년 12월 21일 어머니가 또 한 번 짧고 반가운 전화를 하셨다. 어머니는 확실히 예고 없이 사람을 놀라게 하는 기질이 있다.

　"야! 영어로 '오(O)'는 동그라미고, '에스(S)'는 팔자를 위에서 오른쪽으로 돌려쓰는 것까지는 알겠는데 '케이비에스(KBS)'는 못 읽고 못 쓰겠어. 나 영어책 한 권만 사주라."

　너무 반가워서 유아 영어책을 찾아 빠르게 주문했다. 그런데 우리말로 된 발음이 없어서 보기 어려웠는지 한 달 후인 2025년 1월 24일 남동생에게서 카톡이 왔다. 어머니를 모시고 안과에 온 모양이었다. '인공수정체 루시아 LUCIA'란 배너기 사진을 찍어놓고 다음과 같은 내용을 주문했다.

　"LUCIA 엘유씨아이에이… 어머니가 영어 공부하는데 위와 같이 영자 아래 한글로 철자 발음이 써진 책으로 공부하길 원한다고 합니다."

　남동생도 나를 어머니의 글공부 선생님으로 인정해 줘서 기뻤다. '루시

아가 광명, 빛이란 뜻인데 어머니가 안과 수술을 하여 시력도 좋아졌으니 곧 알파벳도 익히고 여권까지 만들 날이 기대된다고 오 남매 단톡방에 수다를 떨었다. 새 책으로 공부한 지 얼마 안 되었는데 어머니 배우는 속도가 진짜 빨랐다. "○○ 아짐이 '티오유에스(TOUS les JOURS)…로 시작되는 순 우유 맛이 나는 빵을 선물했는데 아주 맛있다."라고 사달라는 전화가 왔다. 철자는 읽고 '뚜레쥬르'라고는 못 읽어도 어느 정도 의사소통이 되니 정말 좋았다. 배우는 만큼 어머니 인생이 편리해지고 자녀와 소통이 더 원활하게 되어 솔직히 기쁘다. 앞으로도 계속해서 말하기, 읽기, 쓰기, 듣기 공부를 잘하여 어머니 마음을 잘 표현하고, 더 넓은 세상을 보시고 누리길 바란다. 자꾸만 배우고 싶은, 알고 싶은 그 열정이 내 어머니 삶을 젊고 빛나게 할 것이다.

8

한때 새어머니 같았던
친엄마랑 친구처럼

엄마는 그래도 되는 줄 알았습니다

2025년 1월 26일, 설 연휴를 맞아 남편 제안으로 두 아들과 함께 군산 선유도 민박 여행을 다녀왔다. 작은아들 제대 기념으로 제주 여행을 계획했는데 다들 시간 맞추기가 어려워 소박하게 군산으로 변경했다. 네 식구가 오랜만에 같이 식사한 것만으로도 나는 행복했다.

돌아오는 길에 작은아들이 알바 시간을 빼고 와준 것이 고마워서 작은아들 사장님께 드릴 '이성당' 빵 선물 세트를 사기로 마음먹고서 군산 시내로 향했다. 유명한 빵집이라 전국에서 몰려든 관광객과 함께 눈을 맞으며 밖에서 약 한 시간 정도 줄을 섰다. 아들을 위한 일로 피곤치 않았다. 단팥빵과 야채빵을 샀다는 사실이 더 기뻤다.

군산을 막 벗어나 전주행 도로에 접어들었는데, 어머니로부터 전화가 왔다. 아버지도 아니 계시고 가게를 정리했기에 섣달그믐날 사람 목소리가 너무 그립고 외로웠나 보다. 군산 여행 중이라고 말하니까 군산 갈치를 사 오란다. 순간 미안함이 밀려왔다. 아들을 위해서는 눈을 맞으며 한 시간이

나 줄을 서서 빵을 샀는데 애초에 어머니를 위한 선물은 조금도 생각하지 않았다. 그런데 내 입은 나도 모르게 딱 잘라 말했다.

"내가 어제 먹어본 군산 갈치는 작았어. 다음에 크고 맛있는 ○○갈치로 많이 사다 줄게."

그 말을 하고 나니 이제는 갈치 가시가 내 목구멍에 걸린 듯 아팠다. 구체적으로 날을 잡아서 언제 어머니랑 같이 군산에 와서 바다 구경도 하고 맛있는 갈치조림 먹자고 말할 걸…. 찾아보면 크고 맛있는 군산 갈치 맛집도 많은데 후회됐다. 남원은 산골이라 생선이 귀하다. 어머니가 드셔 본 생선은 여수 갈치와 군산 갈치가 전부였다. 우리 집은 제사가 많아서 1980년대까지 생선 장사 아주머니가 홍어, 병어, 낙지, 명태, 조기, 갈치 등을 머리에 이고 와서 내려놓고 가시곤 했다. 어머니는 낮에는 열심히 가게를 보고 밤이면 모두 손질하여 제사상과 친척 밥상에 차려놓고 남은 것은 또 일가친척들에게 싸주었다.

나는 어머니가 집안 큰며느리로서 집안 대소사 때 밥상 차리는 것을 자주 봐왔다. 제사상이나 차례상을 차리고 난 뒤에 제일 먼저 남자 어른 일가친척 밥상을 차렸다. 이어서 여자 어른 밥상과 손아래 조카나 자녀들 밥상을 차린다. 당신 밥상은 없다. 집안 전체 식구들의 식사가 다 끝나고 물린 상을 설거지하기 직전에 잔반을 치우면서 주방에서 대충 식사를 마쳤다. 양옥집을 짓기 전까지는 불 때는 부엌 부뚜막에서 드셨다.

설거지를 도우면서 어머니가 식사하는 모습을 종종 봤다. 어머니가 맛있어하는 반찬은 남자 어른들이 몸통 발라먹고 남은 생선 가시였다. 나중에 안 일인데 남자 어른들은 집안 여자들이 먹을 수 있도록 조금씩 남겨두는 미덕을 발휘한 것이었다. 이렇게 조기 한 마리를 가족 전체가 먹어야 해서 그런지 소금간을 아주 세게 했다. 평소에 소금단지를 열면 아예 소금 속에 푹 담긴 조기가 있었다. 우리 집 식구가 1인당 한 마리씩 조기를 먹게 된 것은 막내 여동생과 남동생까지 모두 취업한 2010년대부터 가능했다. 아직도 어머니는 조기 한 마리를 통째로 드신 적이 없다. 어머니 몫으로 넉넉히 사드리면 동네 손위 친척 형님들께 또 나눠드렸다. 어머니는 그렇게 평생을 살아왔다.

눈물이 핑 돈다. 떠오르는 시가 있다. 도종환 시인은 부모와 자녀가 꼭 함께 읽어야 할 시로 심순덕 시인의 「엄마는 그래도 되는 줄 알았습니다」를 선정했다. 친정어머니의 이름도 '순덕'이어서 그런지 내 어머니 조순덕 여사에게 꼭 들려주고 싶은 시다. 시 결론은 이렇다.

"엄마는 그러면 안 되는 것이었습니다."

따뜻한 밥을 제때 먹고 싶었을 것이고, 손이 트지 않은 채 겨울을 나고 싶었을 것이다. 예쁜 옷도 입고 싶었을 텐데, 빨랫줄에 걸린 어머니 속옷은 숭숭 구멍이 나 있었다. 나는 어머니가 참고 살았던 그 마음을 내가 결혼하고도 한참 지나서야 헤아리게 됐다. 어머니는 그런 종(가사도우미)과 같은 대접을 받아도 되는 사람이 아니었다. 그런데 그래도 되는 줄 알고, 아니 그렇게 사는 게 당연한 줄 알았었다. 그러나 어머니는 '그러면 안 되는' 귀한 존재다. 지금은 어머니가 존중받아야 할 집안 어른임을 잘 알고 있다. 어머니가 우리 집안에 헌신한 수고와 베푼 사랑은 '그래도 되는' 희생이 아니라, '그러면 안 되는' 희생이란 걸. 누구보다도 존중받고, 보살핌을 받아야 할 사람이 바로 어머니였음을 깨닫는다. 이제는 내가 어머니의 손을 잡아야 할 시간이다. 따뜻한 밥상을 차려드리진 못해도 "어머니 먼저 드세요."라고 말할 시간이 되었다. 뒤늦게 시로 읽어낸 이 사랑에 가슴이 아리다. 하지만 늦었어도 다행이다. 남은 시간만큼은, 어머니를 '그러면 안 되는' 분으로 모시면 되니까.

스물셋 위 여자 친구와 함께하는 여행

아직 어머니는 천천히라도 걸을 수 있다. 더 늦기 전에 군산 여행을 어머니랑 꼭 다녀올 계획이다. 2024년 가을 우연히 신문을 보다가 눈에 띈 기사가 있었다. 군산시가 기획한 '모녀의 하루 in 군산' 가을 편인데 군산에서 가을을 느끼며 모녀간에 깊은 교감을 나눌 수 있는 테마투어였다. 10월 10일 오전 10시부터 다른 지역에 거주하는 엄마와 딸로 구성된 모녀 40팀 총 80명을 온라인을 통해 선착순 모집한다는 기사였다.

고군산군도의 아름다운 풍경을 감상할 수 있는 유람선 여행부터 교복을 입고서 경암동 철길마을과 인기 명소인 초원 사진관 방문 등 다채로운 프로그램이 준비돼 있었다. 참가비는 1인당 2만 원으로 모든 게 마음에 쏙 들었다.

기사 끝자락에 시청 관광진흥과장은 "바쁜 일상 속 자칫 소원해질 수 있는 모녀 관계를 되돌아보고, 군산에서 잊을 수 없는 추억과 재충전하는 행복한 시간이 되길 바란다."라고 전했다. 정말 나와 어머니를 위한 최고의 기회였는데, 작년 가을 소속 지방의회 일정과 겹쳐서 시도하지 못했다. 후기를 살펴보니 경기, 서울, 인천, 대전 등 전국에서 90세와 60대 모녀, 엄마와 세 딸, 갱년기 엄마와 사춘기 딸들이 참여하여 서로에 대한 이해와 깊은 애정을 확인하는 따뜻한 시간을 보냈다고 한다. 그래서 올해는 어떻게든 꼭 가리라고 마음먹고 있다.

태어나서 이 나이 먹도록 나는 어머니와 단둘이 여행을 다녀본 적이 한 번도 없다. 아버지와는 2021년 7월에 전주한옥마을로, 10월엔 해남 땅끝마을로 1박 2일 여행을 다녀왔는데 나에게는 정말 소중한 추억이 되었다. 내가 사드린 멋진 중절모를 쓰고 커피를 마시는 아버지의 사진을 남겼다. 가장 아끼는 사진이다. 내가 아버지를 추억하는 한 아버지는 여전히 내 가슴 속에 살아계신다. 어머니와는 커피숍이라든지 맛집은 다녔어도 볼거리 위주로 여행을 다녀온 적은 한 번도 없었다. 갑자기 아버지가 떠나신 것처럼 어머니에게 주어진 시간이 앞으로 얼마나 남았는지 모른다. 다리도 아프신데 무리해서 멀리 갈 필요는 없겠다. 차로 한 시간 거리부터 서서히 도전해 보련다.

그간 나는 어머니를 오랫동안 효부와 현모양처라는 틀에 가둬놓고 대했다. 그 굴레가 어머니에겐 정말 무거웠을 것이다. 어머니는 시어른들로부터 "새어머니에게서 자라 보고 배운 것이 없어서 하는 일마다 양에 안 찬다."라는 소리를 듣지 않기 위해 죽기를 각오하고 큰며느리와 큰집 질부 소임을 다하신 분이다.

오랜 세월 시집살이하면서 상처받고 살다 보면 딸에게 화풀이 조금 할 수 있는데도 나는 그걸 마음속으로 용납하지 않았다. 한 번씩 내가 대들면 어머니는 "배운 딸년이 엄마한테 말 잘한다. … 난 못 배워서 그런다."라고 혼냈다. 도대체 '배움(사람 도리?)'이 뭐길래 어머니는 할머니로부터, 나는 어머니로부터 그토록 상처를 받았는지 생각할수록 가슴이 먹먹하다. 정말 할 말이 없어서 내가 집을 나가고 싶을 때가 많았다. 집은 못 나가고 내가 상처받는 만큼 나는 어머니를 마음속에서 계속 밀어냈다. 마음속으로 '새어머니 같은 친엄마'라고 생각했다.

그래도 지금에 와서 생각해 보면, 어머니가 내게 화를 낸 것은 상처는 됐을지언정 죄는 아니었다. 그 옛날 여인들이 시집에서 존중받지 못하고 괴로울 때 믿고 마음껏 갈 수 있는 곳은 교회와 친정뿐인데, 어머니는 둘 다 갈 수 없는 딱한 형편이었다. 당시 어머니가 찾아갈 수 있었던 곳은 몰래 갈 점집만 있었다.

아무튼 내 어머니는 80년 동안 친정어머니 없이 참 서럽게 살아왔다. 그럼에도 당신의 다섯 자녀에게는 평균 55년씩 어머니의 자리를 지켜주신 훌륭한 분이다. 누계로는 275년이다. 살면서 욱한 분노의 감정을 잘 다스리진 못했으나 어머니 자리를 지켜주신 점만으로도 진심으로 감사할 일이다. 그 고마움을 답례하고 싶다. 어머니에게 생모로부터 못 받은 사랑, 시어머니로부터 인정받지 못하고 내 아버지(남편)로부터 충분히 사랑받지 못한 서러움을 내가 조금이라도 풀어드리고자 한다. 내가 어머니의 빈 가슴을 다 채워줄 수는 없지만 스물셋 아래의 여자 친구로, 또 하나님 사랑의 전도자로 다가갈 수 있기를 바라며 이야기를 맺는다. 이후 모녀 이야기는 블로그와 유튜브로 계속될 것이다. 아라비안나이트처럼 멈춤이 없기를.

후기

엄마를 사랑할 줄 몰랐던
딸의 고백

"부모님에 관한 책을 쓰는 목적이 뭐냐?"
"돌아가신 아버지께 느끼는 죄송한 마음을 치유하고, 살아계신 어머니에 대한 이해와 사랑을 키우고 싶어서."

얼마 전 가까운 지인이 내게 물었고, 내가 주저하지 않고 말했다. 지인 의도는 '부모님은 공경의 대상인데, 앞서 책으로 썼던 남편과 아들보다 더욱 신중함이 필요하다.'라는 조심스러운 우려였다.

실제로 나는 『완벽한 결혼생활 매뉴얼』과 『예체능 자녀 엄마로 산다는 것』을 쓴 후, 남편과 자녀를 있는 그대로 사랑할 수 있었고, 그들의 꿈을 진심으로 응원할 수 있게 되었다. 감사하게도 독자들은 나의 결혼생활을 따뜻한 시선으로 읽어 주었고, 예체능 자녀 교육 경험은 비슷한 길을 걷는 부모들에게 위로와 용기를 주었다는 피드백도 받았다.

그래서 이번 책은 '내가 효녀라서 쓴 것이 아니라, 효녀가 되고 싶어서 쓴 책'이라고 이해해 주길 바란다. 누군가 책을 다 읽고 나를 '효녀'라고 말한다면 그건 오히려 민망한 일이다. '불효녀'라고 말해야 이 책을 제대로 썼다고 할 수 있을 것이다.

양심이 흔들릴 땐 끝까지 작가 정신으로 밀어붙였다. 모든 원고를 완성하고 난 지금, 결론이 명확해졌다. 돌아가신 아버지께는 여전히 죄송한 마음뿐이다. 그러나 살아계신 어머니에 대한 감정은 기대 이상으로 달라졌다.

솔직히, 예전의 나와 어머니의 관계는 그리 좋지 않았다. 대화할 때는 '엄마'라고 불렀지만, 글을 쓸 때는 늘 '어머니'라 적었다. 물질적으로는 부족함 없던 구멍가게 딸이었지만, 정서적으로는 불편한 사이였다. 그 깊은 골은 어머니가 친정어머니 없이 자랐다는 이유로 혹독한 시집살이를 겪으셨고, 그 억울함을 딸인 나에게 풀었던 세월에서 비롯됐다. 나 또한 수없이 많은 명절과 제사 전후로 어머니만큼이나 스트레스를 받았다.

그러던 중, 이 책을 쓰기 위해 지난날 써왔던 블로그 글을 읽으며 어머니의 삶을 다시 보게 되었다. 서서히 연민과 애틋한 감정이 피어났다. 그 감정의 변화가 너무 놀라워서 내 마음 깊숙이 묻어두었던 이야기들까지 꺼내 들여다보았다. 필요하면 어머니께 조심스레 여쭈었다. 그러면 어머니는 마치 기다렸다는 듯이 당신의 원통함을 쏟아내셨다.

처음엔 어머니의 '시집살이'와 '히스테리'를 언급하는 것 자체가 불효인 줄 알았다. 그러나 점점 '어머니가 왜 그러실 수밖에 없었는가?'에 대한 이해가 생기면서, '새어머니 같은 친엄마'라는 내 감정의 앙금이 조금씩 녹아내렸다. 예전엔 어머니 전화를 귀찮아했고, 때론 수신 거부까지 한 적도 있었다. 시골집에 가서도 겨우 식사와 차 한잔만 나누고 나왔는데, 지금은 감정의 주파수가 맞아 노래를 부르고 영상을 찍으며 함께 웃는다. 또 어머니가 필요로 하시는 물건이 있으면 정성껏 주문해 드린다.

어머니도 많이 달라지셨다. 내 건강을 위해 텃밭에 비트, 호박, 땅콩, 강낭콩을 심으시고, 나의 작은 배려에도 "고맙다."라고 연신 말씀하신다. 요즘은 어머니를 떠올리는 것만으로도 기분이 좋아진다. 이젠 서로 친밀한 모녀 관계를 넘어, 함께 나이 들어가는 '여자 친구'처럼 잘 지낼 수 있겠다는 믿음이 생겼다.

부모님의 생애 전반을 살펴보는 동안, 나는 두 분께 불러드릴 애칭을 하나 떠올렸다. 바로 '위대한 상인 부부, 자애로운 부모님'이다. 장사를 하며 수많은 사람을 상대했지만, 한 번도 손님과 싸우는 모습을 본 적이 없었다. 심지어 도둑이 들었을 때조차 자식을 키우는 같은 부모의 입장 혹은 이웃으로서 그들을 이해하고 양심을 믿어주셨다.

아버지는 자녀 교육을 어느 정도 마치신 뒤 사회활동을 왕성하게 하셨다. 50대 중반부터는 어머니에게 가게를 맡기고 의용소방대장, 면발전협의회장, 새마을지도자협의회장 등 면을 대표하는 직책을 두루 맡으셨다. 환갑해에 남기신 일기를 통해 알 수 있었다. 또 최근에 편찬된 『보절면지』와 『하우스미술관 화보』에도 아버지의 구멍가게 역사와 사회활동 내력이 수록되어 있다. 그 기록들이 내게는 아버지 숨결이요, 무엇보다 큰 선물이다.

하지만, 그 역사를 함께한 어머니의 이름은 그 어디에도 없었다. 그래서일까? 나는 같은 여자로서 어머니의 흔적을 남겨드리고 싶었다. 더러 예술인들이 어머니를 인터뷰하러 왔지만, 어머니는 늘 부끄럽다며 사양하셨다. 그런데 나에겐 마음을 연다. 내가 어머니를 가장 잘 아는 딸이라고 믿으셨을까? 내가 만든 다소 짓궂은 영상이나 글에도 눈치 주지 않으시고, 오히려 응원과 조회수가 많다는 말에 기뻐하신다.

어머니는 자신의 한 많은 삶을 딸인 나라도 알아주고 위로해 주길 바라신 것이다. 이야기보따리를 풀 때면 차에서 내릴 때까지, 또 낮엔 내 근무 시간을 알려드려야 할 만큼 멈추지 않으셨다. "다 들어줄 수 없으니 일기로 남기라"고 권했더니 정말로 쓰기 시작하셨다. 구멍가게 박물관에 보관하고 싶을 만큼 귀중한 어머니의 일기였다. 어머니 인생의 후반기 역사를 스스로 기록해 나가시니 참 뿌듯했다. 첫 일기는 삐뚤빼뚤한 글씨였지만, 그 안에는 너무도 순수하고 사랑스러운 마음이 담겨 있어서 눈시울이 뜨거웠다. 글씨가 아닌 마음이 먼저 보였다.

2023년 9월 28일 (木)

내가 왜 둥둥 뜨는 맘일까? 연필 잡은 지가 언제였던가? 20년은 더 된 것 같구나. 내일이 추석이고, 이씨대주(내 아버지)가 죽은 지 벌써 여덟 달, 원통하고 슬프기만 하네. 글씨가 왜 이래? 왜 이래….

2023년 9월 29일 (金)

추석, 한숨만 쉬어지네. 좋고 나쁜 것도 없는데….

2023년 9월 30일 (土)

아파트에서 보절에 왔다. 들깨를 털었는데 ○○이(내 남동생)한테 일

한다고 야단을 맞았다. 글씨 받침을 몰라서 더 못 쓰겠다.

2023년 10월 1일 (日)

오늘 4일째 일기를 써본다. 글씨에 무슨 받침을 넣을지도 몰라. 집을 정리하다 보니까 이 노트가 있어서 옛날 생각이 나서 써본다. 핸드폰의 유튜브 방송이 배울 점이 많아서 좋다.

(이하 생략)

어머니는 5일째 되던 날 펜글씨 교본을 사달라고 하셨다. 연습하더니 금세 글씨체가 가지런해졌다. 내용도 농사일, 집안일, 건강, 자녀 이야기까지 하루 일상을 간결하게 메모하면서 감정까지 잘 표현하셨다.

나는 이제 더는 어머니 일기를 들여다보지 않는다. 프라이버시를 존중하기 위해서다. 그만큼 솔직하게 쓰신다는 이야기다. 어머니는 일기를 통해 마음을 정리하고 감정을 추스르며 한결 편안해지셨다. 어머니와 나 사이 통화도 훨씬 부드러워졌다. 다툼도 거의 없다. 서로의 노력이 만든 이 평화가 오래 이어지길 바란다.

이 책을 마무리하며, 나는 부모님의 삶이 내게 어떤 영향을 주었는지를 생각해 봤다. 삶을 대하는 태도와 자녀 교육 열정이 내게 커다란 유산이 되었다. 뭔가를 할 때 끈기 있게 몰입하는 면은 아버지를 닮았고, 주변 사람 마음을 헤아리는 감성은 어머니에게서 왔다. 이 성품은 공직자로 살아가는 데 큰 도움이 되었다. 또 내 아들에 대한 오랜 예체능 뒷바라지도 어찌 보면 부모님 영향이 크다. 부모님이 농촌에서 보기 드물게 자녀 교육에 힘썼던 이유는 가난과 서러움을 자녀들에게 물려주고 싶지 않은 부모님의 간절한 마음 때문이었다. 나는 한 차원 높여서 아들의 꿈을 응원하는 기쁨을 담았다.

오늘의 나는 '밭을 가는 자로, 씨를 뿌리는 자로, 내리사랑의 본'을 보여주신 '부모님의 은혜' 덕분임을 잊지 않고자 한다.

이제 글을 맺는다. 부모님 80년 생애를 돌아보니, 초년의 고생과 노년의 병고를 제외하고는 참으로 행복하고 보람된 삶이었다. 나의 미숙한 판단과 어설픈 글솜씨로 인해 두 분의 명예나 지난날의 아름답고 행복했던 일상이 다소 퇴색되진 않을까 염려된다. 최근 4년의 병고에 집중해서 글을 쓰다 보니, 울창한 숲은 보지 못하고 병든 나무 몇 그루만 응시한 셈이다. 형제자매와 친척들이 읽게 되더라도 부디 너그러이 이해해 주시길 바란다. 그간 제 삶만 챙기며 살아온 불효녀가 뒤늦게나마 둘째 딸로 돌아와 쓴 사랑의 반성문이라고 여겨주셨으면 한다. 그리고 조금 욕심을 내자면, 독자들에겐 '신흥상회 둘째 딸이 쓴 위대한 상인 부부의 휴먼 드라마'로 다가가길 소망한다.

우리가 부모가 됐을 때
비로소 부모가 베푸는 사랑의 고마움이
어떤 것인지 절실히 깨달을 수 있다.

- 헨리 워드 비처(Henry Ward Beecher)

We never know the love of our parents for us
till we have become parents.

Families are the compass that guides us.
They are the inspiration to reach great heights,
and our comfort when we occasionally falter.

"부모가 아플 때,
나는 딸로 다시 태어났고
인간으로 성장했다."